未受
学科训练的心智

［美］霍华德·加德纳（Howard Gardner）著

张开冰 译

The
Unschooled
Mind

学苑出版社

图书在版编目（CIP）数据

未受学科训练的心智/（美）霍华德·加德纳（Howard Gardner）著；张开冰译. —2版. —北京：学苑出版社，2020.5
书名原文：The Unschooled Mind
ISBN 978-7-5077-5929-7

Ⅰ.①未… Ⅱ.①霍… ②张… Ⅲ.①儿童教育—教育心理学—研究 Ⅳ.① G61

中国版本图书馆 CIP 数据核字（2020）第 077504 号

著作权合同登记：图字 01-2020-1623

版权声明
The Unschooled Mind
版权所有 ©Howard Gardner, 1995、2004、2011
保留所有权利。
本书经美国纽约州阿蒙克市巴勒国际公司（Baror International, Inc.）及光磊国际版权经纪有限公司授权出版。

责任编辑：	任彦霞
出版发行：	学苑出版社
社　　址：	北京市丰台区南方庄 2 号院 1 号楼
邮政编码：	100079
网　　址：	www.book001.com
电子信箱：	xueyuanpress@163.com
联系电话：	010-67601101（营销部）、010-67603091（总编室）
印 刷 厂：	小森印刷（北京）有限公司
开本尺寸：	710×1000　1/16
印　　张：	19.25
字　　数：	284 千字
版　　次：	2020 年 6 月第 2 版
印　　次：	2020 年 6 月第 1 次印刷
定　　价：	89.00 元

作者简介

霍华德·加德纳 HOWARD GARDNER

世界著名的教育心理学家，美国哈佛大学教育研究生院心理学、教育学教授，波士顿大学医学院精神病学教授，最为人知的成就是提出了"多元智能理论"，被誉为"多元智能理论"之父。

加德纳教授任哈佛大学"零点项目"（Project Zero）研究所主任超过 20 年。在心理学、教育学等多个领域出版专著 20 多本，发表论文数百篇。获得麦克阿瑟学者以及超过 20 个大学荣誉学位。《纽约时报》称他为美国当今最有影响力的发展心理学家和教育学家。他还是首位获得有"小诺贝尔奖"之称的"天才奖"的美国人。加德纳因为展现了促使人类成功的不同智能，而被誉为本时代最明亮的巨星之一和推动美国教育改革的首席学者。

译者简介

张开冰 CHEUNG HOI PING HAPPY

张开冰女士（Cheung Hoi Ping Happy），哈佛大学教育硕士、美国西东大学文学硕士。现任上海兴华教育扶贫基金会秘书长、瑞士爱格隆学院股东会荣誉成员。历任香港哈佛大学校友会副会长、香港哈佛大学教育基金会执行董事、《多元智能科学杂志》社长、香港泰兆教育基金会总裁和香港政策研究所研究员等职。

作为教育专家的张开冰，多年来经常面向家长、教师和教育管理专家主持公益教育讲座，并现场解答教育问题。由于她在教育领域的专业和权威，以及她对家庭教育的热忱，山西省人民广播电台邀请她长期为听众现场解答家庭教育问题。同时，她也在中央广播电视总台科技教育频道和北京电视台等长期担任特邀嘉宾。

中文版序言
PREFACE

我发现一个有趣的现象：世界各地的幼童、天真的成人以及许多决策者对大脑和教育都有一个共同的看法。他们认为，婴儿的大脑天生是一个没有任何内容的白板，教育和培训的目的就是用各种信息、知识、技能以至智慧来装备这个大脑，使孩子们长大后有能力积极且有意义地投入成人的世界。

这种观点听起来很合理，可惜并不正确。经过一个世纪对人类发展的精心研究，我们发现三个事实：

1. 婴儿对世界已经有相当多的认识。在他们生命的头几年，婴儿对数字、因果关系、与他人互动以及如何有效交流等已经形成初步的感觉。

2. 成长中的孩童在婴儿期以后的几年间，理解世界的能力也在不断增强。如果没有对周围听到的各种声音进行不断探索和了解，没有一个孩子能够学好语言。在认知的其他领域也是同样的，不论是算术还是音乐，甚至是对他人思维的了解等都不例外。

3. 等到孩子上学的时候，他们已拥有对世界的许多认识。幼童对物质世界（星球、地球、机械和运动状态等等）、生物世界（植物、动物、存在和生命的根源等等）以及心灵世界（他人的思想、矛盾状态、爱和美等等）都已经发展出一些自己的认识。有时这些认识是正确的，很多时候它们还相当吸引人，然而，在不少重要方面，这些认识是错误的，甚至有严重的错误。

这种发现使教育变得更为困难。如果孩子们什么都不知道或者对一些问题从来就没有思考过，那么反而比较容易灌输他们正确的理论。当然，孩子们这些"未受学科训练"的对世界的认识也有正面效果。这些认识恰恰表明了孩子们对世界充满好奇，并已经自己开始进行思考。而且，一旦教育者能够了解孩子们的原始想法，就比较容易找到一个有力的切入点来教育引导他们。

可惜的是，许多教育工作者和决策者将科目（subjects）和学科（disciplines）混淆起来。科目仅仅是某个知识领域中的各种事实的汇集，如历史的名称和日期，科学的公式和真相等。而学科反映的是能够揭示真相后面的思维方式。科学家理解理论、假设和实验数据之间的关系。历史学家理解历史事件的不可复制性，以及明白在整个历史过程中人类的作用、动机和目的所扮演的重要角色。文学评论家则注重文字本身、作者的经历以及写作意图之间的张力。绝大部分教育或考试的内容，还是主要侧重在科目的层面。本书的目的是展示如何努力塑造一种教育，从未受训练的心智里已经存在的知识开始，重新塑造和挑战那些知识。最后，我们希望年轻人能够通过获得关于这个世界的更复杂的知识，更好地理解它们，并以实践去改善它们。

本书以对幼童思维的研究为基础，同时也希望尽量比较实用。在本书的后几个章节中，对于如何达至深度理解的教育，我列举了自己的一些想法。我相信并非每一个读者都会认同这些想法，但我希望它们能够引发有心的读者对教育的目标和方法进行思考和讨论。

我特别想对中国读者说：我不是中国历史和文化专家，我对今天的中国教育体系也不熟悉。但我是中国的敬慕者，无论是中国的历史还是今天的中国。20世纪80年代的几次中国访问和2004年的再度造访，使我受益良多。中国教育工作者对我的作品所表现的热情和兴趣让我汗颜，我十分珍惜和中国学者以及我的中国学生（无论在美国还是在中国）的关系，并将继续保持联系。我希望本书的出版将激发未来我们之间更深入的对话。

霍华德·加德纳
2006年3月于哈佛大学

目录 CONTENTS

绪 论

003 / 20周年纪念版绪论 写在二十年之后
017 / 第一章 最重要的学习之谜
018 / 直觉学习与学校学习
022 / 探索理论架构中的三种学习者
026 / 七种智能
028 / 理论框架的构建
029 / 本书的主线：人性、人类机构和价值观

第一篇 天生的学习者

037 / 第二章 心智发展导论
038 / 早期的心智研究
040 / 皮亚杰对认知发展的先驱性研究
043 / 皮亚杰之后的智能研究
049 / 跨越生物与文化

055 / 第三章 最初的学习：局限性与可能性
056 / 哲学议题
057 / 设计精密的婴儿
060 / 皮亚杰对婴儿认知的描述
062 / 婴儿对社会的感知

064 / 　　　对感觉运动知识的五个注释

067 / **第四章　通过符号认识世界**
068 / 　　　符号学家
070 / 　　　语言符号系统
076 / 　　　物体与事件的分类
080 / 　　　表演、想象与理论的诞生
082 / 　　　幼童时期符号化的研究
089 / 　　　求知方式的多重性和个体性

093 / **第五章　学前儿童的世界：直觉理解的形成**
096 / 　　　儿童的直觉理论
107 / 　　　其他方面的早期能力
110 / 　　　对日后学习的五种限制条件
113 / 　　　儿童发展的预测
117 / 　　　五岁儿童心智的能力与局限

第二篇　教育体制知多少

123 / **第六章　教育的传统与价值观**
124 / 　　　教育抉择之一：要教些什么？
126 / 　　　理解的各个层面
127 / 　　　教育抉择之二：如何教授知识？
129 / 　　　学徒制度

135 / **第七章　学校这个地方**
137 / 　　　早期的学校
139 / 　　　学校的重责大任

139 /	现代普通学校的三个使命
141 /	学习评估
142 /	学校的成效
145 /	机构的局限

151 /	第八章　学校造成的困境：自然科学学科的误解
153 /	理解的多样性
159 /	物理学的错误概念
164 /	生物学方面的错误概念
165 /	数学问题：呆板运用运算法则

173 /	第九章　学校造成的更多困境：社会科学与人文科学中的刻板印象
174 /	经济学与统计学方面的问题
176 /	人文学科中的刻板印象与简单化想法
178 /	历史与文学研究的问题
181 /	艺术领域的简单化想法
184 /	关于错误概念和刻板印象的一些论断

第三篇　追求理解的教育

189 /	第十章　解决之道：黑暗与曙光
190 /	基本技能的局限
192 /	一个国家的文化素养
193 /	教育上的传统延续
195 /	进步主义教育
198 /	进步主义教育的局限

203 / 第十一章　童年时期的理解教育
205 /　　　适合儿童的教育环境
208 /　　　"多彩光谱"项目
213 /　　　培养低年级儿童的文化素养
216 /　　　儿童中期：学徒制与方案活动
220 /　　　儿童中期的理解教育

225 / 第十二章　青少年时期的理解教育
227 /　　　创新课程
241 /　　　个人理解能力的培养：五个入门法

247 / 第十三章　迈向世界的理解教育
248 /　　　前文概要
251 /　　　学校改革的四大关键
253 /　　　地方自主与全国统一标准
255 /　　　全国范围理解的定义与成就
258 /　　　规范和可能：配合发展的教育

261 / 尾注
288 / 名字索引

绪　论

20周年纪念版绪论

写在 20 年之后

我对教学的兴趣可以追溯到好几十年前。当我还是一个孩子的时候，我就梦想把幼儿园到高中的每一个年级都教一遍（我当时没有想过，也许根本不知道还有大学）。然而之后的许多年，我只给一两个学生上过钢琴课。1967 年，作为心理学的一年级研究生，我成了哈佛"零点项目"的初创人员。"零点项目"是一个专注艺术教育的研究小组。两年后，我终于有机会在小组的试验性"开放课堂"给 5 至 7 岁的孩子们当了一个学期的老师。

一直到 20 世纪 80 年代初，两个显然没有关联的事件，才让我真正积极参与到教育研究和实践中。第一个事件是 1983 年我的新书《智能的架构：多元智能理论》的出版。我原以为这本书对主流心理学更有贡献，出乎我意料，教育界对此书的热情和兴趣远超过心理学研究人员。我知道一个"纯粹"的学者不应该过度在意社会反应。不过这一次，众多教育界人士的热烈反响使我不得不相信我对他们的领域确实有点影响。

第二个事件是 1983 年著名的联邦教育报告《国家处于危机状态》的面世。报告指出美国的大学前教育处于危险状态，呼吁政府强势干预以提高教育质量。我起初觉得我没有能力可以帮到美国的教育。然而，作为一个家长和公民，我又觉得应该做一些力所能及的贡献。

于是我开始创作教育类的文章。除了多元智能理论的实践应用，我还对发展心理学和认知心理学在学校教育方面的影响进行研究。为了有更多机会了解不同的教育实践，我联合了美国东北地区多个地域和不同年龄段学校的教师和行政人员，进行范围广泛的合作。举两个例子，作为多彩光谱的负责人之一，我协助完成了对低龄孩子的智能测评系统；我还和著名教育家詹姆斯·柯莫（James Comer）、西奥多·塞泽（Theodore Sizer）以及珍妮特·惠特拉（Janet Whitla）一起创立为期十年的 ATLAS 项目：一个追求真正意义的教与学以及学业评价的学校联合体。

当有人问我心理科学研究对教育的最重要发现是什么，我的答案总是出乎大家的意料。大部分人觉得我会说个体的认知差异，尤其是每个人不同的智能图谱。确实，我相信如果我们能够识别每个学生的学习偏好，尽可能地给他们提供与他们的智能组合最贴合的学习方法，那么教育质量将会大大提高。我要强调，智能和学习风格不同：智能组合就像是功能不同的电脑硬件，而风格则是每个人用来解决问题的不同方法。然而，我认为比这些更重要的发现应该是：儿童早期从他们观察所处的环境，无论是周围的人群、物质世界、动漫世界乃至他们幻想出来的世界所发展出来的原始认知非常强大。

这一"未受学科训练的心智"的力量正是我想在本书中向大家展示的。在这本最早出版于 1991 年的书中，我试图阐述这种幼稚心智的内涵，揭示其惊人的力量和顽固不化背后的原因，也尽量提供一些训练的方法。这个努力尤其重要，因为几乎各种类型的教育者都忽略了未受学科训练的心智的影响力。杜威的追随者相信儿童早期着迷的观点会自然演化为理性的思想。皮亚杰理论的信奉者注意到儿童的错误概念，但认为这些错误概念会逐渐被适当的经验，比如对物质世界采取的行动以及人际互动等所修正。那些传统的行为主义者认为儿童的心智基本是一片空白，所以可以接纳任何的数字和内容；如果学生对某些概念或理论有抵制，那肯定是因为他的无知或懒惰，而不是与生俱来或早期形成的概念阻碍了学习。

在我频繁接触大学前的教育人士后，发现他们非常重视心理学的研究成果，有时候甚至是太看重了。他们经常问我，既然有七八种智能，那么我们应该怎样办学？既然孩子们带着未受学科训练的心智来到学校，那么我们应该如何培养或者塑造他们的心智？许多时候，我发现我冒出的答案并非来自我自己所学习研究的相关科学发现。关于如何办学教学的答案，似乎更多是基于我的价值取向。比如我倾向于个性化教育，这就可以理解为什么我总是提倡教育要兼顾不同的智能组合。我比较认同所谓的"进步主义"教育家的观点，他们重视孩子们的个性差异并且努力去解决。假如我希望所有的孩子都差不多，那么我可能就会极力忽视他们的认知差异，软硬兼施地把他们装进同一个模子。其实长久以来传统主义者在世界大部分地方用的就是这个方法。

当我开始关注教育讨论时，我惊讶地发现，那么多人关注"最佳教育实践"而忽略了教育的根本目标。在写《未受学科训练的心智》的时候，我简单地认为教育者都应该有比较进步的思想——在智能培养方面更注重个体的差异，给学生提供更多的选择，更倾向于对主题的深入探究，喜欢基于具体表现的考核而不是简单的选择题，等等。

事后我才发现我的这些观点有时间局限性，甚至有点天真。关于时间局限性，是因为 20 世纪 90 年代，美国曾经掀起一阵积极的教育改革。再早一点可以回溯到 20 世纪初以及 60 年代，公众对教学法、课程和测评的改革实验抱持比较开放的态度。说到天真，其实进步主义思想在任何时间任何地方对社会大多数人来说都没有太大的吸引力。如果举行社会公投，传统主义一定获胜。一种"未受训练"或"传输式"的教育观一直流行——孩子头脑是空白的，教育者具有（希望如此！）一个知识丰富的头脑，教育的目标就是尽可能有效而积极地将教育者头脑中的知识储备传输给孩子。也许有点讽刺，也许很贴切，在这本同名的书中，对此主流思想的强烈抵制本身也反映了未受训练的心智是多么强大有力。

出版二十年后，重新审视本书的命运和它的观点，我的思考大约有以下几点。首先，我好奇本书的观点和研究发现在多大程度上起了作用。其次，我对自己的教育愿景更加明确。最后，我以各种方式开展了工作，扩展了以未受学科训练心智为出发点的项目。我也反思了当今的教育和教学状况。

我首先想谈谈关于这本书的学术基础。开始写这本书的时候，我像许多其他在认知发展心理学传统方面受过训练的人一样，深受伟大学者让·皮亚杰（Jean Piaget）的思想和工作的影响。我依然敬仰皮亚杰，但现在我发现他的一些概念理据不充分，而且他的理论对教育的意义也有限。此外，认知领域的基本概念，如数字感、物理因果律、他人心理学等等，在皮亚杰之前就已经存在，而且发展顺利（虽然以一种不太稳定的方式）。尽管我早期几乎所有作品都是赞同皮亚杰的或是与皮亚杰的辩论，而我现在则倾向于更多地关注他的苏联同行（和同龄人）列夫·维果斯基（Lev Vygotsky）的工作。虽然也接受过心理学（还有法学！）的训练，维果斯基更像一个教育家。他对如何教学生表现出极大的兴趣，并提出了强有力的教育理念，如"近端发展区"（zone of proximal development）——在得到一定程度的指导后，每个孩子可以进步多少，和"脚手架"（scaffolding）——必须提供但应迅速撤离的支持。与皮亚杰不同的是，维果斯基对"自发概念"和"学校式概念"之间的差异表现出明显的兴趣。本书也将对儿童这些早期的、未成型的思想概念进行探讨。

过去二十年的研究充分证明了儿童在缺乏正规训练之前形成的早期概念是多么的强大。无论在世界哪个角落，这种未受学科训练的心智都是如此鲜活而持久。研究还发现儿童在克服未受学科训练的概念方面有相当大的困难。确实，对复杂概念（如因果关系和系统等）的深入探索可以发现，尽管有早期直觉，但儿童早期概念会以各种方式妨碍未来学习理解。

当然并非都是坏消息。归功于实践研究，特别是科学领域的实践研究，我们现在拥有更多可以帮助教育幼稚思维的工具。这些工具虽然不是简单、万无一失的；但如果认真谨慎地使用这些工具，它们既能指出早期错误概念的问题，也能帮助发展出更精确的理解。更重要的是这些方法可以跨年龄段使用。无论是理解实体的内涵和外延之间的区别，重量、质量和密度的关系，还是加速度和速度之间的对比，实践教学证明这些工具是有效的。比起写这本书的时候，现在还出现了强大的数字化工具，既能发现幼稚思维的局限性，也有助于获得更可靠、更准确的理论和概念。

研究人员一直在争论儿童形成的早期理论的确切性质。它们是真的理论吗？它们是否全面适用于不同的内容？普通人的理论与科学家提出的理论有何联系？随着孩子的成熟，他的理论本质将发生质的变化还是仅仅是量的变化？"托勒密主义与哥白尼的世界观"这两种方法之间的不可通约性，普通人是否能够理解？或者只有科学史家才能对此有透彻了解？还有一些争论是关于如何最好地描述儿童的思想：错误理解、错误认识、早期概念、最佳估算，还是核心知识？我将继续关注这些辩论；也许我可以在本书的未来版本中向大家报告新动向。

值得一提的是，最近有一种关于儿童思维的观点引起专家们相当大的关注。学者们将儿童视为一个"本质论者"（essentialist）。这个术语表明，儿童在很小的时候就可以透过表面现象，了解到物体、事物的真实内在含义。简而言之，儿童相信是因为有某种根本的、不变的因素存在，才使狗成为狗、树成为树、男孩成为男孩，使愤怒的人愤怒，凡此种种。比如说，有人把浣熊涂成不同的颜色，或者加上一条新的尾巴，或者去掉一条腿，幼童还是认为那是一只浣熊。只有当动物的内部结构被改变，孩子才会对那只动物的本体论感到不确定。这种观点的拥护者认为，即使是年幼的孩子也能进行抽象的、概念性的、理论性的思考；这样的孩子更注重证据而不是他们自己的感觉，从而不仅看到现象，更看到本质。

这种新观点很重要。一方面，它提供了新的证据，证明孩子可以有概念性思维，就像一个小小学者，一个小小科学家、历史学家或者人文学家。另一方面，它也发出了一个警告信号——信仰本质上很难改变。而且，本质论观点与更细微、更灵活的概念化方法之间的冲突，使科学思考方法的获得变得更具挑战性。毕竟，科学不仅仅是对本质的质疑，而且也经常修正我们对本质和非本质的看法。例如，如果一个孩子开始相信所有的非洲裔美国人，或者所有的犹太人，都有相同的本质，那么这种想法与人类成长、发展和改变的可能性就会存在冲突。又或者，如果孩子认为猴子在任何时间和任何情况下都是猴子，那么这种信念就会妨碍他们对进化论的理解。

接下来，让我转到我关注的"教育价值领域"。鉴于本书提出的问题，以及美国国内外迅速变化的教育格局，我不能含糊其词。我需要亮明自己对教育的主要目标以及如何最好地实现这些目标的看法。在本书之后出版的作品中，特别是《受过学科训练的心智》（*The Disciplined Mind*）、《智力的重构》（*Intelligence Reframed*）、《多元智能新视野》（*Multiple Intelligences: New*

Horizons)、《未来的五种心智》(Five Minds for the Future)以及我与维罗妮卡·博伊克斯·曼西拉(Veronica Boix-Mansilla)的合作中,我试图尽量详细地阐述我的教育愿景。

直接地说,我认为本科前知识教育的主要任务是培养学生在主要学科方面能够有学术思维能力。一旦达到了基本的读写能力(没有人质疑读写能力的首要地位或重要性),就应该进入科学、数学、历史和艺术等学科思维方式的学习阶段。虽然我非常重视跨学科工作,但如果不先把基础工作放在各学科的学习之前,跨学科工作就很难进行。

我对学科教育的理解可以通过学科与科目的比较来表达。在世界各地,学生学习不同的科目:数学、历史、生物学、物理学,可能还有诗歌、心理学或地理学。他们读课文,听讲座,做练习。然而,他们所学到的往往只是事实和信息。课程结束后,他们似乎知道了之前不知道的东西,比如二项式定理的公式、内战的日期、动植物门和目的名称、热力学定律等等。

然而,真相是学生们迟早会忘记所学的这些事实和信息,除非不断重复记忆。所以背诵过后能记住的很少。此外,一个人掌握的事实信息量越大,就越不可能去学其他东西。这就是教育家赫什(E.D.Hirsch)所提倡的"文化素养"方法的主要问题。

学科教育则完全不同。每一个学科都是一种独特的思考世界、分析世界的方法。历史学家主要使用书面文件,加上图表和其他各种信息,试图重建往事。他假设历史人物的动机和目标,他尝试重现历史人物面临的问题以及处理的方法。他还假设有一些强大的压力是这些历史人物无法控制的。他知道历史不能重演,任何重建都必然是不完整和不确定的。他还知道,每一代人都必须书写自己的历史。虽然对往事的了解很重要,但他也知道记录历史不能与时代脱节。

科学家的任务又不一样。科学家试图创造一个或多个世界的现实模型,比如自然世界、物理现象、社会关系或个人心理等等。他先有自己对世界运行的见解;提出各种假设,然后去检测这些假设是否合理或存在哪些不足。与历史学家不同的是,实验科学家可以反复进行实验。当反复实验得到同样的结果时，科学家才能得出确定的结论。（那些非实验科学的科学家则依赖于其他训练有素的观察者证实过或驳斥过的观察。）也许永远无法达到最终的科学真理；但与历史学家不同，科学家非常期望他们当前的模型优于以前的模型，而且相信未来会出现更精确更全面的模型。

显然，以上只是对这两类学者对他们学科研究不同的思考、实施和结果报告的粗略描述。历史和科学都有源头，历史可以追溯到古典时代，科学则是近几个世纪的发明。这些学科都是由自然思维方式构成的。人类进化了，所以我们可以在这个星球上繁衍和生存，但我们还没有进化出关于这个世界的准确理论。我深信，地球上的每一个人都应该有机会接触到这些学科的成果，否则他或她将继续持有大量没有事实根据甚至荒谬的观点。很少有人会自己懂得历史、科学或数学思考。因此，我还是要强调，学校的主要目的应该是培养学生能够根据主要学科思维进行思考。我还要再重复一遍，学科知识和理解完全不同于对事实信息的记忆和反刍。而今天的教育界，依然普遍强调这些科目的事实信息和"知识点"。

"学科"这个词既属于行为学范畴，也属于认识论范畴。一个受过学科训练的人在对待任务、项目或人生过程中，能够有规律、稳定地反思进展，听取相关的建议，做出自己的判断。没有足够的学科训练，一个人很难掌握任何主题、技能或学术性活动。说到"学科"（译者注：学科的英文"discipline"也有训练的含义），我充分利用了这个双重含义。教育的目标是让不同年龄的学生掌握各种学科的思维，以及有勤奋刻苦的训练精神。

虽然很少人像我这样去分析学科的概念，但还是有很多教育工作者毫不犹豫地赞扬跨学科工作。现在很难有哪一所中学的介绍中没有跨学科课程的描述，或者对跨学科课程的追求和承诺。

然而，只要简单思考一下，就知道这是轻率的主意。一个人不能合理声称自己是双语的，除非她不止掌握一种语言。掌握一门学科并不容易；需要经过多年的训练，才能掌握一门学科。正确地说，除非学生和教师能够在多个学科中自如地合作，否则不应主张跨学科。几乎大部分情况下，所谓跨学科都是一张未兑现的期票。

对于教育工作者来说，本科前教育应该主要培养学生掌握主要学科思维，把跨学科的工作留给大学或更高学府。事实上，这也是我在《受过学科训练的心智》一书中的主要观点。关于这个话题，我还有一些补充。

首先，当今世界面临的几乎所有问题都需要来自多个学科的共同投入，而参与解决问题的人需要有在跨学科环境下自如思维的能力。其次，很可能有一些学生（和教师）在建立跨领域联系方面存在天赋；也许他们应该有机会在本科教育之前开始从事跨学科的工作。也可能有一些问题可以是在你完全掌握单学科训练之前，试着用跨学科的方式来处理。这种情况下，仍然有必要确定哪些方面是新手或学徒能够理解和哪些是他们不能理解的；同样有必要去评估此类跨学科工作能带来什么好处，或者只是为跨学科而跨学科。我们的研究发现，在初中，很多被称为"跨学科"的工作仅仅是跨不同主题的工作，并不需要学科专业知识；而在高中甚至大学里，很多被称为"跨学科"的工作更应该被称为"多视角"思考方式。学生学会从多个不同的角度看待一个主题，但这些视角并不代表对学科的真正掌握，更遑论正确整合学科的能力。

几年前，基于对21世纪所面对的机遇和挑战，我有机会描绘了一幅更广阔的教育价值观（译者注：指加德纳著作《未来的五种心智》）。正如我所说："这些是我向全世界推荐的心智类型，我是教育沙皇。"我有时会这么自嘲。当然，我记得沙皇的遭遇！排在推荐名单第一位的是"受过学科训练的心智"（disciplined mind），这仍然是教育工作者最重要的目标。鉴于未受学科训练心智的强大力量和顽固性，这一目标可能是最难实现的。

我又添加了四个心智，从《未受学科训练的心智》出版后，我对每个心智都进行了深入研究。第二种心智是"统合心智"（synthesizing mind），这种心智具有审查大量信息的能力，可以区分哪些信息是真正重要的，哪些是转瞬即逝的、具误导性的或者完全错误的；它能掌控重要的概念并加以整合（否则，统合就失败了）；除非是隐士，否则他必须以其他人能理解的方式，把这些想法不同程度地传达给别人。虽然良好的统合能力比以往任何时候都更重要，但我们对如何培养统合心智知之甚少。我们对跨学科思维的研究在这方面可能会有所帮助。但必须强调的是，统合能力并不等同于跨学科思维；统合可能发生在某单个领域，而一些跨学科的工作可能需要非常集中，而不需要涉及广泛和综合。

第三种思维是"创造性心智"（creating mind），即能够探索新事物、提出新问题、提供新答案、引导或示范新思维方式的心智。用时髦的话说，就是"跳出框框的思考方式"。这种能力在学校和商业领域都比以往任何时候更显重要。在商业领域，这种能力通常被称为"创新"，或者"企业家精神"。几乎所有可以自动化的工作都会被计算机取代；因此，除非你能超越熟悉的事物，否则你可能很难在复杂、快速变化的社会中找到一个合适的位置。我依然强调，一个人无法跳出思维的框框，除非他已经发展并掌握了一种"框框"——那可能就是需要长时间才能掌握的学科思维。

创造力建立在学科训练和综合能力的基础上，这也是"框框"的两个必要成分。有两个好策略可以帮助达成创造性心智。首先，最好在你年轻的时候就掌握好学科训练，20岁一定比40岁好。其次，培养一个坚强、冒险、无畏的气质。创新的尝试大多数都以失败告终；只有那些愿意超越失败、从失败中学习、重新思考、将失败视为学习体验的人，才有可能成为成功的创造者。

以"电梯演讲"①的方式，可以将前三种心智简化为三个词：深度、宽度和伸展。受过学科训练的心智就像激光一样，深入到一个特定的领域，具有特定的思维方式。统合心智就像广泛扫描，以一种可理解的方式把一个问题或主题的不同部分结合在一起。创造性心智超越了传统的智慧，开启我们的新思想。有趣的是，在不受约束的"感觉"和看似独创性中，创造性心智可能最接近幼童的未受学科训练的心智。如果缺乏学科训练以及对现有知识的掌握，其

---

① 电梯演讲，the elevator speech。传说麦肯锡公司曾经争取为一家重要的大客户做咨询。简报结束，麦肯锡的项目经理在电梯里遇见了客户的负责人，客户问麦肯锡项目经理："你能不能现在说一下结论呢？"由于该项目经理无法在电梯从30层到1层的30秒钟内把结论说清楚，麦肯锡失去了这一重要客户。从此，麦肯锡要求公司员工必须在最短的时间内把概述表达清楚，直奔主题、直奔结果。这就是商界流传甚广的"电梯演讲"。

独创性就不容易引起他人的共鸣或成为有用的创作。

我对第四个和第五个心智的兴趣反映了我过去15年所做的工作。我与我的亲密同事比尔·达蒙（Bill Damon）和米哈利·奇森米哈尔利（Mihaly Csikszentmihalyi）一起，一直在探索优秀工作的本质，即优秀、有吸引力、以负责任又合乎道德的方式开展的工作。卓越存在于学科领域，也可能需要统合和创造。参与需要动机和情感的共鸣；当我们参与工作时，我们会在工作中找到乐趣并期待它。道德则包括做正确的、负责任的事，即使它可能违背个人的自我利益。

第四和第五种心智不属于传统意义上的认知领域。第四种心智是尊重心（respectful mind）。这种心智承认人类在人种、民族、阶级、文化、个性和其他变量方面存在差异。除此之外，有尊重心的人会努力去理解他人，站在对方的立场上考虑问题，并尽可能达成共识，共同努力，争取积极正面的结果。

尊重的意识始于生命的最初几个月。婴儿能感受到成年人之间如何对待彼此，孩子之间如何对待彼此；婴儿能感受到别人如何对待他，以及期望被怎样对待。创造和维护一个彼此尊敬的环境很重要，尽管这很难实现。然而，像其他心智一样，它必须与相反的力量斗争，即自私、自我中心、刻薄或轻蔑的倾向——我们可以称其为"没有教养"。当一个地区的人长相和语言都比较相似时，更容易实现彼此的尊重；当人口多样化时，则需要努力才能实现尊重。在这里，追求同质和宽宏包容背道而驰。当社会普遍存在营造尊重氛围的意愿时，彼此尊重就比较容易实现。

最后一个是道德心（ethical mind）。它更难以描述，也更难实现。严格地说，它是在幼童的理解范围之外。一个有道德心的工作者，一个有道德心的公民，是一个能考虑到他或她作为一个成年人应该履行的角色的人，如律师、教师或工程师等专业人员的角色，或者一个社区、一个工作场所、一个社会，乃至于更广泛的世界的公民的角色。为了合乎道德，人们需要具备一种抽象的态度：不把自己看成霍华德，而是把自己当作一名教师和学者；在公共领域，把自己看作是我的机构（哈佛）、我的社区（马萨诸塞州剑桥市）、我的国家（美国）和更广阔的世界的一个公民。当然，道德不仅仅涉及责任感和精神层面，归根结底，它应该与尊重心一样，道德心的证明在于是否有适当的行动。

人们可能会问，既然尊重心在生命早期就开始，为什么它还需要在学校教育背景下进行讨论。确实，在一个普遍没有受教育的社会里，完全有可能发展出尊重心，或者无法发展出尊重心。然而，对于大多数发达国家的个人来说，他们在家庭之外的主要互动都发生在学校环境中。因此，学校就成了一个追求优秀的机构，在这个机构中，可能发展出尊重心，也可能没有发展出尊重心。此外，在全球化的社会中，仅仅尊重亲友和邻居是不够的；理想情况下，人们会给予所有其他人至少暂时的尊重。如果这种尊重在学校环境中没有被示范模仿和加强，很难想象它会如何发展。

有人可能还会问，既然道德心属于青少年和成人的范畴，为什么要在这里讨论它。我的理由有二。首先，未受教育的心智（或性格或人）必须适当地从关心自己、自己的身体、自己人开始。如果你想把自己看成一个工作者或是一个社区的成员，那就需要一次智力上的拓展———次学校教育。当你需要履行一个专业角色，或者了解社会各种公民角色时，这些理解可能都与你的早期直觉相去甚远。具有道德心也意味着要克服未受学科训练心智的强大影响。

第二个原因可能更直截了当。孩子们虽然在成长，但毕竟年轻，我们不能指望他们对工作场所或公共场所有很确切的认识。但很快他们就进入了家庭以外的第一所机构——学校。在我喜欢的那种学校里，教师们会建立让孩子觉得是属于自己的社区。伴随着这种归属感，孩子们初步认识了两个角色：学生和学校社区成员。可以说学校为孩子们提供了工作和社区的第一个模式。因此，学校为孩子们成人后的道德表现以及尊重程度做出至关重要的贡献。如果学校示范给孩子们的榜样是不好的、矛盾的，或根本没有榜样，就不能期望会培养出有敬畏之心和道德感的成年人。

我写这本书的时候认为未受学科训练的心智可以通过一种永恒不变的方式来教育：孩子如何思考？学校该怎么教？真是事后诸葛亮，我现在才领悟到，和大多数作品一样，我的这本书也是有时间局限的。第一版（1991年）和第二版（2004年）都明显缺少一个主题：数字媒体的作用。虽然20年前已经有电脑了,但几乎没有人能预料到它们会在我们生活中扮演如此巨大的角色。首先,无论在学校内外,现在许多教育都在线上进行。此外,不同年龄段的人都花费大量时间上网、访问不同的网站、玩联机游戏、进行搜索、访问和在社交网络上发布信息,更不用说发送即时消息、推特或只是简单地"闲逛"。

当然,如果这些网络活动只涉及成年人,我们就不必考虑它们对未受学科训练心智的影响了。但真相是:孩子们不仅观察他们的父母、邻居和年长的同伴们把醒着的一半时间花在网络上,而且早在两三岁的时候,孩子们就作为网二代开始参与消费电子产品,上网的频率也越来越高。

沉浸在数字媒体会多方面影响儿童的认知发展。首先,数字媒体在任何时间或地点发布各种关于这个世界的图片和作品。这些图片构成了孩子认知的现实的一部分,即便不是全部。其次,网络本身也是现实世界的一个重要组成部分——网络可以即时访问,"及时"响应,可以把人连接到世界的任何一个角落。正如马歇尔·麦克卢汉(Marshall McLuhan)所说,"信息"以媒体运作的方式存在。最后,媒体已经是教育教学系统的重要组成部分,在未来会更加重要。

如果有一个水晶球就好了,我们可以看到数字媒体是会迎来学科理解的黄金时代,还是会强化错误认识和刻板成见,最终使人成为一个无力学习的人!同样,数字媒体将成为学校教育的无缝组成部分,还是传统教育机构日益强大的竞争对手?这些都有待继续观察。就像电视节目一样,答案在不同的社会和文化群体中将有所不同。最好的情况是,新的数字媒体有助于消除因特权而产生的差异;差一点的情况是,媒体将保持甚至加剧学习机会和学习结果的差异。

最后我想讲讲我们所处的教育环境。当我写《未受学科训练的心智》时,进步主义教育思潮还很盛行。来到2011年,那段日子似乎已经一去不返,尤其是在美国。美国似乎正朝着注重考试成绩、考试成绩和更多考试成绩的方向前进:无处不在的问责制、快速"争顶"竞争、惩罚那些进步不够快的人,以及对国际排名的痴迷等等。我们并不孤单,世界各地都热情高涨地迎接同样的教育盛宴。

原则上不必批判这样的潮流。任何一个教育工作者（以及任何社会）都想知道学生们的学习情况。如果发现学生们在成绩方面存在重大差距，那么了解原因并尽力解决是很重要的。

然而，这种对分数和排名的痴迷在实际操作中有很大的潜在危害。纠正错误认识、获得真正理解的教育是很难用分数来说明的，尤其是目前的考试方式和流程。从技术上讲，追求可靠性（不同的考试能否得出大致相同的分数？）几乎总是胜过有效性（考试是否能记录最重要的学习形式？）。将来，如果能够智能地使用数字媒体，则可能产生对学科理解和跨学科理解更为真实可靠的评估方法。

对其他所谓的有效教育解决方案也是如此。我反对特许学校、学券、企业高管管理学校。思想是不可替代的，它们抗拒简单的公式化。教育仍然是一项计件工作，一门手艺。最好的教育和心智培养，应该是善解人意的关怀。最好的学校必然是个性化的精品制作，每一所学校都应有其独特的历史、文化和教育理想。

我喜欢拿图像和背景作比喻。在任何场景中，有些元素比较突出而成为焦点，其他元素则成为不重要的背景（理想情况下）支持中心图形。当前的考试成绩和排名已成为中心，占主导地位，几乎掩盖了其他一切。而我理想的教育，受到良好教育的心智应该是重点——培养一个真正理解学科思维方式、懂得尊重他人和有道德的人。其余的一切包括问责制方法等等都应该在背景中，为这一强大的核心提供支持。为什么当前的学校如此注重特定的知识观，以特定的方式传播知识，并以特定的方式记录下来，这是留给历史学家和决策者的一个问题。对我们这些持有不同知识观和教育观的人来说，这无疑是一个遗憾。

简而言之，以上这些都是我自这本书的手稿完成后二十年来的一些思考。我希望我叙述的内容有所进步，但这要留给读者们判断的。我感到遗憾的是，美国的大多数决策者还没有意识到未受学科训练的心智的力量、学科与科目之间的差别、跨学科工作的真正含义、当前标准化考试的缺陷。令我感到鼓舞的是，在美国和国外，越来越多的教师正努力在各学科教学中为理解而教，他们了解未受学科训练的心智的力量，并试图对其进行适当的教育。我热切地希望有一天，在国际比赛中拥有最高的测试分数将不再是决策者和记者们的关注焦点，用学科训练和跨学科的方法来武装未受学科训练的心智将成为他们最美好的愿望。

最后，我要感谢凯斯·索耶（Keith Sawyer）对这篇新介绍的草稿提出建设性的意见。

霍华德·加德纳

2010 年 11 月

马萨诸塞州剑桥市

第一章

最重要的学习之谜

有些年幼的孩子很容易就学会语言这样的符号系统和音乐那样的艺术形式,他们也能发展出有关宇宙或心智等比较复杂的理论。但同样是这些孩子,却往往在进入正式学校后会遇到极大的困难。生命中头几年在家里或周围环境中所发生的自然普遍的直觉学习,和这个文明世界所要求的学校学习似乎是那么不同。

许多在学校里想努力学好一门外语的人,都一定记得小时候学习母语的情形:不用语法课本,没有受过专门训练的语言教师,也不需要评估和考试,所有正常的孩子都能学会他们生活环境中所用的语言。更神奇的是,生长在多语言环境中的孩子,即使尚未入学,也能掌握几种不同的语言,他们甚至很清楚在什么情况下该用哪一种语言。虽然幼儿语言学习已经有数千年的历史,但一直到今天,语言学家们仍然没法对这种自然习得语言的能力有一个很好的结论。

当然,有人会把语言当作一个特例。毕竟,我们是语言的动物,也许说话是上天赐予我们的特殊礼物,就如百灵鸟生来就会鸣唱一样。或许有人特别强调语言在人际交往中的重要性。而这里也可能正蕴含着儿童为什么可以在出生后的短短几年内就能掌握语言的原因。

但是,只要深入研究,我们不难发现语言其实并非人类潜能的特例。语言只是人类学习之谜中最特别的例子。到底是什么使儿童能自然习得,这些仍是学者们至今还无法理解的。在生命的头几年,全世界的儿童只需要一点点的正式教导,就能掌握一系列令人惊讶的技能,他们能歌善舞,还会骑自行车,能够清楚地记住家里、路上或沿途数不清的物件。而且,虽然不太明显,但儿童对外在世界以及自己思维如何运作的强有力理论也开始萌芽。他们能推理出机器无法运转的原因;他们跑来跑去接住不同方向抛过来的球;他们能在游戏中欺骗对手,也能看出对方耍的花招。他们逐渐形成对真假、善恶和美丑的看法,他们的观点虽然未必符合一般标准,但也显得合情合理。

直觉学习与学校学习

我们面对的还有另一个学习之谜。有些年幼的孩子很容易就学会语言这样的符号系统和音乐那样的艺术形式,他们也能发展出有关宇宙或心智等比较复杂的理论。但同样是这些孩子,却往往在进入正式学校后会遇到极大的困难。听和说不成问题,但读与写对他们来说却是极大的挑战。有些孩子觉得数数和数字游戏很好玩,但数学运算却让他们感到很烦恼,再复杂一些的数学更是让他们望而却步了。生命中头几年在家里或周围环境中所发生的自然普遍的直觉学习,和这个文明世界所要求的学校学习似乎是那么不同。

到目前为止,大家对这个"学习之谜"应该并不陌生,并常常对它加以评论。也许有人会说,学校需要传授的就是那些重要的、但不是靠直觉就能自发自然学会的技巧与概念。因此,近年大量有关"教育危机"的书籍和报告,不断地将讨论的重点放在学生掌握学校公开课程的困难方面。

这些关于学校教育失败的说法或许是对的,但我认为它还不够深入。我在本书指出,即使是表面看起来很成功的学校,或者能够将学生的表现引导达到预定目标的学校,在根本上也还没有完成学校最重要的使命。

过去数十年,有大量的教育研究报告都证明了这个颇让人吃惊的说法。这些研究发现,即使是训练有素、各项表现都很出色的学生——那些入读名校、考试高分并深受老师嘉许的学生——往往也没有充分理解他们所学课程的内容和概念。

最让人震惊的也许是物理的例子。约翰·霍普金斯大学(John Hopkins)、麻省理工学院(MIT)以及其他名牌高校的研究人员发现,即使是大学物理系的高才生,面对最基本的物理问题,只要问题的形式与课堂所教或测验所考的形式稍微不同,也常常不知道怎么解决。[①]一个典型的问题是,往空中垂直向上抛一个硬币,当硬币到达上抛轨道的中途时,该硬币受到哪些力?正确的答案是,当硬币一旦在空中时,它只受到向下的地心引力。在至少学过一门力学课的大学生中,有70%学生的答案和从未学过物理的学生一样天真无知——他们认为该硬币受到两个力的作用,一个是向下的地心引力,另一个是"开始时向上抛的作用力"。这种答案反映的是直觉或常识,但并不是正确的概念。他们误认为除非原始推动力(在这个例子里,指的是抛币者的手或手臂的力)

---

① 本书所有的引文、研究发现以及相关的数据资料出处请参考书后的尾注。尾注为原著原文,来作翻译。

的一部分转变成促使物体能够继续移动的推动力量，否则物体将无法继续移动，而这个推动力会逐渐被消耗殆尽。

受过科学训练的学生所表现出来的盲点并不仅限于抛硬币这个单一的例子。无论问题是关于月亮的盈亏、四季的成因、物体在空中运动的轨迹，还是自己的身体动作等，他们的答案反映了他们所接受的科学教育并没有使他们达到应有的理解。事实上，许多类似的研究都表明，受过科学训练的年轻人，仍然存在着和小学生一样的概念不清和理解错误的毛病——而同样是这些小学生，他们学习语言和音乐，以及骑自行车的直觉学习能力却令人瞠目。

列举备受敬仰的物理学方面的例子也许可以算是一个"确凿的证据"。在接下来几章里，我将揭示，其实在我们研究过的每个学科领域里都存在同样的情形。比如数学方面，只要以稍微不同的文字来叙述简单的代数问题，就有一些大学生不知所措。而生物学方面，一般学生对进化论的最基本观点也不太理解，他们坚持进化的过程是追求完美的过程。学经济学的学生对市场力量的解释，与从未接触过经济学的学生的看法基本相同。

从历史到艺术，同样严重的偏见与刻板观念也存在于各个人文学科。能详细讨论第一次世界大战复杂起因的学生，照样用最简单的"好人—坏人"公式来解释当前发生的同样复杂事件。连政治领袖都难免有这种思维习惯，他们有时喜欢用好莱坞电影"剧本"（script）的方式来看待最复杂的国际情势。专门研究现代诗歌特征、研究艾略特（T.S.Eliot）和庞德（Ezra Pound）的学生，一旦把作者隐去，他们竟然难以分辨出是大师的杰作还是外行人的傻话。

也许有人会说，这些令人丧气的结果，只不过是对近年来屡遭痛批的美国教育制度的另一项指控而已。事实上，这些研究大部分都是以美国著名大学的二年级学生作为研究对象。而且这些发生在美国学校的概念不清和理解错误的情形，在世界各地的教育机构同样存在。

这到底是怎么回事？为什么学生无法掌握他们应该学会的知识呢？我认为这是因为迄今为止，我们那些从事教育的人们尚未认识到：学生的原始概念、刻板想法和"剧本"式思维对学校学习的影响有多大，以及消除和重塑这些障碍是多么困难。我们认识不到,几乎每一位学生的内心都有一个未受学校训练的五岁孩子的心智,而且挣脱着要表现出来。同时我们也未能认识到,要将一些新颖的题材传授给孩子,改变他们与此截然不同的、根深蒂固的观念来接受这些题材的含义,是一件多么困难的事。早在20世纪初,弗洛伊德(Sigmund Freud)等心理分析家的研究显示,幼儿时期的情感生活对成年后的感情和行为有着极其深远的影响。今天,认知科学家们的研究也证实,幼儿对世界的看法具有惊人的力量,且不容易改变。

再看看另外两个来自完全不同领域的例子。四季变化是因为地轴与地球绕太阳运行的轨道之间存在夹角,致使地面上各个纬度受到阳光照射角度不同所造成的。以上的解释对那些坚信温度的变化完全是因为物体与热源的距离远近而变化的人来说,就是不可思议的。在文学领域里,现代诗的魅力在于丰富的想象力、无法预料的主题以及诗人对传统技巧的巧妙应用。那些深信诗歌必须押韵、按照一定的格律、必须讴歌美景与模范人物的人,则无法领悟现代诗的美。我们要解决的不仅是有意造成的教育失败,更重要的还有那些无心之失。

也许无心,但并非没有被留意到。有些人至少依稀感觉到我们对知识了解的脆弱。我是因为女儿凯丽丝和我之间的一次谈话而深受震动。当时还是大学二年级学生的凯丽丝打电话给我,她的声音充满了沮丧和担忧:"爸爸,我听不懂物理课。"我急于表现自己是个有耐心,并能感同身受的父亲,我用最循循善诱的语气回答说:"亲爱的,我真的很佩服你在大学选修物理课,我就没有这个胆量。我不会介意你的分数,这并不那么重要,重要的是你理解所学的内容。你何不去找老师看看,也许他能帮助你?""爸爸,你不明白,"凯丽丝决然地说,"我从来就没明白过。"

不需要再进一步解释,凯丽丝的一番话已清楚说明了我在这几页所阐述的现象。世界各地的学校里,包括所谓的"好"学校,把某些表现作为获取了知识或理解的标志。如果你的选择题答案符合标准,或按照特定的格式解答问题,那么你就被认定是已经理解该课程了。没有人会进一步问你说:"你真的理解吗?"因为那样做会违反一项不成文的规定:合乎标准的表现,就应视为及格。及格表现的理解与真正的理解之间有很大的差距。这个差距只有偶尔被觉察到（如凯丽丝的情形），但即使当事人觉察到了，仍然不知道要如何补救。

我这里讲的"真正的理解"并没有形而上学的意思。凯丽丝所说的以及众多研究报告所显示的，说明了很多也许应该说大部分学生，连一般程度的理解都谈不上。如果一个大学生学了物理定律、几何证明和历史概念并且已经考试合格，要求他们将这些知识应用到新的环境中应该是合理的吧。然而，只要对考试的形式稍做改变，死记硬背派不上用场，结果就立刻不同，这应该不能算是真的理解了。这样的事实真相很少公开，但即使是优秀的学生也感觉到他们表面上的理解实在禁不起考验。也许就是这种担忧和不安，使他们或整个教育体系看起来有点不真实的感觉。

探索理论架构中的三种学习者

这里我会用一些篇幅介绍三种类型的学习者，他们也将贯串全书的内容：

第一种类型是直觉学习者（intuitive learner）（后文有时亦称之为自然、天真或一般的学习者），也就是对语言等符号系统一学即会的幼童，以及发展出有关物质和人文世界之实用理论的幼童。

第二种类型是传统的学生（traditional student）或称学校学习者（scholastic learner），指大约从 7 岁到 20 岁左右的青少年，他们希望掌握学校课程所包含的读写算能力、概念和学校中的其他学科内容。这些学生们不管在校的学习表现是否达到标准的要求，一旦离开学校，他们对一些问题的反应都和学前儿童或小学生类似。

第三种类型是学科专家（disciplinary expert）或能手，可以是任何年龄、熟练掌握某一学科或领域的概念与技能的人，他们能在新的情形下，将这些专门知识运用出来。凡是能将物理或历史课上所学到的知识，用于阐明新现象的学生，也都属于这里所说的学科专家。他们的知识不局限于一般的从课本到考试（text-and-test）的环境，而是达到了真正的理解。

在本章绪言部分，我们只是简单地在背景介绍时隐约带出这三种类型的学习者。为了更具体地了解各种学习者的特征，我们不仅需要了解学习之谜，还应该探讨能培养出真正理解的教育体制的各种方法。接下来，为了清楚解释我的论点，我将介绍一些其他的名词和定义。

当仔细研究这三种类型的学习者后，我们发现每种类型的学习者都受到多种的制约（constraints）——内在或外在的因素迫使他们在某种程度上受到行为制约——按他们各自的表现方式来显示自己的理解。我们首先来看看有哪些制约，然后再讨论他们的表现方式。

直觉学习者受到的主要是神经生理学和人类发展学方面的制约，这个制约源于人类本身以及人类发展的法则，这个发展法则是全人类在这个自然与社会环境中可预期的解决问题的方式。儿童按自己的方式学习语言，一学就会，是因为他们天然的神经系统在这方面有很强的制约机制。这些制约机制强烈影响儿童对世界的最初认识、对物品的分类以及与他人之间的互动。同样，儿童也能发展出关于自己所处的世界以及和他们相关的人的各种理论。这些儿童的理论反映出生理倾向与儿童建构世界观之间的相互作用。这些制约经过千万年的演化，变得非常顽固，以后我们会一再举例说明，要消除这些制约是多么的困难。

儿童到某个年龄就应该上学，在学校的环境中必须学习特定的技能和概念，或许正是反映了这些神经生理和发展制约的存在。传统学生所受的制约多是外在的：历史性和制度性的制约深植于学校教育中。几个世纪以来，学校已经发展出一些固有的方式来服务于某些社会目标。从教会大量学生拥有读、写、算的能力，到培养认同社会规范和品德的公民的压力，学校反映了他们所受的制约。学校对学生是否得到深入的理解并不关心，这个事实也表明了教育当局没有把得到深入的理解当作教育的首要目标。

就学科专家而言，"制约"一词初看起来似乎不很恰当。毕竟，专家多少应有能力克服制约，并将他们的技能和知识施展到全新的或甚至从未涉及的方面。当然，这样的能力是必须经过多年的刻苦努力，精通专业后才能达到的。各学科（如物理或历史）与各领域（如象棋、雕塑或行销）都有自己特定的方法和实践，都是经过漫长的时间和独特的发展过程才形成的。除非愿意进入某一领域的世界，接受该领域多年来所遵循的学科与认识论方面的制约，否则就无法精通这个领域。

综上所述，这些制约极大程度地局限了学生在学校学习知识与理解知识。然而，这些制约也隐藏着机会，这就需要有智慧的教育家们努力去利用和超越这些制约。

正如这三种学习者在理解上各有其可预测的制约，所以显示其理解程度的学习表现也是可以预测的。正如过去的行为心理学家所坚持的，我们不能直接窥视心智或大脑。因此，我们将集中讨论作为显示理解的标杆——三种学习者的学习表现。

幼童能掌握大量的信息，在自己的世界中表现出很强的能力。正如我们所见到的，幼童能自如地运用符号系统，也能对心智、物质、生命和自我提出可行的理论与解释。由于这些表现可以轻松地表达出来，我将之称为直觉式（天真或自然的）理解的学习表现。我们应该强调，这些所谓的理解常常是不成熟、可能存在误导或有根本性错误的。儿童许多对科学的原始理解便属于此类，但这种直觉式的理解力量强大，在很多情况下都十分有用。

在学校，教育工作者往往追求并接受生搬硬套、形式化和传统的学习表现。这样的学习表现只是要求学生用学校要求的符号将所教过的那些事实、概念和问题复述出来。当然，我们不能认为在这样的"正确"答案中没有真正的理解，但这样的答案绝对不能保证真正的理解。

我把这种生搬硬套的学习表现，与学科理解（或真正理解）做一比较。当学生能将在学校或其他学习场所所学的知识与技能，灵活合理地应用在新的或至少没参与过的情形时，可以说表现了真正的理解。当然，大多数问题至少要与原来的形式稍有不同，但能够将学科理解应用到不熟悉的领域，这样的理解才算得上真实可信。以下的情形都表示达到了真正的理解：学物理的学生能正确地应用力学原理，来解释一种刚接触到的仪器或游戏的操作原理；学文学的学生在不知道作者的情况下，能对两首诗的特色做出合理的评价；学过法国和俄国大革命历史的学生，能够讨论引发当代革命运动的原因，并且能对未来数月的发展提出有根据的预测。学科理解是变化无穷的。专家就是一个能对该文化某一领域展现出最新理解的人。

我们已经看到三种类型的学习者,各有一套特定的制约和独特的行为表现。现在可以想象一下这三种学习者是否可以在同一个教育体系中相安无事了。或许每种类型都能顺利被下一种类型取代,也就是直觉学习者渐渐变成学校学习者,再逐渐成为学科专家。但如果是那样的话,我就根本不用大费笔墨写这本书了。

然而,我认为这三种类型的学习者无法顺利地融合在一起,他们之间的鸿沟造成了严重的教育问题,尤其是这些鸿沟至今尚未引起人们的广泛重视。因此,我特别呼吁大家注意这三条鸿沟:

直觉学习者与传统学生之间的鸿沟 倾向于凭直觉理解的学生往往对掌握学校的课程有困难。这些学生通常被称为有"学习困难"或有"学习障碍"。正是他们的这些困难,造成了人们对我们的教育体系的诸多指控。但即使是那些成绩优秀的学生,也分不出直觉理解与学校所要求的符号和概念学习之间的区别。

传统学生与学科专家之间的鸿沟 这个鸿沟因为近年来认知方面的研究的发展而被大量地揭示出来。即使好学生也往往无法将他们所学的知识应用到新的情形中。更糟糕的是,他们察觉不出自己有时还会回到儿童时期的直觉理解。因此,传统学生和直觉学习的幼童一样,与学科专家仍然有极大的差距。

直觉学习者与学科专家之间的鸿沟 这两种人共同的优点就是都能将自己的技能和知识运用自如:他们的理解好像比起那些在学校里努力甚至是费力地学习学校知识的学生来说,显得较不费心思也较容易。但应该注意的是,这两种类型的理解有着本质上的不同。直觉学习者运用千百年进化来的自然而天真的理解力,得出对世界似乎合理有用的原始看法。学科专家则像学者和技工一样,在他们各自的专业中,自觉地研究和累积成果。他们尽力探索理论和实践,尽可能对所处的世界做出完善的解释,即使面对历史悠久的机构、公认的智慧或无心但顽固的愚昧,也不会退缩。不接受地球是平的,他们就会以哥伦布般的精神收集证据，最终证明地球是圆的。

也许有人会问：为什么我们要担心这些鸿沟是否消除？特别是为什么非要用学科理解取代直觉理解或学校式理解？在我看来，答案很简单：因为学科理解代表人类最重要的认知成就。如果我们要成为发展完整的人，生活在这个时代，了解并发挥我们的能力，就应该达到学科理解。五岁的小孩知道很多事，但他们不知道学科专家在过去数个世纪的科学发现。如果我们继续相信地球是平的，对我们的日常生活也许没有太大的影响，但这种想法会使我们无法理解时间、旅行、气候和四季变化，无法理解物体的运动以及我们所面对的个人与文化的选择。由于哥伦布敢于接受不同的信念，才开始了划时代的旅程。

七种智能

到目前为止，我一直都把所有的学生当作以相同的方式学习、显示相同的概念或错误、相同的理解或误会、同样的生搬硬套或真正的学科理解。这种说法也能自圆其说，因为有些学习的特征确实是全体学生共有的，至少是大多数学生共有的。

然而，近年认知研究领域出现了一股主旋律，发现每个学生拥有不同的心智，所以每个人的学习、记忆、表现和理解的方式也各异。有足够的证据显示，有些人主要通过语言来学习，另外一些人则喜欢空间或量化的方式。同样，一些学生在运用各种符号时表现突出，另一些人则擅长动手操作或通过和他人互动的方式，来展现他们的理解。

我提出所有人都至少有七种了解世界的方式——在其他地方我把它们称为人类的七种智能。根据这种说法，我们都能够通过语言、数理逻辑分析、空间表现、音乐思维、身体动作来解决问题和制造事物、了解他人以及了解自己。根据每个人在这些智能上表现的不同强项——所谓的智能剖面，各人以不同的方式运用和组合这些智能，来完成不同的工作和解决不同的问题，并且在不同的领域发展。

多元智能理论不是本书的重点，但了解人类以不同方式学习、表达和运用知识，对了解本书的观点非常必要。这些个别差异，使对人类学习和理解的研究显得更加复杂。首先，这些差异对我们现行的教育体系提出挑战，我们的教育体系假设每个人都能以相同的方式学习相同的教材，并用统一通用的评价方式来测验学生的学习成果。确实，目前的情形来看，我们的教育明显偏向语言模式的教学与评估，其次是数理逻辑模式。

我认为，相反的假设应该会使教育更有成效。每个学生的学习方式都与别人不同。如果各个学科都有不同的教学方式，学习的方法也允许多样化，那么各种类型的学生乃至整个社会都将受益。

当前的教育产生了许多名不副实的成功学生，以及许多不必要的牺牲者。那些表现中规中矩（我们所谓的"学业型"）的学生被认为已经理解功课了，即使他们中有人完全没有或者只是部分真正了解课业。许多人——有时包括本书作者及其女儿——虽可以通过考试，却无法通过关于真正理解的更适当的、更深入的测试。不幸的是，许多达到真正理解的人，却不能通过考试，因为他无法通过一般认同的教育考试标准。例如，有很多缺乏正式考试技巧的人，当遇到现实问题时，却知道怎么处理。本书的其中一个目的，就在于希望能够找出适用于这部分人的教育和评价方式。

知道可以有不同的方法来表达和获取知识，这在某种程度上使事情显得更复杂，但也同样带来希望。认识并应用多种引导方法，不仅能增加获取理解的机会，而且还能开阔我们对理解的认识。如果一个人能以多种方式来表达对某一概念或技能的认识，并能在不同的表达方式之间自如转换，就比较容易达到并向别人显示真正的理解。虽然没有任何一个人可以拥有全部的认知模式，但每个人都至少拥有几种表达相关概念或技能的方式。

除了最后这一点外，我们的讨论至今还没有令人欣慰的地方。三种类型的学习者，各自表现不同的实践方式，也各自反映独特的制约和表现方式。但这三种学习者之间存在的鸿沟实在令人困扰，而且达到真正理解学科知识的机会也似乎比较渺茫。

如果仅仅为了罗列这些要达到真正理解的教育将遇到的众多困难，我就没有必要进行这个研究。我坚信通过对三种类型的学习者（包括他们的制约和潜能）的研究，一定能找出一些重要的线索以建立有效的教育制度。在本书的最后几章，我会回顾许多希望填平三个学习类型之间的鸿沟、发现更有效的教育方法的种种努力。有趣的是，我在两种迥然不同的机构中找到了这些线索——古代的学徒制和新式的儿童博物馆。

理论框架的构建

总而言之，我们面对的是有趣的谜团。首先，孩子们能轻易了解许多十分复杂的领域，但却无法掌握学校设计的课程。其次，也许更困扰人的是，即使在学校表现优秀的学生，也往往没有对学校课程中的概念与原理达到真正的理解。

由此，我们进一步对让所有儿童都以同一种方式学习的做法提出质疑。认知科学研究的结果表示，获得和表达知识的方式有很多种，教学法与测评都应该考虑到这些个别差异。有时，不能通过一般能力测验的学生，如果得到一些较适合他们特点的方式来引导时，完全能够达到真正的理解。类似的分离状况随处可见，比如，一个能看懂说明书的读书人无法把机器组装起来，但一个文盲却能一眼看出哪个零件应该安装在哪里。这种个别差异的观点隐含着希望。不同的学生就应当以不同的方式来教导。当学生能以多元、灵活的方式来展示所学时，学科专家就诞生了。

为了阐明这些复杂的谜团，我提出一系列的学习特点、制约、表现方式、鸿沟以及跨越鸿沟的桥梁。我将这些因素总结在表1中，帮助读者对本书的整体内容有个简要的了解。

表 1：理解的教育架构一览表

特征			
	直觉学习者 （天真、自然或普遍学习者）	学校学习者 （传统学生）	学科专家 （能手）
年龄	零到七岁	学龄	任何年龄
制约	神经生理和发展方面	制度和历史方面	专门学科和认识论
表现	直觉的理解	生搬硬套、形式化和传统的	专业学科的理解

其他因素		
鸿沟	智能	桥梁
直觉—学校	语文	传统的学徒制
学校—专家	数理逻辑	现代儿童博物馆
直觉—专家	空间	
	音乐	
	肢体运动	
	人际关系	
	内省	

无论是问题多多的美国教育体系，还是其他国家相对不那么糟糕的教育体系，凡是对教育感兴趣的人，都应该关注这个理论架构的全部环节。不论是鸿沟还是桥梁都值得留意。我相信这个理论架构的意义超越了学校的界限，而触及人类本质、人类制度和价值观等议题。

本书的主线：人性、人类机构和价值观

那些我们能轻易学会的事物和技能，似乎都是和人类关系特别密切的。强大的进化力量使人类自然而然就能掌握某个领域（例如语言）的知识，同样，适应性的因素也可能会使人产生那些正困扰着学校学习的错误概念和刻板想法。如无意外，五岁的儿童能够明白"活的"（会动的东西）的意思；他们用"好人"和"坏人"来解释事件；而且认为自己能把力量传给别的物体或人。这些简单化的想法能够帮助儿童在日常生活中很好地生存。

关于这些话题，18世纪的学者曾写过不少"人性"和"人类理解"等方面的著作。在本书中，我喜欢用"人类知识的制约"这样的词语。当我们对幼童的心智——包括它们的倾向和局限——有更深的了解时，或许可以更好地洞悉自己甚至人类的普遍心智。

和人类本身一样，我们设置的机构也都有其局限性。学校、工厂和办公室，虽有一定的弹性，但并非全是这样。经济规模、复杂的人际关系、官僚体制的沿革、各式各样变化莫测的期望以及绩效的压力等，都是人类设置的机构的负担。过去，由于规模较小而学生素质差别不大，学校面对的问题也就比较少；现在，社会在快速变化，学校需要顾及每个学生的多元化需求和个别差异，因此学校作为机构的局限就变得特别明显。如果有人希望改革学校，就必须先了解学校的运作方式，其实那并不比学校学生的个别差异简单。因此，在探讨人类认知的局限后，我将会讨论教育机构的局限，尤其是学校。

以儿童和学校为焦点，我们就必须面对第三个层面：我们到底应该重视什么样的知识和学习表现。如果有人把学校当作是达到某些标准之所在（如取得某种证书），就不会在意学校所学的技能与知识有什么实际用途，甚至认为学校追求真正的理解是没有必要或无益的。但如果认为学校应与社会生活息息相关，或教育就是要达到某些真正的理解，那么我所讨论的研究结果就有十分重要的意义了。

在进行这些讨论时，重要的是要明白哪些是叙述性描写，哪些是解决问题的处方。本书大部分在描述我所发现之个人、机构和文化的价值观，但在本书的最后部分，我明确地开出解决问题的处方。我支持某些类型的教育，只要它们能达到举一反三、深入或真正的理解。

我所关心的三个方面——人性、人类机构和价值观——不但构成了本书的框架，也是前面所说的三种学习者的背景。在本书第一篇，我综合了当前对人类幼年发展与学习的研究结果，包括五岁小孩未受训练的心智如何发挥强大的作用，及其主要的性质、概念和局限。我尽量做到概括广泛，甚至包括更早期对儿童心智发展的研究和理论。只有深入探讨科学家们关于人类发展的研究，我们才能评估近年来对儿童心智的各种研究的意义。

通过探讨儿童的认知发展，我特别留意那些对学校或其他教学环境有重要影响的倾向和局限。我将一般人的感觉动作与认知的符号形式的理解方式，与那些让许多或大多数儿童在精心设计的学校环境中学习感到困难的，显然也更精细的符号化、概念化和理论性的理解方式做比较。只有详细了解儿童特有的心智结构，才有可能明白它们与学校课程之间的距离有多大。

本书前面几章所记述的大部分研究结果，虽为心理学、认知科学和教育学研究者所熟悉，但一般大众对此了解不多，而这些研究结果对教育有怎样的意义，即使在学术界也才刚开始被注意。在本书第一篇里，我顶着认知科学家的帽子，试图描绘人类心智的原貌，虽然尚未直接谈到它的内涵，但我还是要指出，心智发展证据的表现方式还是非常个人化，甚至是带有偏见的。

本书第二篇的重点聚焦在：一般的教育过程，特别是学校，以及根植于这些文化机构的规范。教育一直是所有文化的主要目标之一。（我们能想象出一个毫不关心教育的文化吗？）而不同的文化则通过多种方式来教育年青一代。在人类的历史中，有不少教育模式选择了学徒制度。但基于种种原因，学校成了人类社会的主要教育机构。了解从早期学徒制到学校的昨天和今天这个演变过程中存在的特点和局限，对我们非常重要。

虽然我对此议题已经阐述得很清楚了，但还是要在这里再强调一遍。不管在认知或非认知层面，教育机构——主要是学校——应该努力使学生达到真正的理解。我怀疑生搬硬套、形式化或传统的学习表现的必要性，因此，我也不赞同传统教育人士对"基本技能""读写算能力"或标准化考试的呼吁。我认为，教育机构应该照顾最大多数的学生，兼顾不同的学习方式、学习表现和理解方式。

提倡为理解的教育，我要再次强调其中并没什么奥秘。我指的仅仅是能充分掌握概念、原理和技能，当遇到新问题或新情况时能将它们运用出来，并且知道如何充分展示自己的能力以及用何种有效的方式学习新的技能和知识。真正理解的一个重要表现是，能够以不同的方式表达同一个问题，然后从不同的角度来寻找解决方案，因为单一、生硬的表现形式是绝对不够的。差不多我认识的每一位教师，包括我在内，都赞同为真正的理解而教。但如果要我们的学生展现出让我们信服的理解，就会发现其实我们并没有足够的信心。

我会在第八、九两章说明这个问题的核心。在这两章里，我将列举一些有力的证据，说明学生在各个学科中都有理解的问题。我这么小题大做，目的是为了强调这个问题的普遍性而且至今仍未受到应有的重视。身为教育工作者，如果要克服这个环环相扣的难题，我们就必须勇敢地面对它：教师，请先教育自己！

第三篇也就是本书的最后总结部分，我暂且披上教育改革者或者社会工程师的外衣。虽然获取真正理解的路上困难重重，但并非无法克服。我深信，为理解而教育是可行的，而且可以使大多数学生受益。追求为理解而教育的社会，无论在人文或经济方面，都更会越来越好。我的表述有些看起来是不假思索的猜想，但大部分都是建立在前面几章有关局限性的分析，以及我与世界各地许多同事进行的实验研究结果的基础上。这些分析研究结果使我能够提出一些有效的建议，以帮助消除那些未受学校训练的心智所存在的顽固的错误概念和刻板想法。

如果我们今天无法实施为理解的教育，我们仍然可以采取一些办法超越现在。追求为理解的教育虽然充满挑战但也会有很大的收获，肯定不是今天这种没有远见的教育所能及的——即使要求学生写作业直到天亮。达到真正理解的教育的重要线索，来自古老的制度，比如学徒制等。同样重要的线索还包括新的资源，从新发明的技术如光碟到儿童博物馆这样的新机构。但若要达成此一目标，我们——特别是美国人——应该重新考虑许多我们对如何设定教育目标和如何达成目标等方面一些难以舍弃的设想。例如，我们可能要求所有学生都能达到真正的理解，而不只是读写算等基本能力，我们需要一个全国统一的标准来达到让学生们有真正的理解，而不是任由各个地方决定自己的教育政策。

本书所提出的主要问题可以简单地归纳为：为何有些人可以很容易地掌握某些概念和技能，但在最尽力提供技能与知识的学校学习时，却感到如此困难？这个问题似乎是老调重弹，但至今仍未有人明确地提出，而相关的论据也没有被人充分重视。只有在熟悉关于人类发展和学习的科学研究，并充分考虑各种制度和机构的历史以及局限后,才能对这个问题有全面的认识。

　　了解儿童和学校所受的种种限制是改善教育的先决条件。我认为,教育改革的关键,在于发现衔接三种学习类型的方法:五岁的直觉学习者的概念和制约;按教育机构要求的课程和惯例学习的传统学生;能自如应用技能与知识的学科专家。

　　一旦我们以这种方式来看待这个问题,它的价值就很清楚了。因为我们选择的教学内容和评价方式,反映了我们认为社会和人类生活中最重要的部分。我认为,我们应该追求达到真正理解的教育,而我们关于人类发展和机构管理日益增多的知识,也将帮助我们达到这个目标。我个人对如何达到该目标的建议也正是本书的主旨。

第一篇
天生的学习者

第二章

心智发展导论

　　教育工作者有意无意中比较关心以下这些问题：新生儿和学龄儿童的心智如何？什么样的教育目标比较容易实现？哪些目标需要加倍努力或根本无法实现？在接下来的几章里，我要论述我个人对早期儿童心智发展的看法，并指出这种"天生的心智"与学校课程之间的不协调之处。

1840年，达尔文（Charles Darwin）开始每天记录他的长子威廉出生后的日常活动。达尔文留意到，威廉早期的反射动作与后来通过学习获得的行为，有明显的不同。他观察孩子的感官系统，例如威廉出生后9天会盯着蜡烛看，49天时开始注意到颜色鲜艳的缨穗，132天时开始试着抓东西。他观察威廉"较高层次的感官"，包括记忆、语言、好奇心和推理等。无数的父母都有过类似的观察，但达尔文大概是第一个把观察记录出版的人。37年后，他将观察报告发表于英国期刊《心智》（Mind）第二卷。

与中世纪的画家不同，达尔文发现婴儿和幼童并非小型的成人。虽然幼童和成人之间有连续性，但那就好像人类和他们的远祖的关系一样，而进化和发展的过程是每个人都必须经历的。通过身为父亲的亲身观察，加上物种进化的想法，达尔文比任何人更能激励人们对儿童心智的科学研究。

早期的心智研究

开始的时候，幼童观察家只是简单按时间顺序，把他们看到的结果记录下来。对于一个刚刚萌芽的学科而言，这不算一个错误的起点。在梳理出潜在的法则、最初的原理或因果模式之前，最好能多罗列事实。大约1900年左右，由于大家的努力，出现了相对数量的"幼儿传记"，大多由照顾孩子的父母、叔伯阿姨们精心记录而成。这段科学史并不如想象的那么遥远。在20世纪40和50年代，当本杰明·史波克（Benjamin Spock）医生列出儿童身体成长过程应达到的各项指标时，阿诺德·格塞尔（Arnold Gesell）医生则发表了儿童正常发展的各个阶段里程碑。美国与世界其他国家的父母们，为自己五岁的孩子们跳得比正常"标准"高而兴奋不已，又为自己的孩子较其他同龄孩子矮几寸或少记几个数字而惴惴不安。

当格塞尔医生公开发表他的儿科研究报告时，一个敢言的心理学派开始主导人类成长的专业讨论。这个称为"学习理论"或"行为主义"的学派可以追溯到达尔文。当格塞尔派人士还仅满足于按年龄来编写个人发展里程碑时，约翰·华生（John B. Watson）和斯金纳（B. F. Skinner）等系统化思想家却有更大的雄心，他们希望为人类的发展作注解，而且要简单明了并形成一种潮流。后者对动物与人类、儿童与成人之间质的差异不感兴趣，他们认为，年纪稍大的儿童不过是一个有较多知识和更能干的幼童而已。他们不考虑错综复杂的大脑，而倾向于用"黑盒子"来解释行为。所有的生物，不管是挪威鼠还是大学二年级学生，都会为得到奖赏或受到压力而做出一些行为，而且很快就会放弃那些不受奖励的行为。人类能学会几乎所有环境迫使他做的事，一旦环境断定某种行为没有用处，他们就会马上终止该行为。正统的科学家不需要使用像"爱"这样的"理想化"情绪，或如思想、理想或想象等这些"模糊"的概念。至于大脑，那是生理学家或外科医生的事，与心理学家无关。重要的是那些明显的外在行为是否都可以在整个动物世界中客观地观察到。

行为主义学说曾经影响了一段时间。在他们的研究实验室，发现了许多适用于老鼠或鸽子的学习原理，但对于会推理、交谈或创作的生物来说，那实在有太大的距离了。这个理论似乎为平庸孩子的家庭带来希望，因为"世上无难事"。但对于那些对"爱"和"感觉"等被行为主义者所禁止的情感仍有体验的一般大众而言，这个理论令人失望。

儿童发展的理论，不单引起科学家或外行人的兴趣（虽然原因不同），也深深吸引了教育界人士。教育工作者有意无意中比较关心以下这些问题：新生儿和学龄儿童的心智如何？什么样的教育目标比较容易实现？哪些目标需要加倍努力或根本无法实现？在接下来的几章里，我要论述我个人对早期儿童心智发展的看法，并指出这种"天生的心智"与学校课程之间的不协调之处。由于这些论述是建立在过去有关儿童心智的研究基础上，因此有必要对这些研究略加说明。

皮亚杰对认知发展的先驱性研究

科学史家托马斯·库恩（Thomas Kuhn）告诉我们：科学理论不会消失，因为它们永远也不完善，它们只会淡出，逐渐被其他更吸引人、更有力、更全面的理论所取代。对于像我们这些在世纪中期（译者注：指20世纪）之后行为主义流行时代受教育的科学家来说，儿童发展的研究弥漫着一股清新的气息。这股清风来自日内瓦湖畔，在那里有一位名叫皮亚杰（Jean Piaget）的杰出生物学家和心理学家。自20世纪20年代以来皮亚杰就开始研究儿童。日内瓦卢梭学院附设小学等好学校的学生，以及皮亚杰的三个子女——鲁西安（Lucienne）、杰奎琳（Jacqueline）和罗伦（Laurent）自幼的古怪行径，都变成了学习人类发展的学生所熟悉的教材。

继承卢梭（Jean-Jacques Rousseau）和达尔文的精神，皮亚杰指出人类发展的历程是漫长而复杂的。儿童并非像笛卡儿学派的学者所说的那样是生而知之的，也不是如英国经验论哲学家认为的那样可以任意强加知识的。每个儿童都努力不懈地建构自己的知识，每一个探索性行为或假设，都代表他们认识世界所作的努力。

正如钟表匠关注着复杂机械中许多连锁相扣的零件，皮亚杰终其一生在整个认知领域的各个方面，努力观察儿童心智的发展。从他著作的书名可以看出他伟大的研究计划：综合论著如《智能心理学》（*The Psychology of Intelligence*）、《儿童心理学》（*The Psychology of the Child*），以及数十篇关于特定主题的专著，如《儿童的空间概念》（*The Child's Conception of Space*）、《儿童的几何概念》（*The Child's Conception of Geometry*）、《儿童的时间概念》（*The Child's Conception of Time*）、《儿童的因果概念》（*The Child's Conception of Physical Causality*）和《儿童的道德判断》（*The Moral Judgment of the Child*）等。

作为一位敏锐的观察者和实验者，皮亚杰为后来的发展心理学留下了相当多的经典例证。其中最有名的有守恒（conservation）问题：例如要儿童判断外观相同的两个球形陶土，当其中一个被搓成香肠状（或薄饼状）时，两者的体积是否仍然一样；另一个是物体恒存（permanence）问题：当一件物体从婴儿的视线消失时，什么情形下婴儿会选择继续寻找，什么情况下她会放弃；还有是道德两难问题：比如问儿童以下哪一种情形比较糟糕——为了偷一块饼干而打破一个盘子，或为了帮助朋友而打破一叠盘子。

皮亚杰是个一元论者，通过经验他领悟出一个普遍的道理。根据皮亚杰的理论，不论在因果关系的领域还是道德领域，每个儿童都以大致相同的顺序经过一些相同的发展阶段。更重要的是，每一个阶段都涉及知识的基础重建，这个重建的过程十分深刻，以至于儿童无法再回到原先的理解状态。他们一旦进入下一个阶段，原先的阶段就像从未发生过一样。

根据皮亚杰的理论，小孩在婴儿期已经用"感知运动"（sensorimotor）的方式来认识世界，一步接一步地建立起对时间、空间、数字和因果关系的最初知识。五个月大的婴儿就能有意识地重复简单的动作，并且这种能力表现在各个领域。当一个物体从视野中消失时，一岁半的婴儿能想象它的存在，这种能力同样存在各个领域。

从婴儿期进入幼儿期后，幼童对数字、因果等概念的理解变成了"前运算阶段"（preoperational）或直觉式（intuitive）的：他们可以在实际的情形中运用这些概念，但无法系统性或逻辑性地运用。例如，在几堆同样数量的糖果中，三岁的幼童会认为散布面积比较大的那一堆数量也比较多，如果把同样的这堆糖果捆成一束，她又会改变原来的判断。或者举另外一个例子来说，四岁的幼童不了解"因为"这个词的意思，她会说"出太阳了，因为我很热"，而不是说"我好热，因为出太阳了"。

接着就是两个更高阶段的"运算思考"（operational thinking）形式。七八岁的学龄儿童有"具体运算思考"能力（concrete operational thinking），这个年纪的儿童已经能够理解小时候不明白的因果关系和数量概念。他们现在明白：只要糖果没有增加或拿走，这一堆糖果的数目就不会变；坐在不同位置的人，观察相同的物体所看到的情形会不同；朝同一方向前进的两个物体，后面的物体逐渐超过前面的物体，是因为后面的物体的速度比前者快。根据皮亚杰的说法，这些新的理解有力地消除了孩子们的原始概念——了解了"守恒"问题的儿童不会再重新出现"非守恒"的心理。但要注意，这些理解全部基于具体的问题，儿童必须有机会观察物体和亲身体验才能获得。

反之，对于处在"形式运算阶段"（formal operational）的青少年来说，具体事物的刺激和具体活动就不再那么必要了。形式运算阶段者能够靠命题来推理，例如，只要提供 A 和 B 两物体的速度和运动轨迹，青少年就可以根据这些命题来演绎、推论并得出合理的结论。虽然借助图标或实物操作的方式更有利于理解，但这些已不是非要不可的了。青少年已经有能力在内心建构这些物体。以往必须借助具体事物的运作能力，现在已经能够"内化"了。数学家或科学家坐在那里思考和研究，因为必要的运算思考此时可以以抽象或形式化的方式来实现了。

以上的简单介绍实在无法涵盖皮亚杰学说所呈现的智慧力量、广博的范围以及精细的细节。皮亚杰在 20 世纪前半期所开启的辉煌研究，至今仍鼓舞着许多积极进取的研究人员继续努力。不仅皮亚杰本身值得研究，他毫无疑问是认知领域中最主要的大师，地位可以和弗洛伊德相比，而且他恰巧研究的是人类发展中非情感、非动机的方面。我们现在知道，弗洛伊德的伟大贡献在于他视野的深度和广度，这些比他个人见解的正确性更为重要。同样，后世的研究人员在感激皮亚杰这位天才的同时，亦应勇于对日内瓦心理学家的观点提出质疑。

根据当前对人类认知发展的了解，皮亚杰的世界观中有四个方面值得推敲。第一，皮亚杰的核心观念认为，发展是由一连串表现与理解的质变所组成。这个观点运用在某些领域非常适合，例如从学步开始到青春期儿童对生与死的理解在不断改变。但这种质变并没有普遍性。许多基本的理解，例如世界上的物体是有界限的，以一定的方式移动，并对它撞击到的其他物体发生作用等，便是一出生或出生后不久就形成了，并不需要长期的发展过程。

第二，他认为发展的所有重要阶段都是互为关联的，不同发展领域的重大事件都差不多同时发生。现在已经有许多证据显示，各个发展领域是各自独立的，在某一发展领域的优势，往往不代表其他领域也有同样的优势。例如，儿童说出第一句有意义的话，远在画出第一幅有意义的图画之前。和钟表内部环环相扣的零件不同，心智或大脑的各个结构似乎可以向不同的方向按不同的速度发展。

第三，皮亚杰相信他的研究已经涵盖认知和智能的全部范畴，这本身就说明他的视野还是十分有限。皮亚杰关注的中心是科学家的能力，即使在科学能力的领域里，他还主要是侧重于数字能力。像毕达哥拉斯和柏拉图的忠实追随者一样，皮亚杰似乎认为对数字的理解就是智能的中心。对数字以及数目之间的关系感兴趣，精通数学运算，是皮亚杰分析和研究的重点。我们可以说，皮亚杰在科学方面的主要成就在于深入了解人类创造数字概念的意义，他的人类发展观点的重心在于探究人类如何达到对数字的细致了解。当然，这么说似乎有点夸张，但也不失中肯。

虽然不是全部，但也至少有许多发展心理学家认同皮亚杰的研究存在以上三项局限。但第四点就比较有争议性。我认为皮亚杰犯了一个根本性的错误，他认为年纪较大的儿童有较精密的理解方式，能够根除小时候了解世界的错误模式。这种消除原始概念的情形也许发生在专家身上，但针对一般学生的研究发现结果是截然不同的。在大部分情况下，儿童早期的想法与错误概念会贯穿着他们的整个学校学习阶段。一旦青少年离开学校环境，这些早年的世界观又可能全盘出现或重现。早期的原始想法并没有被消除或改变，只不过是潜伏下来，就像幼年时期被压抑的记忆一样，会在适当的时机重新出现。

皮亚杰之后的智能研究

皮亚杰的成果一直影响着后来者，甚至那些挑剔他的学说的人。你可以把本书（和我的其他书）看作是和这位日内瓦大师的争论。你也可以将本书后面的叙述当作是对皮亚杰人类发展学说中心概念的注解和反思。

◇ **新皮亚杰学者**

皮亚杰最忠实的信徒被称为新皮亚杰学者（neo-Piagetians），其中最出名的有我的同事：斯坦福大学的罗比·凯斯（Robbie Case）与哈佛大学的科特·费希尔（Kurt Fischer）。新皮亚杰学者认为，皮亚杰对人类发展的整体看法基本是正确无误的——从出生到青春期的各个主要阶段，各有其特定的认知形式或结构。但是在行为的各项表现方面，新皮亚杰学者们探究的范围更广，例如皮亚杰几乎把情绪的发展视为研究禁地，而凯斯和费希尔则一直对其深感兴趣，最近两人还在进行艺术能力的研究。但我从他们的论著中发现，两人仍坚持人类发展的基本立场，而且像皮亚杰一样，把重心放在人类对数目、数量和算术关系的敏感度上。因此，在研究社会关系的领域时，费希尔把重点放在儿童领会多种社会角色以及角色间关系的能力上。而在艺术方面，凯斯则探讨儿童画里有多少特征，以及不同特征之间的关系。

新皮亚杰学者坚持将基础奠定在对数目的理解，借以证明几个看起来完全不同的各种发展领域，其实是衔接在一起的连续体。这种观点使他们好像拥有一个强力透视镜，可以用来探测各种领域。除此之外，这对学校学习也是很有用的，因为学校学习向来视这种数字关系的掌握为关键能力。但依我看来，这种观点可能不适合社会科学或视觉艺术等领域，因为对这些领域而言，数字可能是一种干扰，而非核心能力。当这些研究人员把重心放在社会或艺术领域的主要层面时，他们就有叛离皮亚杰基本观点的嫌疑。

◇ **信息处理学派**

皮亚杰常被视为认知革命的中心人物。在20世纪50和60年代，他的一连串发现与思考，至少就阐释高层智能的功能而言，已足以敲响行为主义与学习理论的丧钟。但由于皮亚杰出生太早，未能全程参与电脑时代，因此有人认为，他比起那些能将电脑与电脑机制应用在他们研究系统中的人士，可能显得不那么关键了。

这群被冠以"信息处理学派"的新皮亚杰学者，认为电脑是优秀的认知模式。根据这种观点，每个儿童心中都有一部不断变化的电脑。有些人宁愿干脆说儿童就是一部电脑。不管是哪个年龄段的人，我们都可以说他像电脑一样，有输入、储存缓冲期、短期与长期记忆、内部处理以及输出的能力。但在发展的阶段，这部电脑的大小、效率甚至操作方法，都在改变。

我们都不得不感叹科技变化之快速。30年前，所有的电脑都非常笨重，还占据好几个房间，10年前才开始出现台式个人电脑，现在则在会议桌上、飞机的座位上和午餐桌上，都可以看到有人在使用只有一本书大小的手提电脑。电脑不断进步的能力与多功能化，也有如神话传奇一般。

研究智能的学生所用的信息处理方法也同样日新月异。25年前，研究人员还在寻找解决问题的普遍机制，如果以皮亚杰的风格来说，这个机制可以处理任何领域的问题。10年前，开始有"专家系统"（expert systems），将一些特定领域的知识如棋艺或医学诊断设置在内。如今，过去那种一次只能进行一个指令的序列电脑，好像已经过时了。它们被并行分布式系统（parallel distributed systems）所取代，这种系统就像大脑一样，能同时完成许多小型半独立的运算。电脑技术的区别，使得20世纪90年代信息处理学者所设想的儿童心智模式，与70年代和80年代研究所设想的儿童心智模式似乎有天壤之别。

新皮亚杰学派一心想保留大师的整体观点，虽然他们及时改变了研究角度，增补了遗漏的细节。信息处理学派对于阐明解决问题机制的兴趣远大于探究皮亚杰整体概念正确性的兴趣。例如，他们会辩论数量守恒到底牵涉到哪些特定的心智运作，以及这些运作和分类之间的关联。不管他们与皮亚杰以及他们自己之间的差异为何，后皮亚杰时代的这两个学派仍然把重点放在逻辑和数量关系上。从这个角度来看，他们都是适合电脑时代的发展心理学，并且和一些学校的观点一致。

◇ **乔姆斯基与生物学的观点**

皮亚杰以及后皮亚杰学者心目中的儿童心智，都与另一个深受乔姆斯基（Woam Chomsky）影响的认知革命派别的看法大异其趣。乔姆斯基是麻省理工学院杰出的语言学家。他20世纪50年代开始其学术生涯时，即提出一套研究语言的崭新方法。和传统的比较各种语言的做法不同，也不像简单介绍文法的传统教材仅仅描述语言的各种语法规则，乔姆斯基提出的是一套雄心勃勃的方案。他立志要找出使每个人大脑有效掌握自然语言之语法的精确法则。从某个角度来看，乔姆斯基也可以算是电脑阵营中的一员，因为他寻找的，正是人类或电脑能听和能说所具备或遵循的法则。

不久之后，乔姆斯基在其他领域表现得也像语言学一样激进。他主张语言是个很特别的领域，与人类其他的认知领域大不相同。他宣称，我们的知识，即使不是大部分，至少也有相当大的比例是天赋的。因此，只要启动或激发它们即可，而不需要从外界获得或积极建构。事实上，乔姆斯基认为最好以类似生物学的观点来看待语言，将语言视为一种"智能器官"，好像心和肝一样。心和肝都有自己运作的原理或规则，而且早已存在人类遗传基因的程式上，然后通过人体展现出来，语言器官中也存在着特有的法则，而通过所处社会环境里的人际交谈展现出来。

最后，仿效 19 世纪美国哲学家皮尔斯（Charles Sanders Peirce）的说法，乔姆斯基认为人类天生就可以轻易理解某些事物或知识，但有些理解则很难或根本无法达成。例如，很明显几乎大家都可以轻易学会算术，但只有某些人可以学会高等数学，心理学则更难。乔姆斯基常常提到，单靠人类自己几乎不可能了解人类本身。虽然能否研究出语言的法则仍不可知，但乔姆斯基审慎乐观地认为，人类有了解语言的潜力。

这样极端的观点配上滔滔的辩才，带给乔姆斯基的却是来自几乎所有人文科学的研究团体的挑战，包括皮亚杰学派、行为主义学派和信息处理学派等等。乔姆斯基批评皮亚杰忽视语言，也批评皮亚杰关于语言只不过反应更一般化的认知历程与结构的说法是不经思考的。乔姆斯基坚持语法有其特质，怀疑是否真有一般化的认知结构。乔姆斯基也认为关于人类心智中有知识建构和学习机制的看法是没有道理的。

乔姆斯基的观点与传统的学习理论以及皮亚杰的建构主义都背道而驰，他质疑我们所知的心理学的存在价值。大家认为，他对斯金纳（Skinner）学说中的语言论充满敌意的批判，事实上是否定了整个行为主义运动。乔姆斯基认为，我们应该描述知识系统本身，如语言、音乐和自然科学等，弄清楚要在生物神经系统中植入多少知识，才能使个体获得整个知识系统，然后再来设置适当的环境，激发这些知识出现。

乔姆斯基对电脑科学家与信息处理论者也毫不留情。同样，他也质疑普遍性解决问题机制的观念。乔姆斯基不同意以科技为基础的模式，他鼓励研究人员应该从生物学的角度，而不要以新近发明的机械装置来解释有机系统的运作方式。同时，如果信息或知识已经内建在系统之中，只需加以激发或刺激即可。他的这一观点与信息处理学派大不相同。信息处理学派认为心智模式的运作机制是从环境接受输入，然后进行加工处理后再输出。

乔姆斯基也向发展心理学家和教育学家的观点提出挑战。在发展心理学方面，他支持天赋知识论，反对知识是长时间建构而成；支持大脑有特定领域的官能说，反对普遍性解决问题的技能之说；认为是语言而非数学才是理解知识的最佳典范。

乔姆斯基的观点对教育界来说更行不通。因为如果知识的呈现真的是依照遗传基因的时间表，那么我们的教育干预就站不住脚。如果各种领域都有自己的原则和局限，要期望学生能够从一种教育情境迁移到另一种情境，就显得很不现实，更遑论将学校所学用来解决日常生活所遇到的问题了。

乔姆斯基自然难逃被挑战的命运。事实上，他的老师哲学家古德曼（Nelson Goodman）、1975年与其论战的皮亚杰、经验学派或信息处理学派的大批研究者，都对他有非常尖锐的批评（乔姆斯基非常乐意反驳他们）。乔姆斯基的语言学著作常常被视为晦涩难懂、离经叛道或方向错误，他以生物学的模式来解释心理现象，与支持黑箱或微晶片模式的学术文化存在冲突。他认为各个领域各有自己的一套原则，这对简约的学术解释是一种挑战。他那生物取向的观点，几乎完全不认同文化与社会因素。而最严重的是，他坚持天赋知识的概念，很难见容于自洛克（John Locke）、伯克利（George Berkeley）和休谟（David Hume）以来一直影响英美学术界的经验主义传统，同时也与皮亚杰的观点相冲突。皮亚杰认为，只有积极主动地投入自然和人文社会环境中，历经多年才能获得较高发展阶段的知识。但即使这些人不同意乔姆斯基，但他至少唤起大家对许多现象和潜能做进一步的探讨。

乔姆斯基多年的同事、心理学家伦奈伯格（Eric Lenneberg）于1967年出版一本名为《语言的生物基础》（*Biological Foundations of Language*）的论文集。

在这本内容涵盖广泛的著作里，伦奈伯格提出语言属生物系统，它位于大脑左半球的某个区域。他认为左半球的某些结构对语法的运用特别重要。许多语言功能，直接受到生物基因时间表的控制，与走路等其他生理系统一样。此外，他还提出语言学习"关键期"的概念，所以人到青春期之后，要想再学习语言或矫正语言障碍，会越来越困难。他指出大脑左半球受伤的成人都会患失语症，因而大部分情况下都需要发展替代语言的沟通机能。他一方面探讨语言与沟通的关系，另一方面投机地探讨语言与其他如数字概念等认知作用的关系。

伦奈伯格的著作引起很大反响。伟大的语言学家雅克布森（Roman Jakobson）盛赞作者的勇气，同时也指出作品内容错误连篇。生物学家质疑他的"关键期"之说，连神经心理学家也指责他搞不清楚语言局限在左半脑的特性。心理学家对其人类语言能力的大脑分析中所隐含的还原论（reductionism）非常不以为然。因为痛心没有人赏识他前瞻性的观念，使他在数年后选择了自杀。

我个人认为，伦奈伯格的著作对当代认知和认知发展的研究，远比乔姆斯基的论述更具颠覆性的意义。或许这是第一次让各界人士认识到，知识的各个领域都有其自成一体的规则和原理，相当具体地存在于大脑的结构和机制里。即使伦奈伯格有细节错误，但他的理论的本质是对的。如果他的说法没错，对认知有兴趣的心理学家和教育界人士，就应该更加注重特定知识领域里结构严谨的原理，以及这些原理的神经系统基础。

20世纪70年代，出现了很多关于语言与其他认知领域的生理基础的新观点。波士顿首屈一指的神经学家诺曼·格斯温德（Norman Geschwind），将欧洲近一个世纪有关脑部受伤患者的一些研究展现给大众。这些神经心理学的个案研究，非常详尽地记载了大脑的哪些部位负责哪些认知的运作，只是破坏像辨别声音、空间定位、认面孔、阅读或短期语文记忆等这样细微的特定能力，却不会影响其他能力，甚至包括那些理论上来说会有关联的能力。另一位苏联的神经心理学大师亚历山大·卢里亚（Alexander Luria）也出版了有关大脑受伤的案例，说明了在哪些确切位置的伤害会出现某种特定的失语症。面对这些文献，把大脑描绘成一个普通的信息处理机器似乎太过粗略，而研究心智却忽略了大脑的因素，也似乎太过时了。

跨越生物与文化

1976年，宾夕法尼亚大学的生理心理学家保罗·罗津（Paul Rozin）发表了一篇重要的论文《智能的进化与非自觉认知的途径》(*The Evolution of Intelligence and Access to the Cognitive Unconscious*)，可惜是收集在一套晦涩难懂的丛书《心理生物学与生理心理学发展》(*Progress in Psychobiology and Physiological Psychology*)里面，罗津在这篇论文里提出，许多物种都发展出非常特定的机制，使他们能够快速、精确而自动地进行运算。从这个观点来看，人类具有关键的语法和语音能力，和鸟类天生能鸣唱，松鼠天生能埋藏坚果，蜜蜂天生能告诉伙伴哪里有花蜜，在理论上并没有什么两样。

人类之所以优于低等生物，是因为有两个关键点构成了我们人类特有的智能形态。首先，人类有能力结合两个以上原本独立的机制或系统来完成新的工作，例如，阅读字母系统的能力，就是结合了人类识别不同视觉符号的能力（如 b,a,d 等），以及分析音素（如可以记成 /buh/aah/duh）的能力。据我们所知，这种结合的能力一直到数千年前才出现，从此快速扩展了人类智力的范畴。

其次，人类能知道并有效地运用这种机制，正如罗津所言，我们可以进入自己的信息处理系统。所以，在学习、阅读字母系统时，人类就是有意识地进入自己的语音系统，将字念出来，把某一声音与某一文字符号连接起来，例如英文字母 a 念 /aah/、/ah/ 或 /ay/。人类智力的发展过程，使人类越来越有可能进入我们的认知仓库。举例来说，人类不仅学会了拼音文字的字母系统，还进一步了解字形与音素系统的本质，这是构成阅读的基础，进而使人们学会新语言，创造人工语言，甚至以乔姆斯基之类语言学家的风格，来了解自然与人工语言。

似乎大多数人在经历一番努力之后，都能熟练掌握诸如阅读等技能的运作。但有些人很难把听觉与视觉分析系统连接起来，或者无法明白音韵原理，结果就会在极为重要的人类活动中出现特别的障碍。近年来我们称这些人为"阅读障碍者"（dyslexia）。一个阅读障碍者，若在非文明的社会或使用表意文字的社会里，并没有太大的关系，但如果不幸生在使用字母系统的文明社会中，而且还想充分参与文化，就必须先克服自己的缺陷。

以研究大脑为专业、以生理心理学家的立场著书立说的罗津，能够相当精确地指出，哪些神经系统可以用于视觉和听觉系统分析。从这个角度来看，罗津是要从感觉和动作系统中建立心智活动机制的一位行家。他的大胆创见，适于了解人类不是任凭感官摆布的，我们可以知晓这些分析机制的运作，用现代流行的术语来说，就是能"走向思维分析"。依靠这些人对高等认知机制探索的努力，或许我们可以进而控制大脑的运作方式，我们将不再只发挥对基本神经系统的反应或反射作用而已。

罗津的论文之所以不同凡响，是因为他的论点跨越了原本互不相干的生物与文化两个学科领域。人类的辨识能力是人类生物智能中最突出的部分，没有这种辨识能力无法看出 b 与 d 的不同，也不能听出 bin 与 din 之间的差别。就如我们在下一章会看到的，这些能力深受生物构造的影响。但同时，这些能力就是被用在人类所创造的文化活动——"阅读"上，从这点来看，若说先要有动机才有进化，简直没有什么意义。当然，除非我们能看、能听，并且能把相关信息联系起来，否则就无法阅读。事实上，这些辨识能力的启动是非常微妙和精准的，但若说数百万年的进化，会受制于几千年前在中东发明的某种解码方法，实在很难让人信服。

乔姆斯基、伦奈伯格和格斯温德等人的研究成果，帮助我们重新肯定人类神经系统对人类所有活动的重要性，从而校正了行为主义时代经验科学的偏失。此外，遵守此一传统的研究也唤起人们开始注意大脑某些惊人的功能，以及哪些大脑皮质的特定部位在执行这些功能。依照本书一贯的说法，这些神经系统导向的研究者，也忽略了人类发展究竟有哪些局限。

人类是受大脑支配的动物，但绝不仅仅如此。与其他生物不同，人类也置身于如果不是百万年也至少是数万年演进的丰富文化中。我们毫无选择，我们也是文化的产物。人类学家格尔茨（Clifford Geertz）曾经说过：

> 一般认为，心智的作用基本上是大脑内部的程序，各种人工手段都只能辅助或加强这些程序的运作，使人类能够发明创造。其实这种观点大错特错……文化不仅能加强、发展和延伸这些逻辑与遗传上的器官功能，而且也是这些功能不可或缺的因素之一。没有文化的人类大概不是有内在才能却无法发挥的猿猴，而是愚笨无知、毫无用途的怪物。

在正式涉及文化之前，我们接着讨论发展心理学的最后一个领域，它在后皮亚杰时代十分兴盛。主要受到创新的苏联心理学家维果斯基（Lev Vygotsky）著作的影响，再加上美国支持者如布鲁纳（Jerome Bruner）和科尔（Michael Cole）等人的推波助澜，这个影响力日增的新兴发展学团体，主张文化因素是人类发展的关键。根据这派学者的看法，皮亚杰、乔姆斯基和其他以心智为中心或以个人为中心的研究者，都至少忽略了认知发展的两项关键因素：一是文化和发明的影响，二是其他人群的影响。

从这个观点来看，格尔茨学派的理论可以简单概括为，一个人会受制于他的身体机能的讲法，如果不是不可思议，就是不加思考的。孩子从一出生，父母初见子女性别时的反应开始，即进入一个富有表现与意义的世界，都以他恰巧所处的文化状态来呈现。周围的人使他明白生理上的满足——温暖和食物，以及心理上的滋养——爱、谈话、幽默和惊奇。让他接触语言并告诉他语言的用法。人们向他展现人类文化中有价值的产物，如笔或电脑等科技产品，摇铃和洋娃娃等玩具，故事和歌谣等艺术作品，礼仪、谚语或道德等智慧。许多关于人类发展的故事，基本上都受文化的影响，并且加上所处文化中的某些特殊人物、实践和物品。而有丰富文化的社会一定会包括诸如学徒制或正式学校等教育机构。

最近，有关心智发展的研究，正朝两个相反的方向发展。一方面，研究人员更深入地探讨人类大脑，因为大脑是个严重局限或塑造人类成长的器官。行为主义者认为人类可以学习或忘记任何事情，正如电脑学派相信所有问题的解决方式都一样，他们的想法都太天真了。语言只是人类认知的一个特别领域，而即使在语言领域里，各种语言的语法分析与文字的阅读方式，也各自不同。

另外，文化与神经系统相互作用的方式，显然不能忽视，也不能视作理所当然。近几世纪以来，人类已建立了非常复杂的文化环境，包括精巧的产品和日积月累的知识、偏见、意识形态甚至智慧等。在这个世界里，有人人皆可以随时与之连线的"思考机器"，有能在同温层进行探测的科学仪器。人们可能到世界任何地点旅游、与任何地方任何人谈话，甚至只需按一个钮就可能导致整个世界的毁灭。这些情况，在几世纪前即使最有先见之明的乌托邦作家，也会觉得不可思议。因此，我们绝对不能说这些知识早已存在人类基因里。

当然，所有文化的发明创造，都不出人类基因所设定的范围，虽然人们对这些范围与严密程度仍有极大的争议。发展心理学家们所面对的最根本问题，就是要了解人性天生的限制、文化所加诸的局限性、人类潜能所能发挥的程度以及这三者之间的关系。乔姆斯基的致命弱点，就在于没有提出这些推动人类发明创造、使人类屹立千万年不倒的因素。即使到现在，对这些创造力的解释，对心理学家和教育人士而言，依然是很大的挑战。

知道哪些局限性无法改变之后，社会就必须建立一些程序和机构，让儿童学习一系列令人眼花缭乱的才能与知识，如道德观念、阅读与计算技巧、音乐表演才艺、宗教礼仪、科学与人文知识，等等。就儿童来说，他们必须自觉或非自觉地运用自己的神经系统，以学会所处文化的生活方式。根据最新、最广泛的了解，心智不仅存在脑壳中，也存在于到处分布的文化产物中，更存在于个体的行为以及人与人的互动中。

在发展心理学的领域，很难想象如果没有达尔文的最初思想和皮亚杰的继承与发挥，会是怎样的情形，虽然现在该领域的发展早已超越他们两人的见解。思想周密的理论家与有创意的实证研究者，从皮亚杰较不严谨的理论中，整理出更禁得起考验的见解。电脑的发明也为研究提供了一个逐渐演变、却又相当有力的认知模式，一个可以用来模拟、分析数据、建构心智模式的最佳工具。特定领域的探究，例如语言，显示了这些领域的复杂性、它们在神经系统的特定部位，以及对认知的表现与运作有惊人的影响和限制。对文化工具的再度注意，已经明显表示，如不考虑文化和社会因素的影响，人类发展的研究将是不完整的。罗津的研究巧妙地涵盖了这些不同的主体，诺贝尔奖得主梅达沃（Peter Medawar）有一句妙语：人类的行为百分之百受遗传基因的控制，又百分之百受环境的控制。最后脱颖而出的理论与实证，远比皮亚杰或达尔文所想象的要复杂得多。如果我们运气好，这些理论与实证，也许对人类的发展，能提供更全面的认识，并且有助于我们设计出更合理、更有效的教育制度。

当儿童越来越长大时，他们的生活就会越来越与教育机构分不开。在他们出生时，这些机构不是不存在，只是对他们的影响较不明显。仔细看看这些孩子们，最能让我们体会那些存在于基因里的限制与机会。这些先天的因素不只是设定了局限，也规划出社会应如何或必须如何教育下一代的可能性。

第三章

最初的学习:局限性与可能性

婴儿绝对不是一块白板或一团困惑,而是内在程序设计精密的生物体。因此,日后的学习,必须建立在每一位正常儿童先天的限制与偏见的基础上。

哲学议题

苏格拉底（Socrates）之前的哲学家思考哲学议题时，主要把焦点放在外在世界的本质方面。他们特别关心这个世界是由哪些基本要素构成的。但在苏格拉底的对话与柏拉图的著作中，对于水、火、土和空气等的兴趣，已经被一些抽象的议题所取代，例如品德的定义、知识的特征、教育的目标和美好生活的获得等。一千多年来，这些议题仍然是哲学讨论的中心，从某个角度来看，这些问题既没有被解决过也没有被替代过。然而，可以说至少还有两项认识论的新议题，在文艺复兴与启蒙时代才开始出现。

首先，笛卡儿（René Descartes）直接关注人类心智的本质与功能。他认为，心智独立于肉体而存在，它具备丰富的天赋知识，并能够进行数学推理。这种理性主义的观点，最后被笛卡儿的继承者英国经验学派所唾弃。那些对外在感觉经验世界感兴趣的哲学家，例如洛克和休谟等人，对知识天赋论、心物二元论以及理性是至高无上的等论点提出质疑。康德（Immanuel Kant）为了统合这些不同的观点，提出了更周全的架构。在他的架构中，所有的经验与所有的现象都必须被体会——这些与认知有关的分类（categories）和模式（schemas），都是人类潜能的一部分。

后代学者对于人性的观点，颇受这些议题架构的影响。例如皮亚杰对逻辑思考的重视，就有很明显的笛卡儿风格。除此之外，他多年来研究主题的演进历程，也可追溯至康德对"分类"的研究——例如时间、空间和因果等等，都是从幼童的经验中逐渐开展出来的类别。即使对没有接触过这些令人肃然起敬的哲学传统的人来说，理性和经验的冲突也是很明显的。以新心理学为例，婴儿是否一出生就对所生存的世界有一定的知识，婴儿是否具有认知的整体架构和模式，婴儿的心灵是否如一块白板般可以被随意刻画各种稀奇古怪的信息等,这些都是非常重要的议题。

同样地,肩负教育下一代重大责任的教育工作者所采取的教育方法,也会随着他们认识论的不同而有所不同。例如,"理性主义"风格的人会认为人类了解这个世界的方式有很大的局限,就会避开某些主题的教学,或认为这些主题必须依循一套预定的方式来教学。倘若有人支持"经验主义"的观点,接受了解或解释信息的方式有很多种,就比较愿意进行课程与教学方面的试验。

一百多年前,詹姆斯(William James)曾经以"层出不穷而嘈杂的困惑"(blooming buzzing confusion)来形容幼童对于这个世界的经验感受。即使素来谦逊的詹姆斯,也对创出此一名词感到自豪,但如果詹姆斯知道后来这一名词被应用的广泛程度,一定会大吃一惊(往往被错误地引述为 booming buzzing confusion)。詹姆斯一定会更感到惊讶的是,这个名词现在竟然是主要用来形容不真实的说法,因为近来已有明确的证据显示,所有正常的婴儿对于所要了解的事物,都已有扎实的准备。婴儿绝对不是一块白板或一团困惑,而是内在程序设计精密的生物体。因此,日后的学习,必须建立在每一位正常儿童先天的限制与偏见的基础上。

设计精密的婴儿

婴儿有良好的反射反应并不奇怪。毕竟,我们可以合理地预期,进化作用使婴儿懂得远离令人厌恶的刺激;懂得感觉饿时寻找乳头尽情吸奶;当所抓住的东西开始要松开或感到疼痛时会有激烈的反应;等等。

婴儿感觉系统发展的程度和本质,比较出乎意料。或许是因为婴儿对视觉或听觉刺激的辨别能力,不像对于被针刺到或乳汁来源等生理反应那么明显,也可能因为感觉系统与生存的关系较不紧密,在性质上应该属于心理或认知方面。尽管如此,今天研究人员所发展出来的技术,还是能明确地查知幼童到底注意到哪件事物。

开始时,研究人员展示两种以上的刺激,然后观察婴儿注意各个刺激的时间长短，一旦发现婴儿注意的时间有差别，即可假定至少有一些不同的特征已经引起婴儿的注意。另一种较不直接但效果比较显著的方法是观察婴儿的注意过程。长时间面对相同或类似的刺激最后一定会失去兴趣，因此如果看到婴儿对一种重复出现的事物产生厌倦，或对新的刺激引起兴趣时，即可判定哪些刺激会被婴儿视为类似（感到厌倦），哪些被视为不同（重新感到兴趣）。也可以观察婴儿是否感到惊讶，除了观察面部表情或肢体反应之外，还可以使用生理电流方面的测量方法，例如心跳速率或皮肤的变化等，后两种测量方法以前是给成人测谎用的。

有了这些设备装置，研究人员可以确实展示一整套婴儿的理解或婴儿所运用的策略。这些都是达尔文的临床观察或詹姆斯的名著中无法看得到的。婴儿甫出生或出生不久，就能识别许多套相关联的形态、形状或线条的图形。他们也可以学会辨别视觉或听觉的类型和模式，若在实验时改变这些模式，婴儿就会显出高昂的兴趣。婴儿对脸部五官的配置也特别敏感，对正常与扭曲的面孔会有不同的反应。在婴儿出生后几个月，甚至出生后数周，就能在一群女人中认出自己的母亲。

就本书的目的而言，最突出的证据是儿童的感官系统天生就具有某些处理信息的规范或倾向。由于幼年时期进化的需要，以及与母亲的亲密关系，婴儿天生就能注意到脸部的形状，这或许不足为奇。从心理学和认识论的高度来看，最重要的是婴儿能够以类似成人的方式，来"解析"高等感觉连续收进来的信息。以颜色为例，婴儿无法将各种色彩按实证主义者所预测的那样将它们当作一个连续统一体。但婴儿看色谱上的颜色却与成人相同，它们能辨别出主色——正红和正蓝，以及边缘色的蓝与绿等。他们比较可能将两种不同的蓝色（波长450纳米与480纳米）归为一类，而不将蓝与绿（波长480纳米与510纳米）归为一类，即使各种颜色的波长差距从数字来看完全相同，都是30纳米。婴儿区别颜色的方式与看得见颜色的成人相同，但与色盲者不同。

很难相信三个月的婴儿是从经验中学会区分正红与不正的红色，或认识两种不同的蓝色是属于同一种色系。比较可以令人信服的说法是，视觉接收器原来就设计有辨识能力，对某种具有代表性的色调有比较强烈的反应。猩猩所选择的标准颜色与人类相同，也可以作为"感觉的倾向是天生就蕴含在视觉系统的神经系统中"的另外一项佐证。

听觉系统的运作中也存在同样令人惊讶的倾向。如果把听觉分成对像元音或辅音等语言刺激的反应，与对像音乐曲调等非语言刺激的反应，对我们以下的讨论将有帮助。在语言信号方面，我看到一个与颜色连续分布类似的情形。纯粹就听觉的基础来说，无声的 p 音与有声的 b 音之间有个发声开始的平滑转变时间，虽然每次发生信号一分为二，因此在耳中不是 p 的音就是 b 的音，而不会有介于中间的信号。从心理物理学来说，有差异的两个声音，例如 20 毫秒的发生开始时间差异，如果都在发生开始连续分布的某一个范围内，就会都被听作 p 音，但如果超出了可允许的范围，就会听到一个是 p 音，另一个是 b 音。

和颜色一样，婴儿可能是先不断地听到这些声音，再渐渐学会将它们归纳为不同的类别。但研究结果驳斥了这种可能。婴儿从非常小的时候开始，就像大人一样，把"b"的音听成"b"，把"p"的音听成"p"。辨识归类的知觉作用强过对发声开始的平滑转变时间之物理刺激的感觉。这种天生的神经系统倾向，即使不是学习语言必备的条件，至少也有助于人类学会说自然语言。同样地，我们实在很难想象幼童是通过学习才了解以这种有用的方式来区分语言方面的连续分布，也很难想象他们能学会那种不重视辨识归类之知觉作用的人工语言。来自各种不同语言社会的婴儿，在生命的最初几个月就能够以类似的方式解析语言的连续分布，这是更关键的一项证据，证明了天赋确实对人类的"听觉—语言"刺激知觉有影响。

即使在一些和人类生存关系不大的领域，我们还是可以发现婴儿的认知能力具有强烈的倾向。新生儿一出生，头部就能随着声音转动；三个月大时，就能听出有明显节奏的一连串拍子；五个月大时，就能听出音调的模式，从各种旋律中找出旋律相同但音调改变的例子；六个月大时，就能大致随着音调哼唱。

与典型经验学派的信条相反，婴儿不必经过长期的训练过程，就能够将两个感觉系统所接收到的信息联系起来。一个月大的婴儿能将所见之物与所触之物联系在一起；三个月大的婴儿能将巨响与强光联系在一起；四个月大的婴儿知道哪一个声音应该是电影中的哪一个人物说的，包括一个男性的声音配上一个男性的画面，与一个女性的声音配上一个女性的画面。这种感觉的辨别能力与联系能力，不是经过后天有目的的学习得来，而是天生就有的能力，日后的学习必须建立在这个基础之上。

皮亚杰对婴儿认知的描述

皮亚杰开始研究儿童的时候，研究感觉辨识与感觉统合的方法还不十分先进。他假设幼童能看、能听，并且能有目的地将各种知觉联系在一起。虽然皮亚杰并没有直接讨论到，但他理所当然地认为，至少有关解析这个世界的感觉知识，是人类生物遗传的一部分。但对他而言，最重要的议题不是感觉如何运作，而是生物体如何理解比较困难的概念与问题。皮亚杰以自己的孩子为研究对象，来进行广泛的临床观察，以探究儿童如何理解物体的存在与运作、儿童在时间空间的行为表现，以及儿童如何将其对于人类自身的知识与对无生命物体的本质与运动轨迹的理解，联系起来达成自己的目标。

皮亚杰所描绘的"婴儿世界观的建构"，已经证明极富有生命力，这或许是他所有研究中最出色的一部分，特别是他的研究对象只有自己的三个小孩，而当时的实验技术又那么有限，仅限于摇铃、橡皮鸭以及隐藏这些玩具的扁帽，这就更让人觉得他的不平凡。皮亚杰认为他已经驳倒笛卡儿等理性主义者的天赋知识论，因为他证明儿童关于时间、空间、因果等知识并非与生俱来，而是必须经过18个月、6个艰苦的阶段才能形成。

以皮亚杰式的方法看问题，确实让人了解到有些事情肯定是某一年纪的幼童做不到的。例如在六个月大的婴儿面前展示一个有趣的物品（如会呱呱叫的鸭子），他会拍打自己的身体，希望再来一遍，而不会直接接触这个有趣的来源（如抓或捏鸭子的尾巴，或要另一个更灵巧的人帮他做）。同样，如果把十个月大的婴儿想要的东西藏在一个地方，然后再把这个东西在孩子面前移到另一个地方收起来，他会依然在原先的地方继续寻找该物品。皮亚杰以此断定婴儿有一个很大的无知领域（用本书的名词来说，即是坚固执着的原始错误概念或误解）。

早期婴儿研究者（包括皮亚杰）的失误，在于低估婴儿的知识——指以更直接和更适当的方式，来"询问"婴儿某些特定的信息或知识时，婴儿能被引发出来的知识。例如一个物体以某种形状在屏风后通过，再以另外一种形态出现或就此消失时，即使四五个月大的婴儿也会觉得惊讶。在某些情况下，即使三个半月的婴儿，也会了解物体即使被藏起来，还是继续存在的；他们也了解物体无法穿越另外一个物体已经占据的空间。六个月大的婴儿很清楚地了解物体是什么，他们能忽略物体的颜色、花纹等外表特征，而注意到物体的清晰轮廓和坚固的形体等更深入可靠的线索。六到九个月大的婴儿即可表现出对数字的初步感受，他们能区别两个一组或三个一组的物体，哪怕物体的空间位置被重新安排过。这说明他们不单纯是靠"视觉—空间"模式来判别。一岁的幼童已能明白某些因果关系，例如了解是什么使物体倒下来，或什么情况下一个物体能使另外一个物体移动。值得特别强调的是，孩子的这些能力是早于语言、复杂的肢体运动或对其文化的解释系统发展之前，就已经出现了。

幼童的这些知识，到底是如笛卡儿（或乔姆斯基）所说的与生俱来，还是如传统经验学派所坚持的，是在幼年时获得，这个问题实在已经讨论很多了。从我的观点来看，无论是与生俱来或后天培养，其实都无关紧要。事实上，具有某种基因形态的有机体，在一般环境（和期许）中养育，都能展现出这种知识和能力，虽然在其他方面还依然很无助。

我们的研究目的需要强调的重点是：这些幼童能被引发出来的行为，到底对幼童的认知会产生多大的影响。过去数十年的实验研究显示，人类的构造天生就适合于了解这个世界。除非婴儿能依照人们所示的方式，来解析色彩、语言和音乐世界，同时对物体的构造、运动和因果关系的运作、数量的特点等，也已经形成自己的一套看法，否则实在无法想象婴儿如何进化。这些婴儿时期根深蒂固的直觉理解，是往后数年所产生的对外界物质根深蒂固理解的基础，但如果以后要以学科专家式的理解来取代直觉想法时，这些理论却又是学校正式教育所必须要克服的。

这些幼年时期的特质和理解形态，过去较不为人所知，部分原因是因为实验科学为核心的经验学派的传统势力庞大。而且，也只有少数研究人员去思考，人类如何跳出其对物体最原始的强有力的假设，并以合理的方式解析这个世界。皮亚杰宣称他已经证明了康德所说的先天存在，其实也只不过是后天的存在罢了。哲学家莱布尼茨（Gottfried Wilhelm von Leibniz）同意洛克的观点，"没有一种职能不是从感觉器官开始的"，但他又立刻补充一句，"除了智能本身之外"。

婴儿对社会的感知

到目前为止，我们一直强调婴儿对物质世界的认知，这是西方文化的偏重点，可以远溯到笛卡儿时代甚至苏格拉底以前的时代。然而人类天生了解他人的程度，也同样值得研究。从刚出生的婴儿对脸部图形的特别注意，到二个月大的婴儿有见人会微笑的倾向，婴儿就像小小的社会心理学家，为自己的同类深深吸引，正如他们像个小小自然科学家，对非生物世界深感兴趣一样。

除了不由自主地受到他人的吸引之外，婴儿在几个月大时，就能和成人进行颇为精细的社会互动。以下是我们都很熟悉的一幕：成人微笑或伸舌头逗婴儿，婴儿看了后会模仿或对逗弄的动作有反应。这种互动能持续好几分钟，而且双方都会产生复杂的动作与互动反应。

开始时，这些互动有一点仪式化的意味，但不久之后，这些互动就成为沟通情感意图或表达恐惧的途径。二至三个月大的婴儿接触录音谈话而非活生生的可以互动的人时，会感到闷闷不乐，说明这些互动不仅仅是仪式。半岁左右，婴儿能向成人表示要求或懊恼，而成人也能向婴儿表达快乐和关心，双方都能合理预期自己的意思已经相互传递清楚。

凡是观察过这种互动的人（我们都曾参与过这种互动，至少是以婴儿的身份），都知道这种互动的时刻是多么重要。基于多种原因，幼儿对他人尤其是对父母的依恋，有无比的重要性。这种重要性可以见于当亲爱的人突然离去，或陌生人欲代替父母来模仿这种接触时，婴儿所流露出的强烈情绪。虽然不同文化之间，羞怯、谨慎、分离焦虑或见陌生人而引起的紧张，在性质和程度上都有很大的不同。但这些现象的存在，以及婴儿在将近一岁时必然会产生这种现象，都证明了人类发展存在着强大的限制，我这里指的是社会和情绪方面。同样，被忽略、虐待或患自闭症的婴儿，没有经历以上所述的这些现象，这位孩子未来的发展潜能必将受到严重的损害。

与人互动的强烈情绪，在性质上可能和与橡皮鸭或爸爸的帽子等玩具互动时所引起的情绪有显著不同。父母不见时的焦虑与父母返回时的喜悦，似乎比玩具不见或玩具重新出现时的情绪更强烈得多。我们考虑儿童与他人互动关系的主要原因是，我们要强调儿童是有情感的生物体，他们的情感是以社会生活为中心，而且他们对物质世界是有辨别能力、能够形成概念以及具有理解能力的生物体。

婴儿与成人们之间频繁的早期社会互动，是否就是日后语言沟通的一种实习，到现在仍然众说纷纭。乔姆斯基学派强调语言系统的独立性，他们怀疑学习语言是否有必要以这些幼儿期仪式般的互动为基础。即使乔姆斯基学派的观点严格来说是对的（也就是说一个从来没有微笑、牙牙学语或对逗弄他的成人有反应的人，仍然能够掌握语法）。从更广的角度来看，长大后的人际互动，显然还是以这些幼年时期的社会互动为基础。儿童要说话和理解语言，是延续婴儿时期会话方式以及受到文化影响的自然结果（后来终于能够学会语法的自闭症儿童，很可能仍然无法做到这种人与人之间的语言沟通）。在婴儿床边和孩子捉迷藏来轻轻吓婴儿一跳的游戏，很可能就是日后人类面对面沟通的一种排练。幼童以相同的方式逐渐形成自我的概念（渐渐了解自己是一个独立的人）后，才能渐渐形成他人的概念。简而言之，当孩子进入正式学校时，他所形成的对生命、心智和自我的看法，皆起源于婴儿时期那有所规范但非常好玩的互动。

对感觉运动知识的五个注释

正如我们前面所说,皮亚杰将婴儿期称为"感觉运动期",并强调最初的理解形态,都是以感觉器官和各种动作活动的激发和运用为基础。如果要用一个名词来称呼18个月大的婴儿,"感觉运动"似乎颇为贴切,但需加上若干注释。

第一,有些知识是超越物质世界的,尤其是在儿童与他人沟通、情感生活以及对自我的最初意识等方面。这些形态的知识虽然以感觉和动作的能力为基础,但导向不同的经验领域——与非生物世界成对比的人类世界。皮亚杰当然知道这些领域的存在,但或许因为西方哲学传统的偏见,他有意低调处理其他领域。

第二,虽然感觉与动作系统是获得知识的主要工具,但绝非独一无二的。儿童即使有某些感觉系统的障碍,仍能了解现实世界的各种领域。正因为如此,盲童不仅能以相对正常的方式学会语言,也能够了解这个世界的空间性质。甚至大出皮亚杰意外的是,例如受镇静剂等药物之害而失去四肢的儿童,仍能建构、处理人体和物质世界所需的知识形态。

第三,儿童似乎天生就能理解认知领域中具有抽象性质的知识。儿童可能在一岁时就对因果关系、物体的特性和组成、数字世界等有所理解。虽然感觉或动作的信息是激发这些理解所必需的,但诸如"再来一个""一件东西不能同时出现在两个地方"或"了解我所要表达的意思"等概念,则与感觉没有特别的关系,但这些理解却是活在地球上的人类所必须有的。如果说婴儿对于任何事情都具有一套精细的理论或想法,那是言之过早,但这些幼年时期的理解,确实是后来关于物质、社会和个人世界观的基础。

第四,皮亚杰研究的重点,集中在适用于全世界正常儿童之"普遍性"阶段和理解。以做研究的策略而言,这种寻找普遍性原则的方法是绝对可行的。在皮亚杰研究的基础上研究儿童发展的人都显得更加聪明。然而,我们也要同时指出，一岁与两岁的幼儿们可能有着许多显著的差异，例如在气质、性格、处理信息的速度、感觉的敏锐性以及动作能力甚至认知的强项与风格等方面的差异。

最后还有一点非常重要的是，任何天生的个别差异，很快就会与强大的文化结构交互影响。无论在同一种文化中，或各种不同的文化中，对于婴儿是什么、婴儿实际的（或应有的）行为表现、成人与婴儿应有的互动方式，以及要如何处理喂食、哭泣、快乐和焦虑等平常会有的现象等，都有不同的期望。例如住在巴布亚新几内亚雨林中的加路利人（Kaluli），便认为婴儿是无知且无助的生物体。加路利人不对婴儿说话，而是由母亲代她说话。这种态度当然与美国中产阶级的父母大不相同，因为后者从新近的研究报告中了解到婴儿已经具有许多才能，因此从子女幼小时即开始与他们沟通互动，有些早在婴儿一出生就开始，有些甚至在未出生时就实施胎教。另外一个例子是肯尼亚西南部的古西衣族（Gusii）的母亲，她们抱婴儿的时间是美国母亲的三倍，而美国中产家庭的母亲则花较多的时间和婴儿说话和凝视婴儿。古西衣族人希望儿童要与家庭维持密切的关系，在长者面前也要表现出毕恭毕敬的态度，而美国的儿童则被鼓励自由表达意愿，并且到外面去探索更广阔的世界。

受到长期积累的极度不同的文化实践和社会期许的影响，形成了具有自己文化特色的成人和儿童。这些儿童与成人可能很难在另外一种多元或不同的文化中生存。虽然人类的遗传程式（genetic program）会使婴儿具备某些特征，但社会价值观和取向也可能产生另一些特征。同样，即使婴儿期是最能直接研究生物遗传的阶段，我们还是得记住，有些心智已经超越了儿童的表面状况，而隐藏在成人为了使幼童长大成为社会一分子，所设计的游戏、风俗习惯和符号中。

对婴儿期的研究使人振奋，一部分是因为这是少数研究领域当中，新科技可以为数千年来困扰哲学家的问题提供一些至少能临时应对的答案。现在我们知道婴儿的发展具有某些方面的局限，这些局限性会让数十年前的科学研究人员大吃一惊，但最根本的问题（例如先天禀赋和后天培养之间的关系）终究还是没有定论。然而，我们对遗传的影响和文化的压力在人类生活过程的影响和相互作用的关系有了更深入的了解,这是值得我们感到欣慰的。

在婴儿期之后的数年中,儿童逐渐展现许多新的知识形态,其中有些是源于文化中的一般互动历程,另外一些则是教育机构所提供的正式课程的学习结果。这些成套的信息、概念和实践,逐渐接受自觉反省,然后形成大众的知识和个人的记忆。由于婴儿无法以符号的形态来获取知识,或者回想以前的归类方式,因此婴儿期的经验无法保留。我们全都患了"婴儿期失忆症"(infantile amnesia)。但如果因为婴儿期的经验无法保存,即认为其不重要,那就大错特错了。不管从哪一方面来说,这些最初期的经验和理解,都是促成日后理解的基础。在后面几章我们可以看到,这些经验仍旧是我们了解这个世界的基础,远比教育工作者在学校致力传授的"修正主义"概念更深入、更有力。

第四章

通过符号认识世界

　　学前儿童所具有的符号能力，不只限于语言或与语言有密切关系的沟通工具。学前儿童所进行符号化的活动还包括绘画、塑陶土、堆积木、手语、跳舞、唱歌、假装飞或驾驶、用数字交易，以及其他充斥着符号的领域。

莫里哀（Molière）的剧本《贵人迷》（Le Bourgeois Gentilhomme）中的茹尔丹先生，当他发现自己竟然一辈子都是用语言在说话时，感到大吃一惊。对我们大多数人来说，当我们发现一生都在用符号与人交流时，也许一样会感到惊讶。我坐在电脑前，首先映入眼帘的就是一堆语言和数学的符号。如果我转入另一个程式或另一个系统，另一些不同的图像或文字符号又会出现。我看看手表，计算在我开车离开之前还剩多少时间。在车子开往超级市场的路上，我会碰到一连串的交通标志，到了超级市场，发现那里用更复杂的符号系统来表示货架和物品。

离开学术气氛很浓的办公室，我到五岁儿子本杰明的房间和他说话，碰到的又是另一套全然不同的符号系统。我们一起聊天、开玩笑和使眼色；我们一起画画、堆积木、玩纸牌游戏、演一段或长或短的情景剧。一整天时间里，本杰明使用他的语言，我使用我的语言，虽然这两种语言表面上看起来很不相同，但我俩都置身浩瀚的符号大海中，其中有些是我俩共通的，有些则是我们各自生活中独特的用语。

符号学家

尽管（或者说因为）符号无处不在，传统哲学家很少留意这些意味深长的交流符号。皮尔斯（Charles Sanders Peirce）可能是当代大思想家中，第一位深入思考我们生活中的各种符号或符号系统的本质、范围以及运用的学者。研究皮尔斯哲学体系的卡西尔（Ernst Cassirer）和朗格（Susanne Langer），共同界定符号形式和功能的研究范畴，他们还特地参考了神话、仪式和艺术等比较"软性"的领域。最近，我长时间的老师和同事——尼尔森·古德曼（Nelson Goodman）发展出一套关于符号的理论，使符号的研究有了更扎实的基础。

如果"感觉运动期"合理地涵盖了出生后头 18 个月的时间，那么之后一直到学前教育的阶段，也就是大约两岁到六岁，应该可以称为"符号期"。在这一阶段，全世界所有正常的小孩，都自然而然地掌握了整个语言符号范畴和符号系统。他们学会听和讲，他们不仅用语言来提出请求和指挥他人，也用语言来讲故事、开玩笑、嘲弄和闲聊，以及加强对社会与自然世界的了解。到了入学年龄，这些五六岁或七岁的儿童已经是成熟的符号动物了。

　　很少人会反对把语言选为最优秀的符号系统，但我们还是要强调其他符号系统的重要性。很多信息是以手势和其他次语言的方式来理解和沟通的。用画画、堆积木和捏黏土或其他图像工具来描绘这个世界的各个层面，是在幼年时期非常重要的符号运用途径。各种形式的假想游戏和有规则的游戏，都很受欢迎。介绍数量的概念、名称和运算，都是幼儿教育的重要部分。各式各样的风俗习惯、仪式、游戏和社会互动，也都充斥着各种符号。儿童在学前阶段就能了解这些符号中的一部分，而且对他们可能影响很大。

　　符号学的学者们——他们喜欢仿效皮尔斯自称为记号学家——特别留意符号系统的三个主要层面，这是使用符号的人必须熟悉的。首先，符号系统本身有一套符号的次序和组织规则，即符号系统的文法或语法（syntax）。其次，符号有明显的意义或外延意义，即符号与物体、概念或符号所指对象之间的关系，这些可称为符号系统的语意法则（semantics）。最后，符号有其特有的用法和功能，以及在某一种情境下使用这个符号的理由，这些称为符号系统的语用法则（pragmatics）。虽然不容易解释，但儿童在年幼时期必须完成的重要任务，还是可以直接描述为：幼童一定得学会所处文化重视的符号系统的语法、语意与语用。

　　在此需要特别强调"文化"这个字。文化当然也蕴含在婴儿床边藏东西等互动游戏中。不过，文化的差异对出生后第一年的学习能力，并不一定有关键性的影响。然而，学习符号的能力则不然。一个文化所偏重（或鼓励）的符号系统，就是儿童在"记号""符号"或"表现"等各阶段所要精熟的学习内容。如何以特定的方式使用这些符号，在幼童学习中显得同样重要。仔细观察儿童获得符号能力的过程，我们发现先天倾向与文化特色之间持续的交互影响，左右了人类发展的特征。

但是，记号期与往后的阶段可能有所不同。生物与文化共同促成人类成熟的符号系统。从这个角度来看，符号期的学习有别于婴儿期所特有的普遍性学习，也有异于后来上学后深受文化影响的学习。特别的符号能力反映出文化或次文化的特色，但全世界的儿童都可以在幼年时期具备符号能力。

一旦学术界公认符号的重要性，关心人类发展的研究人员便可达成一项共识：最好将这个发展阶段称为"精通符号期"。在其他方面持不同观点的学者，例如皮亚杰、沃纳（Heinz Werner）、卢里亚和布鲁纳等，都同意儿童的发展有这种特征。事实上，就因为他们的一致同意，以至于有人怀疑，是否每个人都莫名其妙地忽略了某些重要的议题——就好像茹尔丹先生忘了他在说话这么明显的事。但因为大家都有这种共识，所以我就趁机直接假定，儿童的发展有这种特征，而这特征没什么可争议之处。

另外两件事则有争议：第一是符号发展受天生限制的程度，第二是不同领域符号的发展可能有相似情况。未来的所有教育，不管是正式或非正式的，都要建立在具备符号能力的基础上，因此，把有关发展的里程碑弄清楚是一件非常重要的事。因为这是过去20年来我最着力研究的领域，所以接下来的讨论，我会颇为偏重我们实验室的研究发现。

语言符号系统

几乎所有的研究人员都认为语言是符号系统的标准雏形，某种程度上，它是唯一值得研究的符号系统。基于这些原因，目前有关语言之语法（syntax）、语义（semantics）和语用（pragmatics），不管是在成人所达到的成熟状态，或在儿童自感觉运动期以来语言发展方面，都已经累积了相当丰富的知识。其他符号系统的研究，也都跟随语言研究的程序与分析模式。尽管已有可观的知识基础，有关语言的习得还是有很大的争议，可以预见各种媒体和各个领域对符号将展开更多的讨论。

◇ 语法和学习能力

前面已经介绍过，乔姆斯基以语言研究为基础，建立了认知和心智本质的理论这个势力庞大的阵营。有关语言发展方面的研究，他们的旗号是"语言自然习得"（learnablity）。

学习能力的研究倾向于技术和数学的分析，目的在于研究某一种机制（人类的或无机的），若要能够从眼见的样本（字串）学会自然语言，必须具备哪些知识？根据拥护"语言自然习得"概念者的看法，任何生物体，如果要顾及每一项可能存在的语言规则，就不可能学会人类使用的任何一种语言。事实正好相反。人类能轻而易举地学会语言，一方面是因为人类在学习语言时，对自然语言应该是什么样子，心中已有一套有力的假说；另一方面，他们根本不需要去考虑那些从自然语言（非人工语言）中可以推导出来的无数的相反假说。

所有正常学习语言的人会有什么样共同的假说呢？请看以下几个例子：学习语言的人会假定字串可以分解成声音单位，称为词或词素，即有意义的最小单位，例如 s、ed、ing 等等；这些字串和环境或个人经验的某些层面有关；字串的顺序被重组时，其意思可能发生很大的变化，例如"人咬狗"不同于"狗咬人"；形成片语的一组字有特定的意义；作为修饰或其他语言学上的运作，都可能也适用于片语上。

"语言自然习得"论者提出一连串的观点，其中最有意思的观点是：有一套称为"自然语言"的语言，如果没有反面的例证，即那些无法为人接受的讲话方式，就不可能学会。但儿童并没有接触到可靠的正面信息来判断什么是无法为人接受的讲话方式。这种情形说明，若不是儿童无法学会语言（从经验得知这是错的），就是表示儿童天生有通晓周遭所用语言的各种基础。从"语言自然习得"的观点来看，儿童即使没有反面例子，也照样能学会本地语言，因为有关自然语言之本质的某些特别的基础，是他们天赋知识的一部分。

为了更清楚解释这个问题，我要详细引述高登（Peter Gordon）实证研究的一个特殊现象。此一现象及其所提出的证据，看起来过分地强调技术，但事实上这是"语言自然习得"研究的代表作。

  分析成人语言的结果显示，要将较简单的字构成较复杂的词，有三个令人惊讶的清晰层次。第一层次的规则是可以改变发音和不寻常的语义，例如第一层次的一项规则允许把"red"（红）转变为"reddish"（带红色的），把"Spain"（西班牙）转变为"Spanish"（西班牙的），把"book"（书）转变为"bookish"（爱书的），注意"Spain"和"Spanish"中的母音音串发音发生了变化，而"bookish"的意思并不是"like a book"（像书一样的）。反之，第二层次不允许发音的改变，而且语义也保持不变。在第二层次，包括允许在字尾加上"-ness"，另外一些则是组合。第二层次的规则只能在第一层次之后使用，因此是"bookishness"而不是"booknessish"。第三层次的规则是那些应用在第一和第二阶段规则之后，包括复数变化等规则，例如"rednesses"。

  我们来看看在小词组中怎样运用这个字词组成理论。将"mouse"（老鼠的单数形式）变为"mice"（复数形式）反映第一层次的规则，因为发音改变了；"rat"（大老鼠）转变为"rats"，是有规则的复数变形，为第三层次；"rat-eater"（吃大老鼠者）与"mouse-eater"（吃老鼠者）因属复合字，则为第二层次的例子。因为这些层次必须依次序产生，"rat-eater""mouse-eater"与"mice-eater"都是可能产生的字，"rats-eater"虽然似乎与其他字的组成方式相同，而事实上是不被接受的字，因为在组成之时先采用第三层次的复数变化，再采用第二层次的规则，违反了正常的次序。

  这些似乎有几分道理的技术性区别，究竟与儿童的语言表现有什么关系呢？高登给学龄前儿童设计了一种室内游戏，首先他给研究对象一个布偶，并且告诉他们"这是一个喜欢吃XX的布偶，你可以怎么称呼它呢？"高登举一些标准的例子，让儿童了解（或提醒儿童）"x-eater"的复合形态。

  这个研究的结果显示，儿童的反应和大人相同。儿童称喜欢吃老鼠的布偶为"mouse-eater"，喜欢吃大老鼠的布偶为"rat-eater"；称喜欢吃许多大老鼠（复数）的布偶还是"rat-eater"（单数）。值得注意的是，儿童从不称后者为"rats-eater"（复数）。此外，即使儿童很自然地说出不正确的复数"mouses"而不说"mice"，和前面的例子一样，他们也从来没有把吃许多老鼠

（复数）的布偶称为"mouses-eater"。

遗憾的是，要从这类有趣的例子推论出这些知识是与生俱来的，其论证还不够充分。高登的证据来自他所研究的儿童经常听到的句式形态，以及根据他们在此之前就已经听过或接触过的语言例子，必须有这些句型才有可能正确地玩这些游戏。但高登认为儿童不大可能在其环境中听到这些例子——例如"mice-eater"而非"rats-eater"。高登的发现使他大胆地认为，儿童在语言上的正确表现，是因为他们天生就对这种层次规则有所了解。

我想许多人和我一样，会认为这种说法有点牵强附会。这一类研究的其他结果更令人难以信服，但我认为我是以较为客观的态度来看待这些数据。不过，我认为整体来说，"语言自然习得"理论中提出学习有所规范的观点是颇有说服力的。有关这个理论的文献列举了许多语言的例子，都是儿童有可能会说出来，但却根本不曾这么练习过的情形。例如：儿童不会把"The man who is tall is in the room."（高个子的男人在房里）这个叙述句改变成像"Is the man who tall is in the room?"这样的疑问句；他们也不说"John put"，而会说"John put it away"（约翰把它扔了）。研究这个理论的人员依儿童的年龄，记录所有他们常犯的共同错误（例如把"he went"说成"he goed"或"he wented"、把"children"说成"childs"、或说"I am unthirsty"）。即使这些错误的形态不曾在其环境中出现过，儿童无从模仿，但他们依然会犯这种错误。这些儿童有可能犯但却从未犯过的错误，以及未曾事先出现、儿童无从模仿但还是会犯的错误，都指出在儿童学习语言的过程中，存在着强大的内在力量。

此外，还有很多各式各样的用语和措辞，人们连想都不会想要说的，除非是在玩某些正式的游戏时才会那么说。例如，人们绝对不会留意字（或字串）倒过来说时的意义是什么，也不会去注意根据每隔一个字或每隔两个字所形成的句子会有什么意义，更不会去想句子中所有同属某一词类的字（例如句子中所有的前置词）合起来有什么意义。儿童似乎本能地知道，修饰的规则是运用在整个子句或片语上，而不是用来修饰第二个字或修饰第四个到第六个字。这些假设的策略听起来十分怪异，但事实上则正是要点。就好像科学家（根据皮尔斯和乔姆斯基的说法）只会慎重考虑无数假设中的一部分，因为只有这些才有可能用来解释物理现象，语言的学习也有类似的情形，感谢长期进化过程，语言学习者只需考虑已经成为语言元素的一部分相当少数的假设。

如同本节的讨论，"语言自然习得"学说的研究，大多落在语法领域中，而语法正是乔姆斯基语言特区的核心地带。鲜有人能够在乔姆斯基等人的大本营中反驳他们，也只有少数研究发展的心理语言学的专家，有足够的知识和勇气来发表他们的不同看法。语法分析在某些方面很像反射动作，它会自然而然地出现，无法抑制，所以如果有人要想搜寻天生的局限时，很自然地就会步入这个领域。然而，大多数心理学导向的研究人员如果有办法，一定会尽量避开"语言自然习得"理论中的有力前提。正如古德曼向乔姆斯基指出，不能因为难以解释人类是如何学会一件事，就下结论说那必定是一种天赋的能力。

◇ 语义

语言学习能力是否天赋的争议也存在于语言的另外两个领域。以语义为例，马克曼（Ellen Markman）等研究人员认为，幼年时期的语言学习有强烈的天生倾向。根据"互斥"（mutual exclusivity）原则，语言学习者认为每个物品都有名称，而且只有一个名称。因此，一旦让热情的语言学习者知道某一物品的名称（例如椅子），他们就会很执着地抗拒使用另一名称。因此，如果指着该物品旁说出它的第二名称时，语言学习者会认为是在说另外一种东西，比如该物品的某一部分（例如椅子腿）、该类物品的总称（例如家具）或该物品的同义词（例如凳子、摇椅）等。马克曼等人为了证明互斥原则，精心设计了许多研究，他们要求儿童使用任意捏造的名称来称呼熟悉的或新奇的物品，研究人员再来观察这些任意设定的名称，以及儿童是如何将名称和这些物品联系起来。

从表面来看，互斥原则好像合情合理，至少和前面所提的循序渐进构词三层次法则一样合理。但这个观点引起很大的争议，同时有越来越多的人想通过实证研究对它加以驳斥（证明幼童并不遵守这项原则）或否认其普遍性（证明幼童只有在不得已的情况下，才会遵守这项原则）。直到我写本书时，这个争议尚无令人满意的定论。

我认为反应这么激烈的原因有三。第一，要了解、讨论和驳斥互斥原则，并不需要有关语言自然习得的深奥知识。第二，多数心理学家认为语义比较接近"语言与心智"的核心，因此比起看来属于边缘地带（也显得比较深奥）的语法要有趣和重要。第三，反对先天论的实证研究人员认为，接受任何语言有天生规范的说法，都好像置身于滑坡上，随时有滑落的危险；一旦承认常见的物品命名活动带有某种天生的方法或规范，人类的认知就不再有神圣的领域；今天可以用先天论解读物件命名的现象，明天或许就轮到解读投票之类的政治形态了。

◇ 语用

类似的争论也发生在语言学习的语用领域，但这里参加论战的双方壁垒分明。从布鲁纳开始，许多研究人员都坚信，如果让儿童置身于像只是不断播放录音带那样的语言环境中，儿童永远学不会语言。除了要有语言学习装置之外，还要有语言学习辅助系统。这一派研究人员指出，父母与婴儿之间密切的社会互动，正是这种辅助系统的标准形态。接着这些研究人员提出无数的例子，包括父母（特别是母亲）小心变化声调与他们的孩子娓娓谈话、为孩子提供可以模仿的语言、要孩子将没有理解清楚的事情再说一遍、帮忙改正各式各样的错误（包括从文法错误到知识的误解），等等。研究人员认为，这种"妈妈语"（motherese）是学习语言的成功要素。

连最彻底的乔姆斯基信徒也不敢怀疑：值得信赖的父母能让语言学习变得更愉快或更顺利。但争议的焦点很快就落在这种"妈妈语"式的辅助到底是必需的还是不过有好处而已。根据比较激进的天生论者的看法，这种支持不是必要的，任何正常的生物体，只要置身于有足够语言实例的环境，都能轻易学会说话。虽然各个家庭和文化不尽相同，但所有儿童似乎都能学会语言，这表示要隔断语言学习的进展是很困难的。即使像加路利族（Kaluli）的父母根本不直接对孩子说话，这些孩子最后仍然将母语说得很好。但（也幸好）实验人员无法把环境控制到任何社会支持都无法介入的程度，因此，这个争论很难进一步激烈。

儿童在环境支持极其有限的情况下,仍能轻易学会语言,这是人类幼年学习最突出的一个特点。我在第一章引言部分说过,母语学习仍然是人类行为中最令人惊叹的表现,也是最受世界各地学习语言的成年人和教语言的老师羡慕的。即使我们永远无法证明人类是否天生有学习能力,但我们能依照一定的顺序轻易地学会语言,似乎是再明白不过的事。经过乔姆斯基及其学生的提倡之后,已经很少人还会认为语言学习不受到天赋的影响。

即使语言只是人类才能的一个特例,我们还是应该去了解语言。语言不仅是人类广泛使用的符号能力中最原始的一种类型,也是幼童早期在校学习的主要符号系统,尤其当幼童处于以读、写、算和正式概念的学习为主要学习内容的阶段。因此,无论语言学习的规范是什么,它对正式教育,从学生对新词汇意义的理解,到掌握正式的数学语言或第二"自然"语言的方式,都有很大的影响。

物体与事件的分类

语言是认识世界上物体、要素和实体分类的关键。正如哲学家奎因(Willard van Orman Quine)许多年前提出,人们能够基于共识给物体命名和分类,是一种超凡的能力。就以他举的那一个令人目瞪口呆(现在则是老掉了牙)的例子来说,指着从旁边跑过的兔子说"gavagai"是语义含糊不清的说法:除了指跑过的兔子之外,也可能是指兔子身上的某一个部位(例如"尾巴"或"尾巴和后腿的后半截"),或某种奇特的时空组合(例如"当我朝着某一方向走,或在某一时刻,从我的身旁经过的动物")。正如奎因所说的:"指着兔子,你即指出兔子经过的街道、兔子的某一部分、兔子的整体以及兔子是在哪里出现等等。"由于没有人真的会使用这个名词,显示我们命名和分类的实践方式,必定反映了某种天生的心理倾向和影响。

细心研究人类分类的历史,便足以彻底瓦解所谓的"正统"观点,这种观点一直到大约三十年前还是十分流行的。根据一般教科书的说法,我们根据一套具备充分与必要特征的定义，来给物体分类（例如兔子是有尾巴和长耳朵的大型毛皮动物，椅子是有四只脚的木制家具），即使用一般的标准来说，这种说法还是缺乏证据。很明显的一项争议是，兔子就算被切掉尾巴仍然还是只兔子，而三只脚或五只脚的椅子也还是椅子。

分类似乎与以上的正统观点有很大的不同，它是根据下列两种原理在运作。首先，类别是围绕着具有代表性的例子所组成的集合体——也就是心理学家罗斯（Eleanor Rosch）所说的某一实体的"原型"（prototypes）或"标准型"（good versions）。我们头脑中都有组成兔子、书、椅子或鸟等的图像（以某种思考的方式），以及是什么组成这些实体之"完美例子"的概念。如果某一物体在很多方面或整个外形上，都非常接近这个原型，我们会很迅速而且很有信心地将其归入这个类别，但如果在很多方面都差异太大，或者说这个例子太偏离了落在"周边"范围，我们会觉得将其归入该类有点勉强。

和原型互补的是我们倾向给某一类别"命名"（Naming）时所涉及的标准特征。人类似乎有以所谓"基本标准"来给类别命名的倾向，这种标准就是要普通的、能以所描述的例子来辨认、容易看得到或感觉得到或操作的、一般性但又不太笼统的情形。因此，兔子就被命名为"兔子"，而不可能命名为"动物"（兔子的上一层总类名称），也不可能被称为"具有中等体型、短耳朵的特别兔子"（兔子的某一类别）。同样，椅子比较可能被命名为"椅子"，而不太可能被称为"一种家具"（总类），或"齐本德耳式椅子"或"莫瑞斯式椅子"（下一级类别）。

是什么从整体上决定了类别的确认，又是什么决定了某一个例子该不该属于这个类别，这个问题曾经有一段很长时间的论战。有些权威人士提出知觉特征（A看起来像B）或功能特征（A1、A2、A3都有相同的使用方法，例如都是可以拿来拥抱的）重要性。另一些权威人士则认为，即使是幼童，也会忽略这些表面的特征，而注意其内在的结构或关系特征（例如A若被称为"bik"，则一定与其他的"bik"同一类；A、B、C都是用来装东西；A、B、C对我都非常重要）。上述这些方法儿童都可能会运用到，而当儿童进入学校要应付分类问题时，这些方法还会扮演很重要的角色。

命名和分类都是语言问题的重点方面。像盲聋作家海伦·凯勒（Helen Keller）和德国心理学家斯特恩（Wihelm Stern）两位相当不同的评论家都曾提醒我们，命名的能力为幼童开启了整个有意义的世界。这种启蒙发生在许多儿童出生后的第一年。而海伦·凯勒则在将近十周岁才开启了这个世界。但只要一旦启蒙，它就成为不可或缺的认知工具。

名称有助于介绍新的经验领域，也就是引导儿童去注意他们可能会忽略的共同特征或不同特征，例如"翅膀"这个名词可以让儿童注意以前所忽略的小鸟或飞机的特征，而重视其共同的功能。但名称有时候也会窄化使用者的观点。当偏见或刻板印象产生时，给某些人或物贴上某种标签，会使人无法以公平、开放的心态来看待这个实体。若学生能够说出某一物件之名称或列出一组特征，我们就常常误以为学生对该物件或概念已经有了很深的理解了。但实际上许多美国学生对某一名词的知识，足够让他们在标准化测验中挑选出正确的答案，但他们却无法自发地、贴切地使用这个名词。

另一种同样重要且高度自发的语言运用方式，和叙述重复发生事件有关。发展心理学家凯瑟琳·尼尔森（Katherine Nelson）借用认知科学主流常用的方式，将这个领域称为"剧本的应用"（the use of scripts）。正如用单个名词起名显示儿童如何将具有共同特征的物体归成一类一样，剧本的阐述则表现了儿童如何决定周围环境中重要且熟悉事件的排序。

一般来说，"剧本"往往牵涉到重复发生事件有关联之特征的辨识与排序。例如，美国儿童生日宴会的"剧本"，至少包括客人的到来、一些常见的活动（例如玩"钉驴尾巴"游戏）、吃东西（例如比萨饼和生日蛋糕）、拆礼物和唱生日歌，等等。常见的活动还包括送礼物，较富裕的家庭还有可能有专业魔术师的表演等。

了解和熟悉剧本并不一定是语言活动，例如14个月大的幼儿，就已经能指出与重复出现的活动有关的事物，例如早上穿衣服或出门前修饰仪容。很快，与剧本有关的知识就会与语言能力结合在一起。二三岁大的儿童能够叙述"剧本"似的事件——自己生活中发生与听到的事情（即将与家人外出的旅游，童话中可怕的后母等）。这些剧本会成为儿童了解故事或讲故事的入门诀窍，使儿童能将在他的生活周围发生的事件，形成概念再报告出来。

就本书的目的而言，最重要的是剧本可以作为判断新事件的一套"序列事件"。因此，当儿童在学校看到一本故事书或在实验室观察到序列事件时，他会根据自己熟悉的剧本来衡量这些新近发生的事情。一般在学校学习环境中，最常浮出脑海的是语言版本的剧本，但在非语言情境下（例如电视卡通片、修车厂或日常农耕杂务的一部分）所观察到的剧本也可加以运用。剧本是非常有力的认知屏幕，是帮助记忆的有力工具，但也经常会使学生（与非学生身份的人）对事件有错误的认识或错误的记忆。也就是说，我们记住剧本的一般特征，而不是忠实保留其多样化、细节或变化偏差之处。

人类学家谢丽·希思（Shirley Brice Heath）曾经以非常令人震撼的方式，描绘三个社区的幼童，其剧本与语言的运用方式有多么惊人的不同！在以黑人为主的穷困社区特雷克坦（Trackton），讲故事很受欢迎，如果讲"很夸张的故事"就会更受欢迎。但在穷困的白人区罗德维尔（Roadville），讲故事要尽量接近事实，就好像真的发生过一样，偏离事实会被人嗤之以鼻，甚至会受到惩罚。在中产阶级的白人社区盖特威（Gateway），人们推崇和认可富有想象力的故事，前提是只要明确表示这是幻想的故事。把幻想和事实混为一谈，会受到鄙视。因此年轻的学生很快就学会，哪一种故事适合于学校，哪一种故事适合于操场或篝火晚会等场合。来自不同社区的孩子对客观上相同的叙述或剧本，会依自己的经验以不同的方式吸收，然后再以独特的方式表达出来。

剧本在人的一生中一直扮演着非常重要的角色。剧本可以帮助人们吸收新经验，然后形成他们自己的经验。五岁幼童的心智已经充满了许多可以运用的剧本，其中有许多在随后的数十年会一再被引用。其他的求知方式可能会随着年纪增长而消退，而运用剧本的能力却令人惊讶地顽强有力，甚至在大脑受到相当大的伤害之后还能残留下来。年纪较大的人可以说是剧本的数据库。这些剧本能适时地被引用，帮助年轻人处理那些不很熟悉的事情。智能至少也包括一部分丰富的剧本，让人可以随时联想或引用。在年老的时候，这些剧本无须参照周围环境，亦可重现。

正如命名和分类一样，某些根深蒂固的剧本，会让人无法对所遭遇的人与事，做全新而不带偏见的判断。由过去的行事惯例所形成的剧本，对某些社会团体而言是很合理的，但对其他团体则不然。例如公开赞扬朗诵表演成功的孩子，在某些社会被当作表达爱的适当方式，但在另一些社会可能会被视为自夸。同样，一件事情重要的地方，可能正是它和一般常见剧本的不同之处。例如第三世界国家所谓的"政治革命"，可能被归类于类似美国或法国的大革命，但事实上却较接近于精英社会的权力交替、家族纠纷的解决方式或敌对政权的成立。

表演、想象与理论的诞生

幼儿时期的许多"剧本"，都以象征符号、"假装"或"假想"的情节来表现，儿童可以一个人自己玩、用小道具办家家酒，与同伴或父母玩。儿童在生日会中能有恰当的表现，也能回答研究人员提出类似剧本方面的问题，他们同样也能和洋娃娃或朋友一起演"假装"的舞会，或在绘画、白日梦与睡眠中，续写这些事件的某些部分。许多社会的符号游戏，正是幼童运用初级符号的延续。幼童通过这种机会来进行角色与行为的实验。终有一天，他们要在成人的世界或与大孩子们将这些角色和行为表现出来。

正如茹尔丹先生所说的语言，幼童的符号游戏也往往被视为理所当然，至少在今日西方社会是这样。有如小狗、小猫一定会在街上打打闹闹，幼童也必定会学妈妈精心打扮，或带着最心爱的毛绒玩具坐车开始神秘之旅或到商店去等等。要感谢苏格兰心理学家雷斯利（Allan Leslie）等人的研究，使我们现在对假想游戏的功能有了比较深入的了解，更明白这些活动是如何代表人类另一种特有的、极其受天赋影响的行为。

雷斯利采用哲学家福多尔（Jerry Fodor）率先提出的分析——认为婴儿已经具有"思想的语言"（language of thought），即某种"心经"（mentalese），婴儿利用这种语言来向自己表达这个世界的状态（那是一张椅子，这只狗就在我身边，我要那个食物，我心情不好）。当然从外表看不出婴儿进行这种符号化的过程（否则我们就会认为这就是所谓的符号化），但他们对这个世界的认知，会让我们假定有某种媒介可以代表他们感官的输入，以及某种"内在的语言"来对这些输入的表现有所反应。

无论我们是否接受福多尔与雷斯利的这种说法，接下来的这一点却是很清楚的。当孩子在玩假想游戏时，他所涉及的心智活动与直接的"第一层次"表现不大相同。以前他看到香蕉时，会对自己说："这是香蕉。"现在则有不同的心理反应，他会把香蕉拿到嘴边，对香蕉说话，这时他所激发的是第二层次或更高层次的表现，他会说："我假装这根香蕉是电话，我现在要把它当作电话。"这种假想游戏牵涉到他对香蕉与电话是两个不同的物体的了解，但由于某种原因，可以把香蕉当作电话。有一天，他也许会为了其他原因，反过来将电话当作香蕉。

将某一件物体当作是另外一种物体，是"后设表现"（mentarepresentation）的一种重要形式。在假想游戏中也会见到其他的后设表现。我们可以凭空想象某种东西，例如拿着空茶杯说："我要把这杯茶喝光。"或者故意把一个物品说成另外一个物品，例如："我要把这头短发当成长发，而且还扎成马尾巴。"这些后设表现的运用是认识到可以故意划定某种状态的事物，好让玩假想游戏的人希望发生的另外一种状态出现。就好像儿童必须了解他是在做什么（如果不了解假想是什么，就不可能假想），他也必须知道别人会假装（否则他会常常被愚弄），也要清楚假装之事能被他人和自己所了解（否则旁观者会将他们当作莫名其妙的怪人）。

正如雷斯利所指出的，这种事表面上看起来有点怪异。当儿童在学习香蕉是什么以及可以拿来干什么用时，把这个刚刚熟悉的黄色水果看成一块黑色的塑料，这种事难免会使某些人感到非常困惑。同样，我们可以倒过来想象，一个大人拿着电话假装在剥香蕉喂猴子，而旁边的儿童一定也会看糊涂了。但事实上儿童很少被这种行为搞迷糊（通常他们会很喜欢），这是很有说服力的证明，显示假想这种行为无论在启发知识和激发乐趣方面，对人类来说都是十分清楚和重要的。

我们不需要在此争辩假想游戏是不是普遍现象，也不需要争辩是不是有一定的运作模式，虽然这些应该都是事实。不过我要说的是，所有的儿童在幼年时期都会经过一个重要的里程碑，对经验世界不再拘泥于直接的思考，而开始运用想象。他们能想象与感官理解相反的事物、能以公用的符号形态来进行这种想象的活动，以及能进一步使这种想象能力更精细化。这种后设表现的能力确实很不平凡。它不必经历演化，在其他物种也见不到类似的有趣形态。在日常生活中，对事物判断的能力（例如确认、否定或改变），会赐予儿童更多更新的能力。正如我在下一章所要说的，这种能力会产生极具想象力的作品，包括艺术作品和对世界的看法。这些自由开放、具个人风格的创作，在学前儿童的世界里颇为常见，而且在往后的学校教育中，也会有持续不断的影响，而学校教育事实上也以假设儿童能够学习与现实环境很不相同的事件和历程为基础。如果儿童所建构的想法，刚好和教师或学科专家的想法相吻合时，儿童就可能表现出相当程度的理解，可惜儿童所得出的符号产物与解释往往朝相反的方向发展。因此，举例来说：如果儿童自己对太阳系的进一步想法，恰好符合天文学家的观点，他就能轻易吸收有关太阳、月亮和行星的知识；如果儿童个人的想法和学科观点有分歧时，儿童就会感到糊涂，或同时保持着两种互不相容的世界观。

幼童时期符号化的研究

到目前为止，虽然我已简单涉及一些"非语文（preverbal）"的剧本或刻板印象，以及假想游戏的领域，不过我们的讨论最好还是以语言领域为主。命名、分类、编剧本与假想，都非常倚重语言，我们很难想象在完全缺乏语言的情况下，如何进行这些活动，虽然聋者与发音受损者也都进行这些活动。这也许不会令人感到惊讶，本章所探讨的准语言活动（quasi-linguistic），刚好与语言发展的里程碑有密切的关系，假想游戏的成熟会随着语言的成熟一同进步，正如分类活动能激发并且反映现有的语言能力。

但是，如我们先前所说，学前儿童所具有的符号能力，不只限于语言或与语言有密切关系的沟通工具。学前儿童所进行符号化的活动还包括绘画、塑陶土、堆积木、手语、跳舞、唱歌、假装飞或驾驶、用数字交易,以及其他充斥着符号的领域。虽然对于这些领域的研究,不如语言或和语言相关领域那么多,但我们仍然可以辨识出他们在这些领域的发展有惊人的规律。有一天,或者不久的将来,研究人员就有勇气来谈论音乐或手语方面的天赋影响,就好像对语言或假想游戏的理解一样。

若严格按照皮亚杰的观点,就会认为所有的符号活动都是有关联的。也就是说,某一领域的重要里程碑会与其他领域的里程碑同时出现(或者是直接的预兆)。但也有人可能会采取完全不同的发展立场,遵循乔姆斯基与福多尔的理论体系,认为符号化因不同的特定领域而有所不同。根据这种观点,某一领域(例如语言)的事件,与其他领域(例如音乐、绘画或数字)的里程碑,只有遥远或偶发的关系。

15年前我与同事伍尔夫(Dennie Wolf)曾经系统地思考过这些议题,我们发现了部分相关的实验证据。因此,我们与哈佛"零点项目"组(Harvard Project Zero)的许多同事[①],决定进行幼儿符号化方面的自然研究。受到皮亚杰研究自己孩子的启示,我们决定长期追踪九位新生儿,连续七年定期追踪,大约从出生到七岁生日(为了确保这个长期性研究的结论不会太过狭隘,我们还进行了70位幼童的横向取样的研究)。我们刻意将研究的重点订得宽一些:我们要观察符号系统的各个不同范畴,包括语言、假想游戏、二度空间描绘(绘图)、三度空间的描绘(塑陶土和堆积木)、肢体语言以及音乐等。

我们的观察还包括第七个重要的符号系统——数字。研究数字有三个目的:第一,在我们所探讨的符号系统中,数字最不可能以感觉的方式使用,因此数字领域可以作为研究的一种控制,或与常被幼童用在艺术方面的其他符号系统相比较。第二,在我们所研究的符号系统中,数字也是皮亚杰学派(或新皮亚杰学派)的指标:这正如我之前所说的,在标准的认知发展单一论中,数字是最关键性的符号系统。如果皮亚杰学派或新皮亚杰学派是对的,数字概念

---

① 我们的同事名单详见于与本页相关的尾注。

的成熟应该会带动其他的符号系统。但如果发展随特定领域而有所不同的假设有合理之处，则数字应该不会比其他领域更能主导一切。第三，数字（与语言）是学校评价最看重的符号系统。由于我们对促进学业成就的基本机制感兴趣，所以决定对数字技能做精细的观察。世事难料，没有一项科学原理会像墨菲定律（凡是有可能出错的，就一定会出错）那么永恒不变。符号发展的情形远比我们当初所预期的要复杂得多——我们可以推论其他认知领域的特色也一样复杂。我们的研究发现涉及符号发展的四个不同方面。

◇ **发展的"流"**

我们的研究发现符号发展有明显的"流"（stream），这对乔姆斯基应该是一大安慰。我们把"流"定义为似乎与某一特定符号系统有内在关系，又与其他符号系统无明显关系的层面。例如音乐领域里的某一股"流"，和儿童对曲调音阶结构组织的发现有关——儿童能体会基本的、有规律的声调，而且他们也似乎明白有些音（主调音、第五调音等）在哪种曲调结构上占有特优的地位。儿童在幼童时期即开始对这股音乐之"流"有所理解，并且不断有进步。音乐方面的发展似乎与其他符号领域的发展没有直接的关系。

这种现象并不仅限于音乐，各个领域似乎都存在"流"一样的特点，就如音乐中的曲调结构，或者像语言中的语法。在语言方面，要精通的不只是语法，还包括建构不同复杂程度叙述的能力。在三维空间的建构方面，掌握和分辨空间设计的能力也具有"流"的特性。即使在相近的二维空间的描绘方面，学习线条、轮廓与色彩调配的性质，也和其他领域的重要里程碑没有明显的关系。最后我的结论是，符号发展中的语法或排列规则带有明显的领域局限性（也许是遗传的因素），一个领域的法则的发展轨迹与其他领域的法则的发展轨迹并无密切的关系。往后学习社会所重视的学科或领域，也必须运用到适当的发展"流"，例如音乐家要运用音乐"流"，科学家得用到数字"流"，等等。

◇ **发展的四重"波"**

我们还是继续采用与水有关的比喻，来说明符号发展的另一套完全不同的性质，这次所谈的性质会让人回想起皮亚杰的看法。从两岁开始，大约以年为周期，儿童会经历一连串的发展波峰，我们称之为"波"（wave）。一般来说，"流"不超出符号系统的界限，但"波"则比较不受规则所限。"波"较易于溢出领域疆界之外。因此，我们所谓的符号化之"波"，基本上是属于广义的，其特色是先从一个单一的符号系统开始，然后延伸到其他符号领域，甚至延伸到原先认为不合适的领域。

符号化的第一"波"是我们前面所说的"事件建构"（event-structuring）或"角色建构"。大约在18个月到两岁之间，儿童开始能够领会符号的意义，了解事件以及牵涉到的动因、动作、物体和这些事件所产生的后果。这种符号能力源于语言，更准确地说，乃是在符号游戏所动用到的语言层面之中。但这些对于角色与事件的理解，不局限于语言领域，而会流溢到其他领域。例如：给一个人一支签字笔，要他画卡车，这位"事件建构者"就会抓住签字笔、弯身趴在纸上，当他在纸上挥笔画来画去时，会同时发出呼隆呼隆的声音。他不只是依照实际的样子来画卡车，而是将画图转换成扮演在路上开卡车的过程。因此，建构事件之"波"已经侵入习惯上不曾运用的领域——绘画表现的领域。

类似的推广应用也发生在往后的几重"波"。三岁左右的儿童，出现第二个"波"或称为"绘拓扑图"（topological mapping）。在绘拓扑图中，符号要捕捉的是从参考点所观察到有关大小、形状或位置的某种主要关系。最初，这种绘图形式见于二维空间或三维空间的描述，儿童能用一个可塑的工具，来把握住对应于真实世界参照物的空间关系。例如，儿童能画两个相连的圆圈，其中一个圆圈在另一个之上，将上面的圆圈称为头，底下的圆圈称为身体；或是用积木盖模型房子，而把加在上面的一个冠状的积木称为屋顶。

同样，这种能领会空间或拓扑关系的能力，会反映在其他符号形式的运用上。例如：要儿童为某一个包括若干个人物的故事补充结尾部分，他们会将人物分成两种明显的角色——如好妈妈和顽皮的女儿，保留原来大致的相对关系，加上具体的细节或细微的变化。另一个例子是儿童在学音调变化比较大的歌时，会只观察音调大幅改变的形态，然后将歌转变成高低音大起大落的旋律形态。

符号化的第三个"波"通常发生于儿童四岁左右。拓扑绘图要掌握的是一种时空方面的组合,而"数字绘图"(digital mapping)则要掌握精确的数量与数字关系。这时儿童才真正开始能点算一小群物体,比如了解某种类的四个物体、四个同类或异类的物体之间的共同点。这种能力建立在婴儿期对数字的敏感度基础上,但在了解数量大小和量化方面的成熟度已有大大提高。

这时候,儿童经常以惊人的速度,强行将世界视为计算的园地。儿童想要计算一切事物——图中的脸谱、旋律中的音调和故事中的人物。从许多方面看,这种数据的技巧都代表进步,但有时计算与所谈的符号领域或符号性作业没有特别的关系。例如对整个发型的印象,比计算有多少根头发来得重要;掌握歌曲的精神,比只注意音符或拍子的数目要显得重要。能把握数字映像的四岁幼童,让我想起过分热心地到处寻找数目证据的皮亚杰学派人士。

幼年时期符号化的最后一"波",从很多方面来看,对教育都是非常重要的。大约在五六或七岁时,儿童开始对"记号"或"第二层次"的符号化发展着迷。如果要玩游戏或演一出假想的游戏时,儿童往往自己会参照某一特定的模式来帮助记忆那些有关的信息。例如:他们能创造一种记录系统来记载游戏的进展;在玩假想的度假游戏时,儿童会画图提醒自己要携带的物品;等等。

儿童进行这种符号行为的程度,有一部分反映文化中符号系统的普遍程度。如果儿童从来没有见过周围的大人进行类似的活动,他们很难发明某种符号系统。因此文化对符号系统的影响,与文化对儿童其他发展领域的影响一样明显。但我认为创造第二层次的符号系统(一套符号系统涉及另一套符号系统)的冲动,是人类根深蒂固的倾向,稍加刺激即能出现。全世界正式学校的教育,都是从五至七岁开始,这绝对不是偶然:学校教育认为儿童第一层次的符号化已经成熟,可以开始使用涉及另一种符号或记号系统了。

此外,这一"波"的符号化有如开启了潘多拉宝盒一样威力强大。一旦儿童发明了涉及另一种符号的某种符号系统,就容易产生包容性,整个系统可以有系统地被吸收,而每一个分系统也变成更有力的系统。例如乘法包含加法，或几何包含算术。这种第二层次的高级符号系统是许多学业活动的中心，进行这种后设符号活动的能力，当然有助于在学业方面取得成功，事实上这两者也常被画上等号。

有关符号化的四个"波"的顺序，有几点需要说明清楚。第一，虽然还不能确定这四个波是不是"意义形成"的唯一共通的形式，但对于人类的意义形成，这四个波确实起到综合的作用。讲述有关这个世界的故事、把握时间或空间的重要关系、了解数目和数字关系、创造涉及第一层次的符号系统，不管是在学校之内或之外，都共同构成处理复杂含义世界的丰富能力。

第二，所有的正常人都具有这些符号化能力，此外，无须太多的正式教导，在入学之前，就能依我所描述的顺序获得这些能力。几乎所有五六岁的儿童，对故事、歌唱、戏剧情节、算数游戏、绘画、舞蹈以及社会所重视的其他项目，都具有某种"原始草稿"般的知识。这一年龄的幼童，即使从来没有接受过学校教育，也具备日后探索符号领域的能力。最好将记号式的符号化视为过渡的形式。在没有学校制度的社会里的儿童，所能创造记号系统或其他第二层次符号系统的程度，我们还不很清楚。

第三，符号化之"波"虽然是"零点项目"研究组独立发现的，但同时令人振奋的是，其实我们的发现也颇符合重要理论家所提出的幼年时期符号化的情形。例如，这会令人想起布鲁纳所提出的表现形态的顺序：动作（也就是感觉动作）、图像（也就是拓扑图）和符号（也就是任意或约定俗成）。此外，我们研究所观察到的符号化发展之波的波峰，也和其他研究人员最近的研究结果相吻合。许多研究人员，例如贝茨（Elizabeth Bates）与沃森（Malcolm Watson），都曾指出事件与角色的知识在两岁左右融合在一起，接下来才有能力领会简单"剧本"中的事件与角色。狄洛奇（Judy DeLoache）的研究发现，三岁左右的儿童很快就能够把由玩具房间中缩小的物品，与附近大屋内所放置的物品联想在一起——这是说明拓扑绘图的好例子。最近已有好几位认知发展的研究人员证实，儿童在四岁左右能把对于计算步骤的理解与简单的数字能力融合在一起。

第四，如果这些"波"真的能代表人类组成"意义"的主要方式，那么它可能对于学校内外的教育都有很大的启示。我们可以预期学生天生就能学习强调事件结构（故事）、拓扑图形（大小、空间、时间的关系）、数字图形（数量方面）以及第二层次符号形态（指涉及另一种知识的记号）的素材。我们也可以看到，无论教材最初是以何种方式呈现，学生都会用这些人类主要的符号参考系统来表现（或事后回忆）这些知识；我们也可以预期学生在进行较主要的设计活动时，例如从写报告到拍摄影片，都会以这些符号形态为标准。因此，教师、课程设计专家和学生们都应该认识这些符号化的形式，避免以不恰当的方式运用这些符号，例如把数量化的概念（例如密度）与叙述性的概念（例如生命周期）混淆起来。

◇ **发展的"渠道"**

幼年时期符号化的研究，让我们注意到"波"与"流"之外的议题。再借用"水"的比喻。"零点项目"的研究发现，儿童在五六岁左右就已经对"渠道"（channel）有敏锐的感觉——能分辨符号系统内部的差别。三岁的幼童基本上只能以一种方式画图，但六岁的儿童不仅能分辨画与写之间的差异，也能分辨地图、漫画、摄影般写实图和设计图等的不同。三岁的幼童只能说一种故事，六岁的幼童则能分辨新闻报道、真实的故事、神话、笑话，甚至是以动物为主角的故事。然后，我们看到将入学的儿童已经能够了解某种符号系统中的分类，他们看得出某一类别的例子，并且能创造出这些类别的最初实例。很显然，各人所属的特定文化决定了哪些类型能够被辨别清楚，教育体系决定了应该掌握哪些类型，职业和副业体系则决定往后的生活应该精通哪些类型。儿童对"类型渠道"的敏锐感觉，在入学时会自然出现。教育人士能帮助儿童发展这些新萌芽的敏锐感觉，也可能使其陷入混乱，就好像把图片和文字不恰当地混在一起。

◇ **符号使用的语用**

符号化的最后一个层面和使用符号的语用有关——这也是符号系统排练的终点。语用法则当然不是语义的主要议题。语义只和涉及一串符号的规则和类型的敏感度有关。熟悉各种不同符号系统的语义，并不一定要了解其目的和功能。然而，如果我们思考符号在人类世界所扮演的角色，就很明显可以发现，符号系统以及其所包括的类型组合，乃是为了某种特定的目的而被创造和使用的。这些目的包括教学、娱乐、学习或展现知识。由于我们最初的研究，对符号知识的语用并没有太在意，因此对于儿童在说故事、唱歌或创造符号时，心中到底有哪些语用的想法，到现在仍然所知不多。但是因为这种知识的用法在任何教育环境（事实上应该说任何人类的环境）中，都扮演非常重要的角色，因此我想简单讨论一下这个问题。

不少父母都曾经惊讶地看到，年龄稍大的儿童或青少年往往因为没有什么活动可以让他们感兴趣而抱怨无聊，但是，这种感叹在学龄前的儿童中就很少见到。根据我身为人父、人师与心理学家的经验，三四岁的幼童不需要太多的刺激，就会想要与符号媒介互动。最后再使用一次与水有关的比喻，儿童喜欢文字与图画、堆积木与制造音乐，就好像鸭子喜欢水一样。当然儿童不会看不出来哪些用法是好的，因此当他们发现有某些特定的奖赏和惩罚伴随着某种符号活动时，当然会把这些理解作为日后行为的考虑因素（兴致勃勃的小演员们通常有喜欢表演的爸爸或妈妈），但大体而言，幼童好像可以从符号活动中得到真正的快乐，而这往往通过探索丰富的符号系统和参与自己设计的活动来奖励自己。

要想让年龄较大的儿童对学校的教学保持某种程度的学习动机，一定要记住以上所说的幼童特征。基于某些原因，很多学童无法认同学校必须使用那些符号与记号的理论依据。很可惜大多数儿童也觉得这些符号的使用没有什么内在的趣味，不像学龄前的儿童喜欢画画歌唱，纯粹因为觉得这些活动本身很有趣。

求知方式的多重性和个体性

哈佛"零点项目"对于幼年时期符号化的研究，增加了我们对人类的符号发展的了解。除此之外，这个研究对我个人在认知上的想法也有重大的影响。尤其是将此一研究与脑部受伤成人的研究合在一起考虑时，使我更确信多数研究人员对于智能和认知的一般看法都太过狭隘了。由于智力测验（和其他种类测验）的传统，以及皮亚杰对于智能"一般结构"的论点非常流行而且很具说服力，使得大多数研究人员都遵守以下两个基本假设：（1）人类的认知基本上是一元的；（2）以"智力"这个单一层面足以描绘和评估个人。我们的研究让我不得不相信，有更广大的人类智能的集合存在。我在《智能的架构》(Frames of Mind)一书中进行了论述，最后终于创立了"多元智能"理论。

按我的说法，一种能力能被称为智能，必须符合若干条件：首先必须要有清楚明白的发展轨迹，要能从天才或自闭症等特别的儿童中观察得到，并且可以以其位于大脑某一区域的某些证据来显示。经过大量的思考与合作研究之后，我断定至少有七种智能。依我看来，所有的正常人都或多或少有这七种智能类型。如第一章所述，人类已经演化成可以用语言来思考，用空间的术语来形成概念，用音乐的方式来分析，用逻辑与数学的工具来运算，运用整个身体或各部位来解决问题，能了解他人和了解自己。这些智能有一项有趣而且特别共通的特色，那就是都可以用某种符号或记号系统来捕捉其特定的精神。

即使所有的人都具有并且能展现这七种智能，每个人还是有区别于别人的特色。这些智能也能用来区别我们彼此的差异。每个人所具有的各种智能的多与少各不相同，并且以个人特有的风格来结合并使用这些智能。正如我们每个人外表不同，所显现出来的人格特质不同，我们每个人也有不同的心智。我认为这些事实有非常重要的启示，特别是对我们在教育方面应该推行什么样的方式。

一直到现在，大多数文化下的大多数学校，都只强调语文和逻辑这两种智能的某一组合。这两种智能的组合毫无疑问是精通学校课程的关键，但我们实在太忽略其他智能了。不管是在学校环境的内或外，我们都弱化了其他智能的重要性，我们把许多无法表现这两种"正当"智能的学生，称为"笨"学生，而且我们也不怎么利用各种智能，来拓展学校教育的目标和发展更宽广的文化。

正如我在许多著作中都曾经讨论过，并且在本书的最后一章也将有所阐明的那样，以多元智能为基础的教育，比只以两种智能为基础的教育更有效。

这种教育可以开发更宽广的天赋才艺，也可以使更多的学生有机会学会一般的标准课程。

在感觉动作期的阶段，就可以隐约看出这里讲的多元智能。婴儿能辨别不同的旋律，能与他人互动，能用手势表示自己想要的东西等等。但正如认知的其他层面，多元智能也在儿童入学之前的几年间表现出来，并且融入文化之中。文化也是决定各种智能受重视程度的决定因素，这一点一定不会令人感到惊异。一般来说，乌干达人提倡慢慢地、审慎地参与活动；墨西哥人则强调敏感的人际关系；中国人注重对大量事实性信息的掌握。到六七岁时，每一位正常小孩的智能都已发展到相当高的程度，并且已经吸收了很多文化中的精华。

除了识别幼童在成长时期各种智能的发展外，我们的研究也发现，这些智能在童年期即逐渐发展成愈来愈独特的智能组合。在第十一章中详细描述的"多彩光谱课程"（Project Spectrum）里，我们提出，即使四岁的幼童，也能表现截然不同的认知剖面图（也就是各种不同的智能结构）。有些四岁的幼童循规蹈矩地通过语言符号系统来了解这个世界；有些人侧重空间或视觉；另一些则投入人际关系的世界中。这些差异终究会对儿童入学后的学习发挥深远的影响。例如决定学生在接触新教材时，这些差异就会影响采取哪一种"切入法"引导学生入门（例如讲故事、放影像或动手操作等不同的教学活动）才最有效，而哪些概念则较容易互相混淆。

从两岁到六七岁这一段时间，显然是人一生发展比较奇妙的一段时期。事实上，我认为这段时间比其他成长阶段隐含更多的成长秘密与威力。就在这个阶段，符号能力首次被掌握，身体和思维习惯逐渐形成。一般来说，艺术的才能与创造力也在这时绽放或受阻。根据本书所呈现的论点，强烈的偏向或局限将推动他们走向某一特定方面。我已经相当详尽地说明在语言和假想游戏的符号方面的规范，同时也指出类似的规范可以在人类所有的符号活动中观察到。

不过到目前为止，我的叙述都是比较片段式的，列举了语法能力、认知的要素等，还有儿童说故事、点算东西、画画以及开始设计记号等一大堆例子。然而，也就在这段时间，儿童开始尝试整体认识这个世界，试着将自己各种复杂的智能以及"波""流"与"渠道",整合成一个综合的人生观,包括对物体的行为、与他人互动以及对自我的最初看法。儿童在强有力的规范下完成这些观点的整合,因为缺少某种一贯的世界观是无法生存的。

下一章也是本书第一篇的结束,我们将再探讨学龄前儿童。但是我们不将成长中的儿童视为语法能力、符号技能或各种不同智能的综合体——尽管他们具有上述的能力,而将他们视为感觉动作婴儿的延续者,尝试通过第一层次或"自然的"符号来了解这个世界。精通并且综合这些知识非常重要,因为儿童会将这些知识带入学校。我认为,这种知识非常有力,其持续的影响力一方面会帮助儿童吸收与其相符合的正式知识,另一方面也会阻碍儿童吸收与这些基本的、根深蒂固的世界观相冲突的知识。

第五章

学前儿童的世界：直觉理解的形成

  在某种意义下，教育的目的应该是去修正在全世界所有儿童生命前五年中几乎必然出现的各种错误概念与简化定型的人物形象。但是同时，教育也应该试图保留住幼年心灵中最特别的一些特色——由于它的冒险性而推广生成的能力、善于灵活解题而不时发生的弹性与创造力。

从对儿童的正式教育所持的不同态度可以看出文化的不同。在瑞典，很多儿童就读幼儿园，但至少到目前为止，他们还是把读、写、算技能的训练推延到七岁以后。在中国大陆则常常在幼儿园里看到教师在教三岁幼童阅读，教四五岁的儿童文字的用法和写字训练。美国在教育的方式和目标上，一向是选择丰富，从多曼（Gienn Doman）的"人类潜能学院"——在儿童还不能走路的时候就开始给他们看识字卡并反复练习，到发展导向学校——等到儿童自己采取主动时才教他们阅读。

然而，即使没有进入正式或非正式的学校，儿童还是能获取大量的知识。通过持续主动探讨周围的世界，他们获得了对世界的"直觉理解"（intuitive understandings）。幼童把自己感官动作的探索方式，与使用初级符号的能力和渐渐出现的智力相结合，就能以前后连贯的方式思考周围的物体、事件和人物。

到了五岁或六岁的时候，对于这三个互为叠合的领域，儿童已经发展出非常丰富活跃的感觉。在物理世界里，他们发展出关于物质的理论；在生物的世界里，他们发展出关于生命的理论；而在人类的世界里，他们发展出关于心智的理论，也包含了关于自身的理论。在这些理论之外，各种外在表现上的技巧也大有进步，他们掌握了很多种"剧本"，以及大量个性化的兴趣、价值和智能。儿童会把这些令人惊叹的理论、能力、理解力和偏见带到学校去，它们将强烈地影响幼童对新遇到的材料的理解方式。

在这一章里，我要把上述的各种理论、理解与限制条件，描述为西方儿童的典型特征。我们有理由相信类似的世界观也可用来描绘其他地区的儿童，但是由于我们对其他文化里的儿童迄今还没有做过足够的研究，所以我们还不能够有信心地用上"所有的儿童的普遍特征"一词来涵盖。为方便起见，我只说导致关于心灵物质、生命的各种"理论"的"各种限制条件"。但是在这里应该强调的是这样朴素的理论，实际上是涵盖了一个很大范围的各类特定偏差、偏见和选择，而不只是单一类型的限制条件。

"理论"一词用在这里还是颇为恰当的。在科学上，一般来说这个词特指一组互相之间有系统关联，能够被形式化的记号所表达，并且可以在实验室中得以印证的命题。显然，当我说到儿童所持有的理论时，并不表示这么高度整合与自觉的框架。然而，跟我的一些同事们一样，我觉得将儿童关于世界的这些有组织的各种信念称为理论，是有正面意义的；因为儿童会习惯性地推广利用这些理念，而前后一致地推导出结论。只要我们不是太拘泥于"理论"一词的原意，而将它解释为"有组织的一些信念"或是"前后一致的世界观"，它就可作为一种很有力的名词，用来代表儿童对世界渐渐生成的理解。

这些理论或者说这些世界观，都是非常有用而有力的。它们使儿童能对他们在世界上所遇到的一切，至少暂时整理出感觉来。这些理论的力量有一部分是隐蔽的。因为儿童和他们的家长都不曾察觉到这些理论的存在，于是当正式的学校教育一旦开始后，这些理论就常被忽略了。然而，这些直觉理论不会如皮亚杰和一些教育家所希望的那样消失，而会持续成为认识事物的主导方式，而一旦离开正规教育环境，这些理论的威力很有可能再次出现。只有在认识这些直觉理论，并且正面挑战它们，儿童以及教师才有可能决定在什么情况下它们仍旧有效，在什么时候是无意义的，什么时候它们实际上与文化中发展出来的、应该是学校教育重点的那些比较正式的知识或概念存在着冲突。

不论是先天论者（nativists）的观点正确——他们认为此类知识是先验的，还是皮亚杰的观点正确——他们认为此类知识必须在人生的最初两年内建构出来，有一点是毋庸置疑的，那就是两岁幼童已经获得对物理世界的一套行之有效的理解。他们了解物体存在于时间与空间中，即使从视野中被拿走，它仍然继续存在。他们知道可以有多种不同的路径接触放在一个地方的物体，他们对一些特定物体的行为有清楚的概念。往上丢的球会往下掉，但是往门外丢出去的球不会自己回来，除非去追回或有人把它丢回来。就是基于这些感官动作的理解，儿童建构出他们关于物质、生命和心智的各种原始理论。

儿童的直觉理论

◇ **本体论**

在两岁以后的几年间,儿童关于物理世界的原始知识开始发生一系列的变化,并能对事物做出各种更细微的分辨。儿童心目中出现的本体论是一个已经被仔细研究过的领域:儿童能辨识出实体的类型,以及能在它们之间列举出各种区别。首先,这种区别是十分粗糙的,例如分出有形的实体(皮球、糖果)与无形的事物(时间、天气、爱)。接着,在同一个范畴内开始划分区别,例如有些物体会移动,有些不会,有些能以自己的力量移动,而其他一些则必须被某种外在的力量推动。儿童了解:人可以把任何物体或实体当作思考的对象或说话的主题,无论它是否有形的;人(至少有些人)可以拿起有形的物体;任何以自己的力量移动的物体都是"活的",而必须被别的物体推动的则不是;在所有"活的"物体之间,有一些有感觉,其中有更少的一些还能思考、阅读或撒谎。

儿童能划分出这些区别,大概不是什么令人惊讶的事。但是如凯尔(Frank Keil)研究所证实,儿童的本体论在本质上并不仅仅是做出越来越精细的区分。儿童也做判断,决定关于某个类别、类别之内以及不同类别之间有哪些推论才是正确的。因此,他们一旦决定某个物体是没有生命的,他们就会认为它没有感觉,没有思想,也没有愿望。分类是不能违背物体的整体类别的。因此,就像机器无法感觉到悲哀一样,人类是不能被送到修理厂去修理的。能够做出这样区分的能力,不仅为儿童提供了一种简便快捷的指引,能据此对一种实体产生各种正确的看法(孩子可能会失望),同时也为了解比喻而打下基础,使他们能把通常专为某一种类别(比如机器)所属的各种特性,为了某种沟通的目的,而映射到另一种对照物上(僵硬的老师,油腔滑调的演讲人或卡住的一个念头)。

儿童发展的本体论有其重要性，原因有二。第一，儿童怎么想出把实体分成各种类型，将影响到他们发展出关于这些类型的各种理论，以及他们使用哪些推理方法。例如，儿童关于机械力学的各种理论可应用于他们认为是类似机器的实体上，而他们关于心理现象的各种理论则会缩小范围被运用到他们认为的"感觉实体"或是"活的实体"上。当这些分类的界限改变时，这些理论所适用的各种实体也跟着改变。所以，我要说的第二个原因是，这些分类与推理绝不是任意的。儿童在进行这些分类时，遵从了一些非常强的规则条件。他们一旦把某一实体集合归类为"无生命的"，他们就会顽固地拒绝认为这些实体会展示有生命的实体所对应的各种特色。只有经过最强的权威，例如教师、父母或教科书的纠正，才有可能稍稍动摇这些根深蒂固的分类。而即使是这些权威也常常无法说服儿童相信如"番茄实际上是水果""鲸鱼是哺乳类动物"等事实。

◇ 数的理论

和将实体分类为"物质种类"同步发展的另一种能力，是以数字方式处理实物的能力，即把事物概念化为不同大小的集合。我们已经看到，婴儿已经展示了一种对数字的原始知觉（数字感），而有数字映像的四岁儿童则喜欢到处点算事物。除此以外，正常的学前儿童还渐渐发展出另外一整组重要的理解力。

格尔曼（Rochel Gelman）也许是当前关于数字理解力研究最主要的学者，他有一些关于数字的"原理"可供广泛使用。四岁的儿童已经明白：在一个行列中的每一个个体都应该以一个并且只有一个数字来表示；这些数字的顺序必须维持稳定不变；最后说出的数字也就是行列中个体的个数；人可以点算任何一堆实体；行列中任何一个特定的成员以什么顺序被贴上标签并不重要，只要每一个个体只被贴标签一次就可以了。一般来说，幼童很喜欢估计数字，觉得这跟那些似乎比较容易感知到的性质，如颜色、形状和大小等比较，颇为不同。他们会马上注意到一个集合中元素个数的改变。

新皮亚杰学派的研究者凯斯假设关于"数字线"的知识的存在——一些

可以依据个数来评估任何实体的心理模型。如果说这样的理解力是天生的，也许有点夸张，但若说它们是学习来的，或是以任何传统意义下的教育所获得的，也同样是一种误导。其实，假定儿童生活在一个总有人在使用数字的环境里，他在学前的几年内出现这样的理解力，是必然的。

跟语言一样，我们很难想象，一个幼童如果没有渐渐萌芽的数字能力，如何能应付周围环境；如何能追踪他周围环境中的游戏、书本、事物甚至朋友们；如何只对他生活环境中的物体有反应。同样地，也很难想象，如果数字能力在使用范围上有显著变化时，情况会变得怎么样。比如说，假设每一类型的实体都必须以一种不同的方式点算，或是假使点算的方式是随着你要汇报的对象不同或是计数的目的不同而改变，甚至当整个点算的概念根本就不存在时，情况又会是怎么样？在这些情形下，我们就好像是在跟另一种人类甚至是另一种生物打交道似的。

既然儿童很早就有强烈的了解数字领域的倾向，并且随时准备以正确的方式计数，那么我们要问，为什么那些比较正式的数学领域教育，会给儿童们造成这么大的困难（这个问题简直就是另一个断裂情况的回声：为什么几乎所有人都有一定的口语能力，而又常常发现在读、写、拼字上有困难）？我们将在第八章中讨论数学上的问题。这里或许应该指出，能够直接应付周围环境中出现的数量，并不等于能够运作当时不在环境中数量的记号。并且，有一些在数字领域中被鼓励使用的做法，反而可能干扰正式的数字技能。例如，把集合相加的做法就可能妨碍学习分数的加法，儿童自然想把分子和分子相加，分母和分母相加，认为这样得到的答案才是正确的。

◇ **力学理论**

生活在由可计数的物体所构成的世界里，还要有一些关于物质行为的基本概念。就像物理学家兼教育家迪塞沙（Andrea DiSessa）所提出的，这些理念非常有力。他借用了歌德发明的一个词，把这些理念称为"现象学的原始概念"。这些幼童自然就有的基本概念的例子包括：把物体划分为硬的和软的两种；相信冲力越大效果就越明显（即使阻力加大使效果减弱亦然）；相信物体会朝预定的方向前进，无论原先前进的速度或方向是什么。对于日常生活的大部分的用途，这些关于物体行为的假设是够好的了。实际上，它们很可能是在人类漫长的进化历史上逐渐获得并定型的。它们在日常世界里使用的效果非常好。然而，迪塞沙还注意到，这样的每个理念，再加上许多其他观点，最终会跟物理学家所陈述的支配力学世界的物体行为的各种原理发生冲突。

有一些这样的原始理念，强有力地影响学前儿童对他们周围物体的看法。其中之一是跟支配物体行动的各种原理有关。大约从三岁开始，儿童能够区分那些看来是以自己的力量移动的物体和不能如此移动的物体。根据格尔曼和她的研究小组的说法，前者被认为是有"内脏"的，也就是有内在的机制使得它们能依照自己的意志移动。而后一组物体则只能经由外力推动才能移动。它们可由外在媒介所给予的冲力所操纵。凸显出这些区别的力量和效果的一个事实是，幼童了解一个看起来像是人的洋娃娃实际上是受到外在媒介原理的支配，而一个机械玩具猴子也是一样。与此对比的是，一种新的、以前从来没有见过的、外观奇异的动物，就会因为它拥有必要的"内脏"而被认为是能动的。

也许有人认为这些理论潜伏在儿童的心中，只有在实验者提出适当的问题时才会出现。然而，我自己的经验是，儿童在面对问题时，随时都会自觉自发地动用这些力学原理。就在我准备写这一章的同一天，我向我太太埋怨说车子又不能发动了，而我不知道原因何在。四岁半的儿子本杰明，自告奋勇地提出建议："我知道为什么。也许是你在公路上开车的时候，有一根树枝弹了起来，跑进了引擎，这样就会让车子有时候不能动。"我再追问下去的时候，本杰明却不能告诉我他的这个假说有何根据。然而他能信以为真地主动提出这样一个解释，就证实了他有多么肯定认为问题的根源是发生在机械方面，而在原理上是可以判别并且修正的。一般来说，如这个例子所说明的，儿童对机械力学的理解并不只限于已知的例子，而应该像是安妮·布朗（Ann Brown）所证明过的，能够随时应用到新的机器、工具或情境中，即使当时缺乏相关的线索。

◇ **生物世界理论**

也许儿童所做的最有力的区别是分辨两种类型的实体：一类能够以自己的力量移动，即"活的"的物体；另一类没有外力帮助就不能动，即"死的"或是"无生命的"（这两种在开始时是被视为相等的）物体。人类是有生命的生物体的典型。一个生物体跟人越相似（尤其是在外观上），它就越被认为拥有人类的属性和行为。因此，只要儿童知道人类有脾脏时，就会推理出猴子一定也有脾脏，狗也或许会有。他们不敢确定老鼠和鱼也有脾脏，但很可能得出结论说苍蝇和蝴蝶大概没有脾脏。即使是四岁大的儿童，如果听说铅笔或石头可能有脾脏，也会感到好笑。

苏珊·凯瑞（Susan Carey）证实，这些区别导致了一种直觉或通俗的生物学，与在学校中学到的、以学科为基础的生物学有许多矛盾的地方。根据这种直觉的生命理论，动物是活的，但植物就不是，因为它们不会动。看起来相似的生物体（鱼和鲸鱼）就被认为有相同的器官和相同的功能，而看起来不相似的（如企鹅和知更鸟）就被认为有不同的器官和功能。凯瑞重新诠释了皮亚杰早年的一个关于儿童的"万物有灵论"（animism）观念的说法，作为证据，来说明一些像是运动之类的性质（云会动，因为它们有到某个地方去的意愿），这与关于内在结构的证据（云没有神经系统，所以既然没有"内脏"，就不会自己动起来）比起来，前者要有力得多。

相信不同的领域儿童的发展是不同的，因此她提出了一个很有意思的假说，认为幼童能发展出各种雏形理论来描绘世界上大约十几种类型的现象。这些理论包括物理性因果关系的本质、表象和真实之间的差异以及素朴心理学的运作，反映出一个有思考能力的主体的各种意向。这一类理解力的应用范围非常广泛。凯瑞进一步猜测说，这些基本的结构可能最终会导致一些学术性的科目（物理学、哲学和心理学），试图在这些主题上综合出正式的知识。果真如此的话，则可能——并且在教育上会很有效果——让儿童直接面对他们的直觉理论与正式学科专家们所发展出的理论二者之间的差异与矛盾。实际上，除非发生这种正面挑战，否则很可能这些直觉的理论都还会持续存在下去，潜伏等待着一旦专家的理论不再受学校支持时，会再度出现并取得主导地位。

由于儿童生活在一个由许多他们能够分类、点算和概念化的物质所构成的世界里，他们建构出一些关于物质和生命相当有效的理论。这些理论保存了对有生命（会动的）物质与无生命（机械性）物质之间至少是粗略的区分，还包含了一些对有生命和无生命实体的理解。学前儿童也能了解在世界中自然存在的物体（所谓的自然类型，像是植物、动物和矿物等）与由人类所制作出的物体（人造物如机器、玩具和建筑物等）是有所不同的。并且，他们能以这些区别为基础，推出结论，例如，如果有一样东西是活的但不动，那么它就可能在睡觉、装睡或是受伤了。

对于绝大部分的意图与目的，这些区分就够用了。但正如罗素（Bertrand Russell）关于相对论的非直觉本质所说的一样："既然日常生活中我们无法运动得这么快，而永远以经济为原则的大自然，就只教给我们日常生活层次的常识而已。"在一些未达到文字阶段的传统文化中，五岁儿童的理解很可能就很相近于族中长老的理解。而在现代的西方世界里，幼童所做的粗糙的区分则远远落后于那些植基于学术科目对机器与有机体（还有天体）的实际构造与运作原理的理解。

◇ **心智的理论**

儿童不仅发展出关于有生命以及无生命实体的直觉理论，他们也发展出用于思考人类心智问题的框架。在我思考这个问题以前，有一次观赏莎士比亚的《理查二世》（Richard II），我开始真正认识一种完整的心智理论的复杂性。《理查二世》可以说是《哈姆雷特》（Hamlet）早期一个有历史根据的版本。理查王是个软弱且非常以自我为中心的君主，带一点诗人和文人的气质。当他有一次对亲戚波灵布洛克（Bolingbroke）施以显然不公正的惩罚以后，波灵布洛克就展开一连串的报复行动，最终导致了理查王的倒台，以及波灵布洛克的就位为王，即亨利四世。

莎士比亚这个历史剧的一个不寻常之处是，一直到戏剧结束理查王被谋杀为止，在几个主要人物之间都没有任何流血的纠纷。理查退位的决定很单纯，并且还一度几乎撤回这个决定。理查试图看透亨利的心理——假设理查退位或不退位，亨利会有什么不同的反应——而反过来，亨利也试着看穿理查的心理。理查意识到称王并不仅仅是经过一个加冕仪式就能成功的，同样重要的是要由众人来认定谁是国王。权力是由它的归属和国家重要人物的"意愿状态"（也就是信念）所决定的。

在这里，我们看到的是对于心智理论思考方式的一个漂亮的例子。人类有能力了解这些他人身上存在的，我们称为心智的实体。当理查试着弄清楚亨利心中在想什么的时候，就是一个例子，说明所谓的"第一层次"想法——关于另外一个人的思考过程的想法。当他也试着猜测亨利认为他（理查）心里在想些什么的时候，这就是一个"第二层次"想法的例子——关于某人对自己（或第三者）的思考过程的想法。即使更高层次的想法也都有可能，例如，亨利可能在想理查认为亨利在想理查是怎么想的。当然，理查也在尝试以哈姆雷特的方式了解自己的想法。

这出心理戏剧也延伸到舞台以外。莎士比亚创作这"剧本"的时代是伊丽莎白一世在位时期。与理查二世一样，号称处女女王的伊丽莎白一世没有子嗣，于是全国上下议论纷纷，猜测谁会在她死后继承英国的王位。我们很难相信莎士比亚在写作此剧时，心里想的不是伊丽莎白女王。事实上，好像就是为了要消除这方面残余的任何怀疑似的，伊丽莎白女王曾经对档案大臣兰巴第（Lambarde）说过："你知道吗？我就是理查二世。"

这出心理剧也延伸到其他时代。想象它在20世纪90年代中期的英国上演，当时背景是撒切尔夫人和伊丽莎白二世女王的朝代。围绕着这两个女人的是各种关于大位继承的时机和人选的议论和流言，而当代的演员和导演们则完全有可能是一边在演出莎翁剧作，一边在心里做着这样的比较。

显然，这里所说的对投射的理解，不是幼童所能胜任的。实际上，即使是像我这样写下这几行字的成年人，在试图把心理的推理延展到第二层次想法以外时，也需要仔细冷静地想清楚了才能下笔。然而近年来累积了一些证据，可以看出幼童即使在入学前的几年间，就能发展出一种非常实用的心智理论。这个理论也围绕着别的人和别人的心智，以及自己的身体和心智。当然我们可以就此开始使用关于心智、身体、别人和自我等理论的名词,但我还是宁可使用也许定义太过宽广的"心智理论"一词。

根据研究结果可以看出,两岁的儿童就已经感觉到自己是一个独立的个体,而别人是各自分别不同的人。有一个可爱的证据可以证明这种自觉:如果一个两岁幼童在镜子里看到自己的时候,他就会试着把镜中的影像当作是自己的一个同类。到了三岁的时候,儿童就已经会谈到希望、愿望和恐惧,这些至少都是"软性证据",证明他们感觉到自己有心智,并且认为其他人也有某些种类的心理状态。

学前儿童发展出一种强烈的关于自我的意识。在很大的程度上,这种意识是植根于物质表面的:儿童有特定的大小和身材,他的头发和眼珠有特定的颜色,穿什么样的衣服,珍视哪些物品。但是自我认识却超越了表面的这一切。五岁或六岁的儿童已经知道他在某些方面比别人强,知道自己有某些希望和恐惧,知道自己能够服从或违抗命令,自利或利他(虽然他也许不懂得用这些词)。

跟我们的调查特别有关系的是,幼童已经开始发展出一种关于自己是在学习和思考领域中的一个主体的雏形理论。他会为自己忘记了什么事情而懊恼;他很容易能记住一些事;如果他练习某种活动,就会期望在这方面的技能有所长进,而他也会认为其他一些活动对他来说可能"太难了"。这个理论的一部分包括了解怎样学习:你去上学,有个聪明人教你一些东西,你就应该学会并记住它们;如果你记不住,就是因为你笨。很少儿童把学习当作是一个由实验、沉思和自我改进所构成的漫长过程,而只是认为学习必须依赖某些能力,或是更广义地认为学习需要聪明的大脑。尤其是在学校环境里,每个人的价值都与评估你有多聪明紧密联系(在我对五岁儿童心智的耐久性与潜力方面研究时发现:这个关于上学和学习的典型模式实际上也存在于许多父母亲和教师的心中)。

在发展心理学里,一些科学上的进步常常伴随着令人惊异的例证,指出儿童未能表现某种技能或理解,或是他们对世界的理解方式与大部分成年人十分不同(皮亚杰在实证方面的天才发现,就是由大量这样的例证所构成的)。

近年来，一个更为惊人的例证就是由普纳（Josef Perner）和威默尔（Heinz Wimmer）进行的关于"错误信念"（false belief）的研究时发现的。

一个典型的实验是让儿童观察一系列由实验者和一个助理在他面前表演的行动。例如，儿童和助理都看见桌上有一盒巧克力。然后助理离开房间。实验者就假装背着助理把盒子里的巧克力拿走，换上铅笔。助理回到房间里以后，实验者会问作为观察者的儿童：助理会认为盒子里放的是什么东西？一直到四岁为止，儿童都会坚持助理会认为盒子里放的是铅笔。因为儿童自己知道巧克力已被换成铅笔，他似乎不能想象助理不会不知道这项信息。换句话说，儿童假设所有的心智都得到相同的信息。

然而，到了四岁的时候，发生了一个关键性的变化。儿童开始有能力理解助理不知道盒子内的东西给换掉了。因此助理就会继续相信盒子里装的还是巧克力。经过这个正确的反应，作为观察者的儿童证实了他有能力把别人的心理在自己心中表达出来——在这种情形下，就是他了解了助理认为盒子里还是巧克力的错误信念。

有人或许会问为什么要提出这么复杂的一套活动，仅仅为了用来展示幼童对其他心智的存在有知觉（实际上，有很多实验者提出这个问题，而有一些实验者也提出了证据证实更年幼的儿童也有至少是雏形的理解）。但是，使用这个"错误信念"的设计还是有很好的理由的。只要是这个实验对象的儿童，跟那个表面上是无知的"别人"都有相同的信息，则根本就不可能判断儿童究竟是真正了解了另外一个人的心理，还是仅仅依据自己的知识来回答问题。然而，一旦儿童的知识库和那位别人的知识库有着显著的不同，则就可以决定儿童是否实际理解他跟别的人可能以不同的观点来看这个世界。

有能力理解别人有一套跟自己不同的想法，是一个相当大的进步，就好像能够理解自己曾经有过一组跟现在相反的想法，是一个重要的里程碑一样。一旦建立起想法可以是不同的这一原理以后，就有潜能去发展关于他人想法的更细微区分的"地图"，像是那种能最终发展出来用以欣赏《理查二世》这类戏剧的心智地图。这样的敏感性也是我们能超越简单将别人定型的基础，而能够理解别人也可能合理地以跟自己非常不同的方式看这个世界的事实。

然而，我们必须强调，这些在心智理论上的进展是逐渐获得的。比如说，即使是年龄较大的儿童，还是很难了解一个人为了说反话，会嘴上说一套，心里相信的却是另一套。而即使是成熟的成年人也常会习惯性地假设别人跟他有相同的想法，或许这是因为假设有相同的想法代表了一种令人感觉舒适的"默认态度"。儿童早年在心理现象的领域里发展出的各种理论，绝不下于在物理个体的领域中的理论，并可能会永远持续存在着。

◇ 心智理论发展的各个阶段

有一些研究者，其中最突出的是大卫·欧森（David Olson），曾经试图把心智理论的发展，放进儿童处理记号的技能这项比较大的架构中去。其实，我们可以把儿童的发展，看成在幼年时逐渐获得的以下几个渐进层次的符号处理能力：

1. 儿童在婴儿时代结束时，已经具备了一种"世俗的"（mundane）的记号处理能力。他能了解字词或图画是指世界中的实体，并且开始使用字词与线条来表示这些实体。

2. 儿童开始可以在一个单一的系统里使用各种符号。例如，在符号化的第一波进展中，儿童可以理解并造出简单的句子，用以表示世界中的事件序列或某个主体的行动。

3. 儿童开始了解符号表示的是一种观点，也就是提出符号性陈述句的那个人的心理状态。于是"这只狗叫阿忠"的陈述句表示了一个人对于某种情况持续存在的想法——这个人相信眼前的那一只狗名字叫作阿忠。符号使用的领域现在已超越了简单描述一个状况，而延伸到承认一个描述（任何描述都可以），反映了一位主体的观点，以及正确或错误的意义。

4. 儿童现在了解到，一个人的想法，即使是真心实意持有的想法，仍然可能与实际情况相反。这就是在儿童掌握了"错误想法"式的课业时的情形。作为观察者的儿童现在能够记住实际情况（盒子里是铅笔），而同时又理解另外一个人可能理所当然地——甚至固执地——坚持一个错误的想法（盒子里是巧克力)。

5. 儿童理解了，例如要愚弄旁人，或要旁人站在自己这一边时，一个人可能故意说出一个违背实际情况的陈述。如果是说谎，"今天天气真好"此一陈述表示了企图向某人隐瞒实际上是在下雨的事实。如果是说反话，外面明明是下大雨，却要说出"今天天气真好"，就表示了企图对某种自己不喜欢的情况做评论，因而对彼此都感到失望的现象采取了批判性的立场。理解反话似乎需要第二层次的想法：说话的人必须知道听的人知道实际情况有异于他话中表达的字面意思。儿童这时已逐渐接近（虽然还没能完全到达此境界）理查二世与波灵布洛克之间的心理斗争的复杂性。

以上对心智理论发展阶段的描述也许看起来有些抽象，因为是取自实验室的研究结果。我可以向读者保证，它的确反映了日常世界中真正在改变着的各种情形。作为一个诚实的发展心理学者（同时也是一个有点溺爱，也许有时又干涉得太多的父亲），我对我的孩子一向只提出我已经知道答案的问题。最近，五岁半的本杰明开始向我揭穿这一点。他现在说："爸，你知道这个问题的答案，你知道我知道这个问题的答案，为什么你还要问我？"

人类由于进化而得以生存。人类所存活的世界是一个服从各种物理原理（例如重力）的世界，包含了各种依据某些原理制成的人造物（例如可以以某些特定方式运作的机器），充满了形形色色的人，每个人都必须与他人良性互动，但有时言行举止又似乎违背当时的实际情况。因此很自然的——甚至可能是必然的——年幼的人类成员会发展出非常成功的关于物质、数字、生命、心智、他人和自我等等各种理论，使得他能与日常世界打交道。我们已经看到，这些理论似乎是在童年的早期自发地产生的，并且我们马上就要观察到，这些理论在学童试着学会比较正式的科目以及学校所传授的知识时，扮演着重要的角色——有时是辅助性的，有时也是干扰性的。

虽然"理论"一词似乎暗示了比实际情况更多的整体连贯性，但重要的是强调儿童有能力使用这些逐渐成长的框架，以对各种新的现象整理出头绪来。事实上，在这研究领域中典型的实验模式，就是让儿童遇见他以前没有见过的新机器、动物、陈述或情况，然后经过访谈或其他实验过程，探知儿童对眼前实体的了解：它是活的还是死的？它有思想吗？它的心智是否知道我的心智所看到的证据？我们也觉得在这里似乎也应该使用"理解"（understanding）一词。儿童是以已经发展出的理解力作为探索新遇到的现象与关系的基础。这些新的理解当然可能是有缺失的（如同所有理解的共同的最终命运一样），但是它们通常不是死记硬背、纯模仿或纯猜测的结果。实际上，它们常常牵涉到一连串的推理，并从儿童各种理论的基本原理中转化出来的。

其他方面的早期能力

对心智与物质的早期理解，是儿童带到学校去的心理装备中一个关键部分，这些理解大致代表了儿童对学校科目的想法，除非刻意教导儿童以不同的方式把它们概念化。但是这些理论性的概念，绝不是影响儿童学习的唯一技能、能力、倾向和态度。下面让我们看看另外几种早期能力。

◇ 规范化事件与刻板印象

儿童对心智与物质的理解会强烈影响他们形成关于世界中最普遍的物体与事件的"剧本"——落下的石头、悲伤的朋友等等。但是儿童对于许多经常遇到而又比较有特殊性的事件，也有"剧本"般的印象。他们的"剧本"不但包括了生日会，还有婚礼、受洗礼和葬礼；不但包括上餐馆吃饭，也包括全家出门度假、参观博物馆、逛玩具店、搭汽车火车飞机旅行以及其他数不清的各种熟悉的连串事件；不但包括了他们亲眼看见的各种事件，还包括他们在电视电影或书本上看来的情节和人物。

儿童期待在学校的课程里读到或听到这些"剧本"（或它们的变体）的例证。只要是学校里所教导的，与这些标准的事件一致，那么他们就马上很容易地将教材吸收。但是只要新遇到的一连串事件与地位牢固的各种"剧本"发生矛盾冲突，儿童就可能扭曲它们或是难以接受它们。如果儿童已经习惯有"好人""坏人"、飞车追逐、大团圆结局式的"剧本"，那么他们就会倾向于把例如像内战一样的历史事件，或是例如《雾都孤儿》那样的文学作品，也依照这样的类型去诠释；并且他们还很可能把各种比较复杂的"剧本"变成简化现实版本。

由于日常经验以及媒体的报道，儿童也对人物或性格类型发展出强有力的印象。这些简化的人物定型有的是十分正面或中性的（母亲是温和并充满爱意的人，警察是提供保护的人），但是它们也可能包含有误导性的假设（所有的医师都是男人，所有的护士都是女人），或是错误甚至危险的推理（所有犹太男人都聪明或狡诈，所有的黑人都身体强壮或有暴力倾向）。从很早开始，儿童就发展出一些在固定性别角色方面似乎特别顽劣，而且日后极力抗拒改变的简化人物定型。于是很自然地，符合这些人物简化定型的信息就会被立即吸收，但是如果违反了这些简化形象，儿童就会对于相反的线索视而不见，甚至否定自己的感觉。

◇ 技能表现

正如我们在讨论符号化的时候所看到的，即将入学的儿童已经掌握了一组技能表现，显示他们对几种符号媒体操纵自如。他们能说（并理解）故事、唱歌、表演戏剧段落或身体动作。实际上，有一些儿童已经够格称为小型表演家了，他们能够抓住观众的注意力，执行十分复杂的系列行动。这样的能力非常有意思，不仅是因为许多学校鼓励高技巧的表演，还因为它们说明了儿童对于"知道"或"理解"一件事（也就是执行某项表演）的意义。

儿童的表演大体上都可归类为机械的、仪式化或约定俗成的行为模式，但是儿童有时会超越他们所见过的范本，他们的表演也可能包含真正的理解。遇到这种情况时，儿童有能力利用符号系统创造自己的表演，显示出他们对不同角度的观点的敏感性，或是表达他们自己的感情或对某种状况的理解。正如心理学家柯尔斯（Robert Coles）的研究档案所显示的，处于政治或社会危机中的儿童，特别倾向于通过表演文艺或图画艺术的作品来展现他们的理解，而这些作品可能反映了对一种有争议性的议题的整体知觉，以及创造者本身对此的反应。

◇ **美学与价值观**

作为观看如布偶戏或电视等的观众,以及初出茅庐的讲故事、说笑话、唱歌或闻歌起舞的表演者,儿童已经形成了一种意识,判断什么才是有效或是有艺术价值的一场表演。在许多种情况下,这些美学上的标准是非常明确的:画应该像它所描绘的对象;诗应该押韵;笑话需要大声讲并伴随着古怪的表情;故事必须有清楚的开头、中间和结尾。这些标准也包括了一些特色(鲜艳的颜色、好笑的名字),即使它们可能产生对旁人的冒犯(微妙地模仿别人、使用影射的语言等)。有时候,这些美学上的经验法则,可能会妨碍对违反这些标准的作品的欣赏。

而且,童年早期时所处的整体环境,非常强烈地影响了他们日后用以评判周围世界的各种准则。无论是在时装、食物、地理环境或说话习惯方面,儿童最先遇到的模范,会永久持续地影响着他们的品位和偏好,而这些偏好是非常难以改变的。

跟品位的标准有密切关联的是一些成长中的想法,关于什么行为是好的,什么价值观是值得珍视的。在大部分情形中,这些标准开始时非常忠实地反映了在家中、教会里、幼儿园或小学中所遇到的价值信念。各种关于行为的价值观(不可偷窃、必须对国旗敬礼)与信念(爱国是没有条件的、妈妈都是完美的、上帝在监视着你的一举一动)常常对儿童的行动与反应通常有非常强烈的影响。在某些文化中,很早就会在道德领域和习惯领域之间划清一条界限,在前者中犯错就应该得到严厉的惩罚,而对后者的约束仅仅是品位和习惯所致;在其他的文化中,所有的行为都要基于单一的道德价值来评审。尤其是当儿童并不清楚这些观念与价值观的来源与围绕着它们争议时,如果他们又遇见了一个在相反的价值体系成长出来的人,则有可能发生不幸的冲突。列宁(V. I. Lenin)和耶稣会教士都有以下这个相同的想法可不是偶然的:让我把一个孩子养到七岁,我就会拥有这个孩子的一辈子。

儿童在他们的意识里保存着大量的"剧本"、简化形象、模范和信念。如果仔细分析,可以发现这些概念可能包含了很多的内在矛盾:男孩比女孩好,与我爱妈妈恨爸爸；老师都是又恶毒又爱管人的人，与我长大了以后要当老师。然而，这些矛盾很少会被人注意到，而即使被注意到，儿童也很少为此感到不安。我还可以进一步地说，成年人也保存着相似的互相冲突的陈述与情绪（例如在政治领域中），其中互相矛盾的本质很少实际上引发日常生活中的不安。然而，互相矛盾的观点显然会干扰正式的学习。它们不但可能在逻辑上互相矛盾，而且其中有一些还可能与学科中已经奉为经典的发现相冲突。一个人假如相信所有艺术都应该是具象的，而且抽象设计都应该有对称性，就不太会欣赏现代抽象印象派的艺术。

◇ **脾气与性格**

在学前时期结束时，儿童的世界观中还有一个层面大致定型。儿童的脾气与性格特征超越了通常对认知的定义，甚至超越了信念、标准或价值观，对他将来所有的学习都有重要影响：他的困惑和解决问题的方式，他已经形成的各种兴趣以及他未能欣赏甚至害怕的领域，他在家中或小区游乐场中看见的学习模范，他可用的精力以及他习惯怎么控制或引导这些精力，当他试图学习一种新技能（例如骑自行车）或是弄清楚一种难解的物理现象（为什么东西能浮在水面）时跟别人互动的实际过程，等等。当然，在这个竞技场中，每个儿童都与别人不同，而儿童们的这些差异，就对他们如何接受（或不能接受）学校课程有整体性的影响。

对日后学习的五种限制条件

在这一章中，我已经广泛地介绍了多种因素和现象。这些因素与现象合起来共同构成了幼童的世界观。这里有他关于心智、生命与自身强有力的雏形理论，有被他吸收的各种各样的"剧本"与简化定型的形象（有时互相矛盾），而美学标准、价值观、性格、脾气等都在他对世界的整体认识上有所影响。为了方便起见，我们不妨把这些因素看成会在将来任何种类的教育经验中影响、引导或局限儿童的一些限制条件或是一些偏差。这些限制条件可以被看成是代表五种不同的程度，从最不可改变到最容易改变排列成如下的顺序：

1. **康德—爱因斯坦限制条件**（Kantian-Einsteinian constraints）。最强的局限是所谓的康德—爱因斯坦限制条件。在这里我指的是，以物体、空间、时间、因果关系为基础把世界加以概念化的必然性，以及在这些范畴以外世界是不可能存在的。康德设定了这些知识范畴的中心地位。爱因斯坦（Albert Einstein）则提醒我们，我们对这些概念的理解的确是会随着科学研究而改变的，虽然这种修正了的（通常也是进步了的）理解并不容易传播，尤其是当它们和各种关于世界的直觉理论不同的时候。

2. **本体论限制条件**（ontological constraints）。仅次于先天局限的是那些构成世界的物体与实体的特定范畴。物体是经由某些方式所定义与确认的，而它们都属于某些范围较大的范畴，像是有形或无形、有生命或无生命、有感觉或无感觉等。一旦人们利用本体论把世界分类，就可能做出某些种类的组合和比较，同时也排除另外一些，这时跨越领域的隐喻迁移开始出现。

3. **有局限的理论**（constrained theories）。幼童在世界上的互动历史，以及他曾经建构出的特殊物质，致使他逐步形成关于物理世界与人类社会的基本理论。以本书的术语来表达，即他已经发展出了关于心智、物质、生命、自身以及其他本体论领域的各种理论。它们不是从任何正式学习或已经存在的学科中衍生出来的，这些朴素、通俗、直觉的理论有很大的威力。它们会影响儿童日后在正式学校环境内外，对人物、事件和概念的所有看法和解释。

4. **特长、倾向和风格**（strengths, tendencies, and styles）。前面三种限制条件对所有人类产生大致相同的影响，但最后这两种则可用于在文化中或文化间看出人类之间的差异。其中一种限制条件包括了在信息加工处理的能力与风格上的偏差。那是在生命的早期就可观察到的。儿童展示了各种不同种类、组合与程度的智能，它们都演化出解决问题的特有方式。这些在认知上的倾向出现于儿童开始入学的时候。它们将是助力或阻力,取决于儿童自身在认知上与风格上的特质组合、学科的要求、教材表达的方式是否协调共容。

5. 互相关联的限制条件（contextual constraints）。最后一种形式的重要限制条件反映了儿童个人成长中的特殊环境因素。族群、社会阶级、父母的行事风格和价值观,都会影响儿童接触到的是哪些材料、以何种方式使用这些材料、哪些优先条件和标准可应用到这些材料上。如我们早先看到的,住在相邻小区的学童可能会对于讲故事这件事有令人惊讶的不同观点,因为他们在街头和家中所遇到的模范皆不同。同理,关于什么样的行为才合乎道德、儿童互相之间以及与父母应该如何相处、什么样的衣着才算正式、什么样的食物才算好东西等等所做的假设,也都已在早期童年就吸收了。或许,在我们举出的这五大类限制条件中,这一些预设的因素是最有可能在学校环境中受到挑战的。只要是当一个人察觉到了它们的存在,而又为了某种什么原因——例如新移民想被新文化同化时——自己想改变它们时,尤其容易马上改掉。然而,如果没有确实认清这些已存偏差的因素并且坚决面对的话,儿童就可能发觉他们跟学校的教学进程总是格格不入。当家庭与学校各自反映了十分不同的社会层面标准,而且二者都未能自觉到其互相隔开与差异的程度时,这种断裂状态特别容易发生。

学前儿童在开始进入他所属的文化所制定的比较正式的教育机构时,束缚他的限制条件除了他作为人类的成员之一、宇宙的物理构成、他的神经系统的结构以外,还有他个人性格比较特定的各种层面、认知倾向以及他的社会文化背景。以任何一个特定个案而论,根本无法准确地预测他进了学校以后情况会如何发展。然而,近年来对这个过程的观察结果告诉我们,对于大部分儿童而言,要学会学校教学的内容有多么的困难,尤其是当学校的教学方式跟儿童在他生命最早的5年中所发展出的各种偏见与限制条件冲突或缺乏共同点的时候。这样的冲突故事,将是本书以下各个章节的主题。

儿童发展的预测

在理想情况下,一个决心要理解像学校这样一个制度是怎么运作的科学家,就会设法把它所产生的效应分解出来。原则上,这种分解最好的做法是先定义一个人口对象,再随机指派其中一半的儿童进学校,而把另一半完全保留在任何正式教育环境以外。当然,在这样一个"不现实"的实验里,最好还能检视学徒制度、各种不同类型学校、在家教学、其他类似的教育形式,以及相应的对照组等的效应。只有在这样的理想的实验室条件下,科学家才可能有信心把学校的效应从自然发展的效应中分解出来。

我承认"自然发展"实在是虚构的:从一开始,社会与文化的因素就不断干涉,而远远在任何正式学校教育开始之前就已有越来越强大的影响。然而,在学前阶段维持这种神话似乎是有其用处的。原因之一是,大部分儿童在这段时间里不会受到任何正式的教导,而且不同的儿童之间所显示出的普遍性,一直都是令人惊异的。然而,儿童一旦到了六七岁,文化的影响——无论这是否明白显示于学校环境中——就已变得无所不在,令人难以想象,如果没有这些文化上的支持与限制的话,发展会是什么样子。

基于这些理由,实际上就不可能对七岁以后纯粹发展的图貌提出描述。皮亚杰却似乎另有想法。他在描述青春期的"形式运算者"(formal operator)时,似乎是相信他是在追踪自然发展的。但是现在几乎所有的研究观察者都认为,当时皮亚杰实际描述的,是在学校中所获得的思考与心理习惯的发展。例如发现某些测试假说与操控变量的方法,实际上都是在学校的科学实验室中所教导过的。如许多研究者已证明了的,皮亚杰关于形式运算的问题,如果在完全非正式教育的背景下提出的话,是没有什么意义的。

研究者还有两条路可走。第一是把接受学校教育的社会的儿童和没有或很少有学校教育机会的社会的儿童作比较,看他们的技能表现有何异同。过去几十年数十次研究的结果在这方面有一致性的结果。如果把西方一般学校要求的技能——标准化测验上的内容——拿来测试这两种人群,那么在学儿童的表现通常会优越得多(事实上,也很难想象结果不是如此)。

但是如果以他们生活环境中的材料来测试没上过学校的儿童,并且给他们时间来熟悉测试是怎么回事时,或是检视他们的行为以找到可证实他们有目标导向能力的证据时——例如记忆或归纳能力在他们的文化中为求生存的重要作用,那么上没上过学的两种儿童之间的表面差异,几乎完全没有或非常少。似乎,心理学家传统上感兴趣的那些基本人类认知能力——注意力、记忆、学习和分类等——只要儿童不是生活在过分贫穷的环境中,可以假定人人均可得到发展。当然,当比较的范围只限定在学校所教授的信息上,接受学校教育的儿童就会持续地在每一方面都展示他的优越性。

另外一条路是观察一些西方学童的发展倾向:他们的一些倾向,显然与学校特定的教学目标关系较少,而与他们的生活经验关系较大,只要生活在这个世界上,或必须应付世间的各种问题、突发情况和机会等,能力就会有所发展。这些倾向可以作为每一文化中儿童的特征。

任何地方的所有儿童,对于能够引起他们的兴趣、激发他们努力去尝试、被他们环境中的成年人与同伴所重视的活动,都会发展出越来越好的技能表现。技能的发展不但在职业和业余的领域中,也在生活的简单活动中——讲故事、估算、处理纷争、教导年纪更小的孩子等。哪些领域会展现出最大的进步,进步有多快,这反映了文化与个人的偶然性,但是持续的进步,至少是延续一段时间的进步必然会发生。

儿童在成熟时不但能思考得更好,也开始能够以他们自己的各种心理过程为思考对象。自然记忆力可能不会真正地增长,但是儿童(以及成人)学会怎么样经过各种策略来增进记忆力,范围从攻几何、把事物分类,到在纸上或在脑中列举打钩的系统中储存事物都有。儿童也学会思考自己解题的活动:我最好怎样处理一个新难题?哪一个系统、哪些工具比较有效?我要向谁求助?对于我现在在要解决的问题,或是我现在想要发现或掌握住的原理,哪些是有关联的,哪些是不相关的?这些问题常常是由观察中学来,旁观别人回想他们的记忆或是他们的思考过程、掌握文化中的一些普遍习惯,或是照着格言去做,甚至让他们自己发挥所长时。然而，我们还是可以很合理地假设，几乎所有的儿童，在七岁到成年时之间（成年开始的年龄在不同文化中有很大的差异），在这些"超认知"（metacognitive）的领域中，都会有某些进步。

虽然在大部分领域中都可以预计儿童有进步，进步却不会自动发生。近年来发展心理学家们所描述的有趣的现象之一，就是所谓的发展"U形曲线"。基本的想法是很简单的：儿童有时候随着年岁长大，在某一方面的表现会变差，而至少有些儿童——在某些状况下几乎是所有的儿童——会从U形曲线的谷底回升，而最终又达到较高层次的表现。

在许多领域中都发现了发展的U形曲线，而我们没有任何理由相信它们全都反映了相同的因果机制。例如，在艺术方面，年幼的儿童与处于美学创造的所谓的"临摹"阶段的儿童相比较，常常会做出比较好的比喻，画出比较有创意或有品位的图画。有些儿童会停留在U形曲线的谷底，有些完全会停止画画或不再比喻，而有少数优秀的儿童最终会创作细微的图画或新奇的比喻性图样。

在语言方面，U形曲线在生命的早期就已出现。幼童通常能正确地说出不规则动词或名词复数的变化，他们说："he went"，"she sang"，"three blind mice"，等等。然后，似乎是为了找出并应用一般性规则，长大一点的儿童开始出现了一连串错误，儿童开始说出这些绝不可能有范本（模仿）的词组，比如："he goed"，"she singed"，"three mouses"。在这种情形下，U形曲线的谷底是过渡性的，而几乎所有儿童最终都会完全掌握过去式与名词由单数变复数的规则，以及这些规则的例外。

在科学学习中还发现了其他种类的U形曲线。幼童会对一个问题直觉说出正确的反应，而稍微大一些的儿童就会容许自己的常识被压制，而被强制性地应用了一个错误的规则。例如，在探讨幼童对于温度这样的概念时，施特劳斯（Sidney Strauss）给儿童看两烧杯的水，温度都是10℃，然后把这两杯水倒在一起。如果问幼童把两烧杯温度都是10℃的水合并以后有多热，他就会毫不犹豫地回答说温度还是一样，甚至可能还将答案数量化为"10℃"。他的成功是因为他知道——实际上是理解一杯水加到同样温度的水里，温度不会改变。然而，比较大一些已经入学的儿童，在被问到同样的问题时，很可能回答"20℃"。有这样的答案原因很明显。如我在讨论早期数字技能时所提到过的，儿童显示出他们具有一种强烈的冲动，几乎是一种强制性的行为，要把在学校所给予的任何两个数字相加。因此，记号处理上的熟练最后压制了常识。

施特劳斯还报告了一个跟我们的主题非常有关的发现。当这些以及一些类似的现象被拿来测试没接受学校教育的儿童时，出现的不是相同的 U 形曲线的深谷。这时，谷底出现的时间被推延到后来的阶段，既不这么深，也不像在受到学校教育的儿童之间这么普遍。这个故事的反面是，他们也没有像后者那样可以完全地恢复。虽然我们不很情愿给予单一的一种发现太大的意义，施特劳斯的研究还是可能指示了 U 形曲线现象是正常发展的一部分，却被学校环境中所强调的某些程序加剧了。一种自然地寻找规则、施加数量化的爱好，被学校的作风与要求强化了。

卡米罗夫·史密斯（Annette Karmiloft-Smith）也观察到了在儿童跨越一些不同的发展领域时有类似的进展。在学习一种程序时，儿童要经历一个阶段，此时对他们而言，似乎有必要把这学来的知识的某些层面"标记"出来才能感觉全部清楚。例如，如果某个单一的字或词有双重的意义，那么儿童有时会加上一个完全没有必要的音素或字词，只是让所有听到的人都觉得毫无疑义——尤其是对他自己！——知道他没有把这两个意义弄混了。于是，举例来说，儿童学说法语时，会不必要地说："une de pomme"，意思是含不定冠词"an apple"（某个苹果），只是为了显示他没有把它搞混成"une pomme"意思是计数时说的"an apple"（一个苹果）。最终儿童在区别时总会得到足够的把握，而不必再加上额外的标记。

根据卡米罗夫·史密斯的分析，这时已成熟了的理解力就变得自动化了，因而儿童可以在每一状况下正确地使用这些字词，而不必考虑要以某一方式做记号。这样，儿童实际上从一个初始的无意识的技巧表现，进步到一个能有意识地知觉可能发生混淆的阶段，在此产生了这种过分标记的活动，最后再进展到比较不需反省但更自信的知识类型。这种过程可以在各种领域中观察得到：语言学习、绘画、机械操作或许还有其他领域。如学会骑自行车或滑雪的人一定了解，曾经需要集中注意力运用不同肢体功能的活动，一旦能信心十足地托付给熟练了例行程序的神经元序列时，就可以放松了。

以上对于在感官动作期和符号操作期以后出现的某些能力与技能，所做的简短的报告显示，认知发展不会仅仅因为成长中的儿童无法入学就停止（实际上，卢梭信徒中的比较极端者还可能宣称，这样的环境会造成更多或更好的进展，而学校实际上是进步发展的障碍。我在这里并不支持这个浪漫的观点）。我们大可以确定11岁或12岁的儿童有比较好的技能，对于思考与记忆能够比较自觉地反省，并且在解题方面比较有效率。

我们也可以试探性地认为，当儿童尽可能谨慎地试图掌握社会上的种种规则时，一些在能力上的过渡性的减弱是必然会发生的，当儿童试图避免某些以前常用，但目前似乎是不适当，或有导致混淆可能的回答或行为时，"成长中的错误"也会发生。至少在某些领域中，U形曲线的谷底是很短暂的，但是在艺术领域一个看起来似乎是暂时性地沉入谷底，对大部分儿童而言却可能会变成永久性的。

在大部分情况下，这些发展上的倾向不可能以无束缚的形式观察到。等到儿童七岁左右，他的发展已经跟文化中的各种价值与目标完全结合了。几乎所有的学习都是在某种文化背景中进行的；帮助他思考的不仅是其他的人类成员，还有许许多多种文化上的人造物。认知与智能不仅仅存在于人类个人的大脑中，而且已经散布到大地各处了。

五岁儿童心智的能力与局限

如弗洛伊德所强调的，成年人人格里包含的儿童伊底帕斯情结（Oedipal，恋母情结）与挣扎有多么重要一样，我也要坚持学童（与非学童）不断地受到五岁儿童心智的作风、概念、理解的强烈影响。因为这是一个很强烈的——并且在某些方面是新奇的——论断，因此有必要再加上一些额外的结尾补记。

首先，五、六、七岁的儿童在许多方面已经是能力非常强的个人了。他不但能使用大量的符号形式，还能演化出像星云一样多而有力的理论，可以有效地应用于大部分的情况，这些理论甚至可以自行延展，用以正确解释不熟悉的材料或过程。这个年纪的儿童也有能力进行密集和大量的认知活动，范围从在浴缸内进行流体实验，到建造出复杂的积木结构，学会棋类游戏、纸牌游戏、运动项目等。虽然这些创造中有一些是衍生的，但至少其中有几个可能会显示出真正的创造力与创意。而常常，至少在一个领域中，幼童会获得通常只期待年纪较大的儿童才有的能力。这样的早熟特别可能发生的情况是，如果幼童发展出一种特别的热爱，像是对恐龙、洋娃娃、枪械，或是当他在某个领域中有特殊天分，如对数学、音乐、西洋棋，或者是仅仅当他有意愿尝试新事物时。

如这一章所提出的大量证据所显示的，儿童的表现与理解也展示了一些局限。在许多方面，他们的理论都很简单，甚至是太单纯了，简化定型人物的形象、美学偏好、道德规范都很少有细微或复杂之处。人类的不同文化在过去的几千年内已经获得了许多知识和复杂的经验，这些都是幼童还无法利用的。而且设立制度化的正式或非正式教育自有其正常的理由，即使要实行这样的教育，也的确要比早几代的教师所想象的要困难。

事实上，也许最好的办法是把五岁儿童的心智想象成一种奇异的混合体，有各种长项与弱项，各种力量与局限。在理论的丰富与直觉上，它是非常有力量的；在艺术的追求上，它是很有创造力与想象力的；在冒险性上，它是模范；在倾向于给人物定型与简化倾向上，它的局限则是很明显的。因为心智还没有好好组织成各种独立的小部门——还是（用弗洛伊德的术语说）多态失序（polymorphous perverse）的——它就可以向许多常常是互相矛盾的方向延展，有时是聪明的，有时是愚蠢的，再有时会是怪异、无意义的，或根本是令人捉摸不透的。它包含了一大群符号、"剧本"、雏形的想法与概念，这些都可以经过适当的方式唤起，但是也需要以后经过比较可靠的方法再整理。往后几年的工作，大部分是把这个狂野的心智安定下来，把它套上笼头缰绳，让它接受文明。在某些方面，这样的正规化可能会有正面的效果，但是这也可能就限制了儿童的想象力，或是强化了在这个阶段还没有彻底生根的各种偏见与"剧本"。

我用所谓的"五岁儿童的心智"一词，意义是故意有些暧昧的。跟通常的刻板想法——自发性天才的五岁儿童或是满脑袋错误理论的五岁儿童——相反，我希望同时强调这两种表面上互相矛盾的性质。

在某种意义下，教育的目的应该是去修正在全世界所有儿童生命前五年中几乎必然出现的各种错误概念与简化定型的人物形象。但是同时，教育也应该试图保留住幼年心灵中最特别的一些特色——由于它的冒险性而推广生成的能力以及善于灵活解题而不时发生的弹性与创造力。

在本书剩下的部分中，"五岁儿童的心智"指的是我们到目前为止所描述的各种理解与概念。我必须强调，这在某种程度上是一种缩写式的说法，而比较精确的说法是"五岁到七岁儿童的心灵"，而至少有一些我所提到过的性质，是不到十岁左右就不会完全出现的。虽然如此，我仍然坚守住我的主要论断：五岁儿童的心智持续存在于我们大部分人的心中，在我们大部分的日常活动中，只有在某些专门的领域中，学科专家才能完全脱离它有力的影响。

当然，在许多方面，关于早年以及幼童心智的力量的重要性的观点，早已是西方哲学圈子里的老生常谈。除了耶稣会教士和列宁以外，大部分人同意最好是在儿童还年幼时就管束住它，这样的感觉被尼采（Friedrich Nietzsche）道破："真正的大人身体里隐藏了一个小孩，他想玩。"以及弗洛伊德说的："长久以来大家都知道，童年的前五年中的经验会对我们的一生产生决定性的影响，日后所有发生的事件对它的反对都是徒劳。"我特别喜欢雷皮西亚（Lepicié）的一首四行诗，启发了现在悬挂在伦敦国家画廊中夏尔丹（Chardin）的名画"纸牌塔"：

> 可爱的稚子忙着快乐玩耍，
> 我们嘲弄你可怜的努力，
> 但老实说，哪个比较坚固，
> 是我们的种种计划，还是你的沙城堡？

本书描述至少在两个层面上超越了以前定出的特征性质：（1）对于五岁到十岁儿童心智的特定描述；（2）强调直觉心智与学校心智之间的差距，一个取消学校教育效果的差距，除非能够在教育过程中正面向它迎战。

几乎所有文化都演化出关于教育的各种特定的理念，虽然只有在现代，教育才与正式学校教育变成可以互换的名词。最终，发展的自然路径与形式，把许多儿童放在一个困难的处境，因为儿童必须开始面对课堂中十分不同的课程，以及各种教学领域的特定结构。然而，在我们能够理解学校中儿童常常需要面对的压力以前，有必要先从教育的出发点来考虑教育的本质，以及在这个制度下那些被我们称为学校的奇特处所。这将是本书第二篇的主题。

第二篇
教育体制知多少

第六章

教育的传统与价值观

任何形式的学习终究还是需要表现的,无论是模仿教师的歌唱,还是把它转化为一种原创的形式;无论是强行记住事实,还是把数据重新安排;无论是背诵现成的一组科学原理,还是利用这些原理来解决,甚至定义新问题。但是在这些相对的情况里,只有后者才能说有某种表现发生了——也就是某种理解的表现。

假如你所生活的社会有丰富的资讯、知识、传统和技能——例如苏格拉底时代的雅典，或是文艺复兴时代的佛罗伦萨，或是21世纪初的维也纳。再假如发生了剧变，使所有的正常教育渠道都突然消失了，也许是因为所有年长的人都死于一场瘟疫，也许是因为所有的机构都被一个意图报复，但后来终于被铲除的征服者所关闭了。你承袭了雅典（或是佛罗伦萨或是维也纳）的优美与荣耀，但是一旦你的那一代人全都死去，一切也就都跟着消失了。给你一个任务：设计出一套教育系统，能够保证新生的婴儿们可以完全接受你的文化所形成的所有传统与认识，甚至可能将来在此基础上再获致新的成就。

教育抉择之一：要教些什么？

看看你有哪些可能的选择吧。首先，你必须决定最值得保留的社会领域是什么。你可能决定把焦点放在某些社会成员角色的完成上（如：一个人如何学会为人父母？如何学会成为教士或诗人？），或是放在文化价值观的传递上（如：什么是美德？生活好是什么意思？哪些行为是值得赞许或至少是容许的？如果触犯了法律，会有哪些制裁？），或者放在传承几千年来获取的各个种类与形式的知识上（如：典籍、方术和科学上的发现）。

每一个可能选中的项目，都可以再往深里探讨。社会的角色、职业的角色、业余性角色，每一种都可能值得传给后世。一个社会包含了各式各样的约定、仪式、品位、法律、道德、赞许的行为、被珍视的价值观等，而这中间的每一个都可能作为预定的一个教育目标。最后，在定义知识的各种层面上，你也有许多不同的方向可走。由于本书特别把焦点放在认知领域上，因此我们应该先注意这其中有什么可能的选择。

在任何社会里，知识都包含在许多形式中。知识包含许多种技能纯熟的表现，大量的事实和信息，以及多种关于世界的概念与理论。因此可能的一项选择就是把注意力集中在训练一个成熟的成年人所应该具备的那些技能上。例如，在一个传统的儒家社会中，你会让儿童学会写毛笔字，演奏某种乐器，教导他们如何倒茶、拉弓，如何像个绅士或武士那样穿着。在这样一个社会里，一个有教养的人可以优美地表演一整套技能——或许只是一些已经被执行过很多次的技能，但也或许是在新方向演变出的一些技能。

再想下去，你还可能决定宁可放弃需要高度技巧的技能表现，而选择保有大量的信息。反正，要学的有这么多，而生命却又这么短暂。然后你就会确实让儿童从很小的时候就开始把尽量多的信息牢牢记住。他们应该学会许多语言的词汇和规则，不管是现有的语言还是过去的语言；熟悉众多的故事、音乐和艺术作品；熟练掌握算术的各种乘法速算表、几何证明、已经证明了的各种科学定律；背下关于过去和现代的社会制度、成就的各种事实与数据。到了他们成年以前，这样一个课程的毕业生就会像是一艘满载补给的船舶，能够展示出我们现在在电视上看到的趣味问答冠军一样多的知识。

第三种方式是把一般重视的一些文化习俗的技能表现与对那些受珍视的事实的掌握减到最低，而试图对各种知识体系的基础概念与原理获得丰富的理解。以我在本书中一贯的说法，一个有深度理解的人就有能力以多种方式、利用各种互补的方法探索世界。他之所以能够掌握各种概念与原理，有一部分是基于他自己的探索与思考，但他最终也必须学习那些在各种科目中所发展出来的概念与原理。理解力的测试，是既不需要复述所学会的信息，也不需要去展现由重复练习而精通的操作行为。真正的测试须考察受教育者是否能适当地把各种概念与原理应用到新的问题或困难上。根据我们前面的讨论，"真正理解者"能够恰到好处地考虑社会中的各种现象与后果，尤其是那些他没有遭遇过的。

理解的各个层面

在任何一个特定的时代里，对其当代理解的本质是由一个社会中的专家们所决定的。一个在亚里士多德时代理解物理学的专家，和一个在牛顿时代理解物理学的专家会以不同的方式去应用同一组原理，而相对论与量子力学这些突破又给现代人对物理世界的理解带来了进一步的改变。但人们对于人类世界的理解，则是以比较缓和而不是这么戏剧化的方式演进的，古希腊的索福克勒斯（Sophocles）跟莎士比亚接近的程度远高于亚里士多德与伽利略的相似度。但就像是有智慧的长老们比聪明的年轻人在人类本性上总是因为经验老到而有较深的洞见一样，人们从对社会与文化的研究上所得到的知识，也改变了我们对于人类自身以及对于人类社会的观念。例如，由于心理分析学上的发现，关于人类行为的新理解就牵涉到各种潜意识的动机。

最后，虽然理解通常是被应用于概念性或理论性领域中的一个观念，它在艺术、体育、企业这些领域中也有其不可动摇的地位。这些领域中的专家们拥有技巧、直觉以及概念架构，使他们明显有别于新手或是业余爱好者。

每一种领域或科目都有其独特的理解形式。以我们早先的术语来说，为解释心智而发展出来的各种理论，大大有别于用来解释物质的各种理论，而两者又都有别于对其他有生命的有机体的理解，或是单视个人行为的理解。也就是说，以正式的学科领域来看，我们对物理学的理解与对诗歌、绘画、政治或心理等学科的理解是完全不同的。因此，对某一领域理解的类推不见得都可靠，而确实能够被类推的那些理解就必然是以高层次抽象形式表达出来的。

在以后几章里，我会比较详细地勾勒出不同领域中各种理解的相关性质。我们只需要指出，一个获得真正理解的人，至少能展示该领域的成年专家所必须具备的知识与技能表现的某些层面。当这些能力上的典范改变时，我们对于理解的观念也就跟随着改变。因此，在有文字以前的社会中所谓的理解，一般只限于感官动作知识、低级层次符号知识以及各种通俗的定义与概念的结合。

相反，在以学校制度为基础的现代社会中所谓的理解，则通常会超越这些直觉形式的理解（有时甚至是背道而驰的）。这些理解包含几百年来在这些领域中逐渐演变而成的形式化概念，以及产生的思辨模式。这些学术学科形式的知识必须跟较早的、片面性的（同时也可能会引起误导的）理解形式相互调和，否则就会导致学校制度与心智之间的恶性冲突。

当然，站在教育设计家的位置上，你很可能会说，希望能把以上三种知识都教给学生。有作选择的必要吗？反正任何复杂的社会大概都会有各种各样的技能表现、丰富的信息以及深度的理解。然而，如果我们观察历史上的社会，它们很显然在各自特有的形式上与各自珍视的价值观方面有极大的差异。重视儒家传统的中国及其邻近国家，一向是追求掌握技能成绩的表现；许多当代的社会，包括美国社会，则尽量鼓励收集大量的信息，以备随时能够验收这些知识的成果；而在某些古老的社会（例如古雅典）或今日世界中的一些次文化（例如文史或自然科学的研究所）中，强调的则是对理解的获得与使用。要达到适当的平衡总不是一件容易的事，大部分的社会都是随着时代或世代的变迁而从一个类型转到另一个类型，很少能维持住一个和谐的混合体。

教育抉择之二：如何教授知识？

另一个需要做的选择是如何将知识（无论是什么形式的知识）传递给儿童。不同的社会都只会在两种不同的路径中选择其中一种。第一种是"模仿式"（mimetic）教育，教师展示所要达到的技能表现或行为，学生则尽可能忠实地复制它们。这种教育重视的是精确掌握信息或是努力复制模板，只要与模板有差异就会受到指责或遭到摒弃。以我们的术语来说，这种文化珍视的是死记硬背、仪式化和约定俗成的技能表现。

还有一种教育模式是"转化式"（transformative）教育。在这种教育方式中，教师是一个教练或协助者，试图将学生的某些能力或理解力给引发出来。通过提出问题、设置难题，把学生置于某些情境中，教师鼓励学生表达出自己的想法，以各种方式测试他们，进而增进理解。

模仿式教育与转化式教育的对比，显然是与另一种我们可能比较熟悉的对比有一定的关系——重视基本技能与重视创造力之间的对比。基本技能的信徒强调掌握某些基本功夫与技巧的必要性，比如传统的读、写和算能力，以及掌握由事实构成的知识体，如历史、地理和科学等。他们认为传统的学习必须建立在这个牢固的基础上。基本技能的提倡者则常常坚持："会走路前得先学会爬。"

注重创造力培养的人则把教育看成一个机会，使个人能够在很大程度上自行发明知识，把在过去的经验转化为知识，或许最后会在理念与概念上对人类集体智慧做出贡献。创造力支持者倾向于贬低基本技能，因为他们相信基本技能是没有必要的，或是终究会学会的，或是只有在确立了创造性探讨的情况后才需要去注意它。

乍看之下，基本技能的掌握和模仿式教育关系较为紧密，而创造力培养则与转化式学习关系密切，但不同的组合方式也是可能的。我们大可以珍视基本技能，又同时试图经过转化式的方法来教育——例如，让儿童通过写日记来学习写作，或是管理自己的小商店来学习计算。我们也大可以一面提供具有高度创造性的教育，一面鼓励开始的时候学习基本技能或使用模仿式的方法，教师也可以在教育的过程中融入各种创造性的方式、技巧和目标。

技能表现、熟悉信息和获取理解，这三者之间的关系也值得我们好好思考。任何形式的学习终究还是需要表现的，无论是模仿教师的歌唱，还是把它转化为一种原创的形式；无论是强行记住事实，还是把数据重新安排；无论是背诵现成的一组科学原理，还是利用这些原理来解决甚至定义新问题。但是在这些相对的情况里，只有后者才能说有某种表现发生了——也就是某种理解的表现。

但是现在，你，作为教育环境的神秘设计者，已经忙不过来，而且头昏脑涨了。要做的决定太多，可能的选择也太多。当然，从来不曾有人必须面对这样原始的大量选择决定，因为总存在着某种已经在进行的教育程序。无论现存的是否运行良好，在它上面做任何改变都必须考虑到现存的一切（包括正面或负面的考虑）。即使是在中国大陆，当初想要消灭掉所有残存的封建痕迹时，"教育革命"还是建筑在几千年来演化出来的各种方法上，而在许多层面上，这些方法实际上比任何新引进的方法都来得有效。

学徒制度

另一个议题是几千年来把教育规范有效传承至今的各种制度。这方面的情况在教育史中有持续的记载，我们可以看出全世界似乎都遵循着某些秩序。

在最简单、最传统的社会里，教育大致是发生在儿童的家庭里。这些家庭常常是大家庭，好几代人加上各类亲戚居住在一起。在这样的传统环境里，儿童追随他们父母的脚步，克绍箕裘，通常儿子要继承父业，女儿则重复生养儿女、操持家务，学会如何成为一个合格的母亲。

从小小年纪开始，儿童就看见比他们年长的人执行这些角色，这些模范从曾祖父母到兄姐，常常是跨越好几代人的。大部分的学习是经过直接观察而来，虽然这种从旁观察来学习的方式，有时也插入一些有意的教导，传达一些特定的规则，或是清楚示范一些可能不容易观察到或是被认为是秘密的程序。社会很可能以显著的仪式来标记重要的转变，例如成人礼，但它们的作用不过是象征性地确认学童是否已经接受或至少准备好学习与理解。一个必须完全凭借从头开始的社会，很可能非常依赖这些最根深蒂固的（也可能是最自然的）教育方式。

社会变得复杂时，它所珍视的各种技能也相应变得极为细微复杂，于是儿童就再也不可能仅仅靠自然观察就能掌握他们所要扮演的角色的要求。因此，在全世界范围内出现了称为学徒制度的办法。学徒制度主张，一个人在年纪很小的时候就去为一个在某种行业或职业方面的成年专家工作，常常还要与后者住在一起。通常，这个年幼学徒跟师父之间没有任何血缘关系，但可能会有非正式的家庭关系，而通常这样的安排是有法律认可或接近法律认可地位的。做学徒表面目的是学会一种技能或专业，但学徒制度长久以来都被看作是把人引进工作的世界里，以及变成社会的成年一分子的一个过渡状态。

新手常常需要进行多年的持续学习，才能在特定的专业或技能上渐渐成熟。大部分的学习是观察性的，对象是师父或其他已经受过训练、还在师父手下工作的师兄。师父有时候会指正错误，或是做一次特别的示范。而学徒渐渐成长的批判能力，也会帮助改善自己的表现。学徒可能有很多的工作与任务是跟要学习的技能主题没有关系的，因为师父会指使学徒为他做一些私人的事。作为回报，师父也许会给自己增加一些额外的义务，比如教导学徒某些读、写、算方面的技能或宗教教义。

与我们讨论目的最有关系的重要事实是，在学徒制度下的学习是非常看重"临场情境化"（contextualized）的。这也就是说，教导各种程序的理由一般很明显，因为师父正在生产的产品或提供的服务是因应需求、有明显用处的。不仅如此，因为这行业是师父以及他门下徒弟的生计来源，于是就有动机以有效的方式达到目标，或是以有效的方式传递此项技能。如波兰尼（Michael Polanyi）指出的：

学徒下意识地学到了手艺的各种规则，包括那些即使是师父自己都并不太明白的规则。这些隐含的规则，只有完全不持批判态度，并专注地模仿别人的人才可能学得会。

各种时间长短不同与复杂性不同的学徒经历，通常代表了成长的各种里程碑。在不同的能力阶段，会提供各种相应的难题与考验，以保证学徒已掌握了所需的技能，并准备好进入下一个阶段，再上一层楼。常常，学徒会制造一个简单的物品，其价值可以通过市场测试出来。学徒之间当然会有能力高低与专注程度的不同，因此师父必须小心监控每个学徒的进步，一般是奖励学徒的进步与产量，虽然在有些情形下也会刻意不让一个学徒出师，因为师父还要进一步剥削他。当然，最终还是希望学徒能制作出一份"名作"——以此产品向全世界宣示，他已经熟练掌握技能，获得了足够的理解，也表示自此以后他可以自己上路了。

大部分传统的学徒制度（尤其是那些有法律地位的）涉及男性学徒与师父，但是类似的过程也常常适用于女孩子。例如，在墨西哥加巴斯（Chiapas）

的印第安辛维坎地可族人（Zinacanteco）中，女孩子先是经过观察她们母亲的工作而熟悉编织。然后，她们帮着煮毛线及染色。大约8岁时，她们开始第一次认真地学习编织。母亲最初给予相当的指导、谈话与示范。但是当儿童手艺开始熟练了，这些明显指导就开始减少，一直到11岁或12岁时，这些青春期前的女孩子已经大致能自己独立织布了。

到今天为止，全世界到处都还存在着学徒制度。即使是在最先进的工业化国家里，有些行业与职业的最好学习方式还是跟着一个师父一起工作，观察他做什么，学习并通过各个阶段的考验与测试。事实上，在某些科技先进的国家中，如德国，已经有恢复某种学徒制度的倾向。作为中等学校教育训练的一部分，一半以上的德国的青少年都有过某种学徒经历，其中学校所教导的各种能力尽量紧密地与工作场所的各种需要和要求结合起来。许多职业与爱好，从制造乐器到家用电器修理；许多角色，从报馆杂工到魔术家或社区警察，都因学徒制度而获益。参与密集的大型计划，例如完成戏剧舞台布置或赶在限期前完成合约工程，虽然看起来并不像学徒制，但实际上就是如此。有时新手会不自觉地观察到各种各样的角色，并且随时在最需要他们的时候参与进去。社会上一些要求标准极高的，从大学研究所课程、医师的实习，到政治或企业家的助理，都有相当程度类似学徒制度的安排。

学徒制度有许多优点，所以才这么有效。学徒经历提供了丰富的信息，几乎所有这些信息都直接与对社会有用的最终表现与产品有关。学徒制度让年轻人在已经有所成就的专家身旁工作，不但建立职业上的紧密联系，而且也制造一种朝目标前进的意识。学徒制度也常常包含成就的各个中间阶段，由于工作者分别处于不同等级和水平上，他们就能够比较清楚看出自己学到了什么，自己的目标在哪里。能力相当或能力高低不同的同伴们可以互相辅导或帮助。学徒经历常常能引发高度的学习热情，年轻人直接进入一个重要、复杂、有时又充满神秘感的事业里，他为成败要付出的赌注可能很大。学徒制度还融入了多少世纪以来关于如何完成手上的任务的秘诀，而这秘诀可以在任何需要它的时刻立即出现或成为例证，这些秘诀并不是随意摆在教室、教科书或课程等地方。

事实上，学徒制度很可能是最有效率的一种教学方法，因为它是建立在大部分年轻人学得来的方式上。这种学习方式大量混合了感官动作经验，并且在现场使用了如自然语言、简单图解与手势等符号化的各种初级形式。当它们包含比较形式化的记号或概念时，则会在有需要的现场直接被介绍给学习者，于是学习者就能自己看出应该如何应用它们。这一点是学徒制度跟正式教育之间的最大区别。当然，学习者的各种错误观念和刻板印象可能会干扰他掌握技能，但是也许它们也比较不容易出现，或者在出现时可能就被否定掉了，因为学习者正在紧密地跟随着师父工作，而师父可能有经验面对且修正这些错误的概念与做法。

为什么现在学徒制度远不如仅仅是几代以前那么普遍？也远不如以前那样有效？而且为什么人们对学徒制度常常毁誉参半？学徒制度声誉受损，可能主要是因为在这个制度中，常常有剥削小学徒的事实，学徒们在明确的工作责任以外还要负担其他的任务，并且常常遭到殴打、惩罚或克扣工资，几乎完全视师父的喜怒而定。滥用一种被社会所信任的教育关系，必然会使这关系受到质疑。虽然学徒制度中有比较有弹性的教练形式，但有些学徒经历却只是最简单形式的模仿。

我认为，至少还有一个简单的事实使学徒制度不受欢迎：它已经存在了很多世代了，因此感觉上显得过时了。在我们的心目中，学徒制度总是跟学会一种手艺技能紧密联系在一起，而在高度工业化的社会里，手艺已经式微了。即使是在似乎还是非常适合有学徒制度的各种职业与行业里，它依然被换成冗长乏味的学校制度，以颁发正式学位为目的。因为学校制度被认为是有积极目的，并能够提供在学徒制度中难以记录的质量管理。学徒制度可能造就一些能胜任某些工作，但不一定能表达得出自己能做些什么的成年人。因而学徒出身的师父看起来可能像是没受过教育或天真无知的样子。同样，一个学徒也可能看似被剥夺了学习大量知识的机会，而那些解决各种一般性问题的技能是正式学校教育假设能提供的。总之，学徒制度很可能就是被那种极有力的教育干预措施——我们称之为学校的制度——所害的又一个受害者。

然而，学徒制度的确给我们的教育乌托邦设计者一个令人振奋的新选择。虽然学徒制度在学校制度的文化环境中已经随着传统被减弱，甚至被逐渐淘汰，但我们没有必要完全舍弃它。没有一种制度是注定应该被遗弃的，学徒制度可能保存了许多宝贵的教育资源。事实上，在本书的结论部分，我提出，获得真正理解的教育，最有机会成功的做法就是把学徒制度的某些特色和学校以及其他制度（像是儿童博物馆）结合起来。这样的结合可能把许多分散的学习形式联结起来，因为仅仅是分散的学习方式常常会导致真正理解的努力失败。

第七章

学校这个地方

评定学校成效的最好指标,是学生毕业后是否仍然继续使用从学校学到的知识、技能和理解。反之,如果学校教育不能启发学生的心智;导师只是名义上的导师;学生毕业后所进入的行业和学校课程毫无关系,就不禁让人质疑这些学生学到的知识与技能对学生到底有什么价值?对将学生托付给学校的社会,到底又有什么贡献?

虽然很多人对法国西南部与西班牙北部洞穴里栩栩如生、美丽夺目的动物壁画都不感到陌生，但我们对旧石器时代艺术家的创作方法和目的却一无所知。那个时期的另一种记号系统，是刻在约一尺长木板上的一组组符号，这些符号所代表的意义到目前为止还是有很多的争议。要说这些木板记录的是历法系统，好像也有几分道理，以27、28或29个刻痕为一组的记号，刚好可以代表月亮的周期。

从两万年前创作完成洞穴艺术与有序的记号组，一直到一万年前文明开始，这中间的一段岁月，并没有太多的记录记载人类的认知活动。在六千到八千年前的中东地区，已有很好的证据显示，由于经济方面的迫切需要（如记录货物交易的需求），产生了第一个数字符号系统。这种记录可以让当时的人记下财物的交易。首先把财物的特征描绘下来，然后以某种记号来表示这些财物之间的关系（借的或买的等）。大约在同一时期出现的象形与表意符号系统，则记录当时重要的事件和人物历史、所颁布的法律、规章和宗教礼仪等等。现在看来，似乎是中东地区以外的某个文化，发明了记录天文事件的系统，虽然我们还不清楚究竟这些记号系统是在哪一时期被发明的。

五千年前出现了人类记号系统最重大的突破。腓尼基人（Phoenician）发明了一种很特别的记号系统，这种系统的各个符号并不代表一个字词、想法或物品，而是独立的音或音串。它不需要成千上万的字（就如到目前为止还在使用的中文字），只要重新组合这一小串代表音素的符号，就可以记录所说的任何讯息。腓尼基人的字母系统后来为其他社会广为采用，其中最值得注意的是希腊人，他们不仅将这套书写系统应用于经济和政治事务，同时也用来创造一套到现在为止还未曾被超越的文学、历史和哲学体系。

早期的学校

以语音为基础的书写系统出现时,有若干文化已臻高度复杂的水平,有些还有相当程度的劳动分工。那个时候可能也已经创立了类似学徒制的教育体制,但一直到有必要教导年轻人(主要是男孩)读、写、算等基本技能时,最初形式的学校才出现。

我给学校的定义是,一群通常没有血缘关系,但属于同一社区的青少年,在有能力的大人帮助下,为了学习该社会重视的技能而定期相聚在一起的机构。早期学校的真正性质和教化程度已无从考证,但根据世界各地传统文化所见的许多学校来看,以下有关早期学校的描述应该是合情合理的。

早期学校教育通常从生命的第二个五年开始,入学时往往通过某种仪式来凸显其重要性,因为这是社区生活中的一件大事。入学仪式可能很好玩,但真正的学校生活即使不令人恐惧,也必定是非常严格的。学生必须服从,一遍遍地抄写字母、数字或类似的符号,一直到学会为止。同时还要按一个个字母顺序或记诵单词里重要字母的顺序,来练习这些符号的发音。

早期学校设立的目的,通常是为了背诵重要的典籍。这些以宗教为主的典籍不是用通俗的白话文或社区的口语所写成的。这些令人敬畏的典籍是整个课程的基础,因为人们认为其中包含了攸关国家存亡的观念与做法。不过刚入学的学生似乎看不出这一层重要意义,例如伊斯兰教青年学生所学的古阿拉伯文,或文艺复兴时期以后西方文化所重视的希腊文、拉丁文和希伯来文(Hebrew),对无数想精通这些语言的学生来说,都没有多大的实际意义。现代的西方学生反对学习一辈子用不上的语言,但若要在传统学校提出这样的挑战,即使不被认为离经叛道,也是非常不应该的。当时的教育,是以社会安定与国家福祉为中心,学生们根本不敢挑战长者的安排。

虽然精通这类神圣典籍是早期学校设立的目的之一,但学校的另一种比较实际的任务也逐渐显现。在学校接受训练的学生,必须学会本国的语言,以便能阅读自己的文化历史、规章和法律，并且记载社会领袖认为重要的讯息。这些学生们必须熟记一大串的物品和人名，因为若要成为社会领袖、有知识的公民或人民的公仆，这些知识都是非常重要的。最后，其中有些年轻人成为书记人员，为不识字的人、懒惰的人或繁忙的社会精英分子，担任读写的工作。

除了书写语言之外，学校也教导学生掌握自己文化所使用的算术和符号系统。如果要在本地或与其他地区进行贸易或从事其他经济活动，这些知识系统都是必需的。

以上所述只是要说明世界各地曾经存在和仍然存在的各种学校的情形。我所定义的学校还包括"丛林学校"（bush schools），这是西非青少年为了学习原始仪式和社会重视的技能，定期聚集在一起的场所；训练南海水手的非实地教学，要求学生背诵大量的数据，例如附近岛屿的名称与位置，以及每一颗星星一年的运行路线，还有各个行业的学徒在工作之余的识字教学等。

要特别注意的是，并非所有的学校都是为教导读、写、算等基本技能而设立的。例如一百年前的瑞典，许多青少年是在家中学习读书识字的，上学是为了其他方面的社会训练目的。

然而，好像有一只无形的手在后面控制着，世界各地的学校都展现出某些固定的特征。学校教学的重点都是要通过长时间努力才能学会的复杂记号或符号系统，因为青少年无法只是靠观察父母、长辈或工作场所的师傅就能自然而然地学会它们。固定形式的练习、死记硬背都是学校的特征。学校每日教学关心的重点并不是这些技能的最后实用价值。这与学徒制刚好成明显对比，学校生活最显著的特征，就是与社会生活里重要的事物或产品严重脱节。

教育与社会的联系偶尔也会受到重视。例如往往通过某项仪式或肯定来表示进步的里程碑。学业优秀的学生会获得特权或特殊的地位，而智育或品行不良的学生，不管是什么原因，都会受到惩罚、嘲笑或被勒令退学。学业表现突出的学生，毕业后将成为社会的精英，这些精英分子们会继续保护那些与符号系统有关的技能与做法。不想退出权力中心的人，就得学习这些技能和做法。只有当重大问题产生时，例如有教师行为不当，或不同背景的人成为这个社会的领袖人物时，社会才会考虑到对学校的支持。

学校的重责大任

学校所担负的重责大任，不仅仅是包括教学生掌握社会所重视的读、写、算等基本技能，特别是在近代之前，学校被认为是传承道德观与政治观的主要渠道。老师不仅要以身作则，还一定要让学生熟悉重要的规则与规定。学校是训练精英的场所，学生不仅要掌握必要的认知技能，而且要具备作为领导人所应有的行为与态度。学习宗教仪式和训练主流宗教的神职人员，是学校教育另一个常见的目的。同样，了解经济秩序和培养经商人才也属学校教育的范畴。

近年来，随着知识的累积、新学科的诞生以及越来越重视智力的开发，学校的职责也越来越重。学校理所当然地成为传递激增的知识，以及培养学生进一步发现和产生深度理解之技能的场所。在古代和中世纪时代，最受重视的学科是包括文法、修辞与逻辑的"三大学科"，以及包含算术、天文、几何与音乐等四大"补充学科"。19 世纪时，各种自然科学（物理和化学）、社会科学（历史和地理）与现代语言，都被纳入标准课程的行列。到了 20 世纪，大学前的教育也更进一步扩大了范围，加上了家政学、电脑程序设计等学科。

怎么教授这些学科以及教到什么程度，在不同的学校和不同的社会有很大的意见分歧。有时老师是学科专家，有时他们则只是介绍专家（如音乐教师）或传递教科书知识的人（其对课程了解的进度只比学生快一个章节而已）。有时教材被视为一堆死的知识，有时则被当作学生要学习探究的技能——如何进行科学实验、如何做研究、如何写研究报告、如何找出某一学科重要但尚未解决的问题等。

现代普通学校的三个使命

今日，普通学校已在世界各地到处可见。过去主导学校的宗教、道德与政治教材，现在已经不再那么重要了。然而，这一类教材仍然是构成"潜在课程"（hidden Curriculum）的一部分，虽然对某些学生影响非常大，但这些都不是正式颁定的课程，甚至为法律所禁止。这种非正式课程包括对国旗发誓的仪式、默默祷告或偶尔讨论仁慈或剽窃等议题，除非国家面临危机，一般人会认为这些应该是家庭、教会或其他社会组织的职责。学校低年级的任务是教导所有的学生学会读、写、算等基本技能，之后学校可能有某种形式的分组或分轨，较为优秀的学生可以升读中学和高等学校，攻读专门的学科，而成绩比较差的学生则干脆不再上学或进入职业学校或接受补习教育。

无论其认知以外的使命为何，现代普通学校里的各个学科，都致力于呈现以下三大类的知识：

1. **辨识符号**。学校假设入学的学生都已学会第一层次的符号系统，因此安排的课程是要使学生学会并且要能有效地运用文化中的主要书写系统。书写语言和书写的数字系统，从古至今几乎都是主要的课程内容。除此之外，符号知识往往还包括阅读图表、运用科学符号与方程式、学习电脑语言等能力，而学校有时也介绍一些更深奥的符号系统，例如音乐、舞蹈、航海或足球等方面的符号。

2. **专业学科概念**。凡是已经发展到相当程度的学科，都累积了许多重要的概念、理论架构、主要理念和实例。这些或多或少会与一般社会所用到的概念有几分类似，但专业学科的概念都有明文规定的定义与用法。学习生物学的年轻学生，必须了解进化、基因与分类法；学习物理学的学生，要了解重力、磁学和热力学定律；学习社会科学的学生，必须掌握政治革命、宪政政府、收支平衡和权力制衡的概念。理想的状态是，学生应该在学习后能够将这些概念应用到新的情境上，然而这些概念往往只是被视为必须背熟的一堆文字——死的知识或例子而已。

3. **学科的解释和推理方式**。各专业学科不仅在研究主题和主要概念上有很大的差异，在提出问题与处理问题的方式上，也大不相同。历史学家和物理学家都在搜集证据和推理结论，但哪些证据才有用、甄选和评估证据的方式、研究的态度、辩论的过程与所下的结论，却都有着天壤之别。虽然这种"认识论式"的教学并不直接明了，仿真研究的程序也只求个大概，但重要的是学生可以从中体会不同学科有不同的知识种类和定位。

学习评估

学校工作者与学徒制的师傅一样，都必须评估自己的学生到底学会了些什么。但只要不是正规的学校，所有的学生都得学习同样的教材，就不需要有正式的筛选工作，大伙儿会帮助跟不上的学生，虽然这些学生很少接受个别评估。当学校要教授学生某些行为表现，例如写剧本或背祷告文时，通过直接观察，就可以评定学习的进展。当班级小到一定的程度，而且所教的知识都能充分传授时，学生的学习就可以根据每日背诵的情形来监控，哪些学生已经学会九九乘法表、背熟二十行诗、能够依序列出国王、总统或朝代，都可以一目了然。

然而，随着学科的增多，学校的负担愈来愈重，也就要求将评估学生学习进展的方式变得更有效率一些，因此出现了测验。测验纯粹是一种学术发明，是一种"非现场化的测量"（decontextualized measure），用在本身就不包含现场背景的环境中。学生在书桌前阅读书本或听老师讲课，认识科学原理或了解遥远的国度。经过一周、一个月、一年或即将毕业时，同样的一批学生走进教室，收起课本和笔记，回答那些与要求学会的教材有关的试题。有些评估，例如周考，是简短非正式的；还有一些考试，例如中国的高考、英国的大学入学考试和公务员考试等，则要连续考好几天。

在现代的世俗社会里，考试被视为极其重要的一件事，因为考试往往是断定谁能获得社会奖励的主要工具。例如中学结束前的那些考试简直像生死赌注一样，焦虑与作弊时有所闻。近年来，测验虽然受到各界人士的批评，但看起来还是屹立不动，甚至占据了更重要的地位。由于受到批评的缘故，已有相当多的努力来促使考试变得更公平，其中包括考试的题目要能合理代表学生学会的知识、考试题目不能事先泄露、考试题目不可以存在有利于或不利于某一社会团体或种族团体的倾向，等等。

在美国，所谓的"标准化测验"已经发展到极致。这种测验的典型特征是选择题或简答题，尽可能以机器阅卷，根据测验的统计结果，将学生精确地分出等级（例如郊区中产阶级公立学校十年级学生的第六十七百分位数）。测验几乎完全排除了"主观"成分，成为让人一看到名称就油然而生敬佩的"客观测验"。但这些评估工具是否能合理测出学生必须学会的技能和理解水平，就不那么清楚了。正如心理学家奈瑟（Ulric Neisser）说的，学业知识通常是以出题者单方面选定的问题来评判，学生既不感兴趣，也没有动机来回答这些问题，利用这种测验方式所测得的成绩，实在不足以预测学生在校外环境的成就表现。

也有人反驳这种批评，他们认为这种在非情境化评估中表现出来的能力，是非常值得肯定的，毕竟至少对某些专业职位来说，必须要有突击钻研，并且能在不熟悉的环境中有效应付新题目的能力。更有人认为测验的目的，就是要预测学生未来的校内成绩表现，而非校外表现，当然这种预测对于继续留在学校体制的人士（例如教授）最有帮助。最后，还有人认为，学校本身就是一种非常重要的情境，只有和农场或手工艺店等毫不相关的环境比较起来，才会变成非情境化。虽然这些论点各有价值，但我还是认为正规测验太偏向于那些重要性、有争议的知识，而这些知识很少能够迁移。学校应当教导的真正的理解很少出现在这种评估工具之中。如果我们想要记录学生的理解程度，就必须采用其他的评估方式。

学校的成效

虽然测验无法提供给每个学生学业进展最关键的信息，但稳定的学校体制还是可以产生一批与没上过学的人不同的人。毕竟整个童年时期，学生每天要花好几个小时，静静地坐在教室内，听和他没有亲戚关系的大人讲话，阅读着主题奇怪的书本，写一大堆作业，参加被认为与自己的未来息息相关的考试，这一切怎么不产生一定的影响呢？

举例来说，如果我们把学校里的谈话和思考，与家中或校外的谈话做个比较，即可发现幼童在课堂上所听到的，是他们当前见不到，或许将来永远没有机会亲眼看到的人物与事迹，而年纪较大的儿童所听到的，则是有关抽象概念的讨论，这些概念是用来解释学者为自己专业学科的需要而搜集的资料或事实。在学校就读的各种年龄的儿童，被问的都是一些与他们没有什么关系的问题，还要他们各自提出自己的答案，再根据作答的方式与内容来接受评估。

欧森曾经指出，随着学生一级一级地往上升，学校内的讨论不仅要包括有关某一主题的定论，也应该包括某些学者或某派专家所坚持或主张的看法。仅仅列出法国大革命的四个导火线，实在是不够的。学生应该了解某派历史学家提出某一套观点的原因，以及其他学派如何驳斥这种观点而提出不同的观点，学生还必须对这些新观点进行仔细思考。

从许多方面来看，课堂里的讨论与街头巷尾常用的语言，在性质上是不同的。学校的语言与日常生活经验没有太大的关联，比较偏向于抽象的名词与概念，以及师生之间公式化的交谈，通常以专业的方式来界定意义，运用不少的"超语言"（metalanguage）——用来分析语言的语言。这种倾向在书面语言上更是明显，书面语言要求精确、不多余，内容充满论断、观点、推论和判断，以及其他超语言的方式（比如，我在本句和下个句子里所表达的观点，如果写在书本上，就很容易读懂，但如果出现在一般的谈话中，就不是那么容易懂了）。欧森指出，这些语言的用法有时候会被明白表述出来，但更常见的是，作者会认为读者应当了解，用文字讨论隐藏其中的特殊语言用法。这种假设对于阅读技巧高超的学生，或从常常使用学术语言环境来的学生，不会构成阅读上的困难，但对于那些仍然以街头非正式语言为主的学生，阅读书面语言写出来的文章可能就有困难了。

苏联心理学家维果斯基曾经探讨"自然的"或"自发的"（Spontaneous）概念与"科学的""非自然的"或"系统习得的"概念之间的差别，以显示学校教学的特色。自然的概念（如兄弟或动物）在日常生活中自然而然就学会，而科学概念（例如地心引力或哺乳类）则主要是从学校学到的。虽然科学概念的定义通常是专业性的，但基于若干原因，却往往比自然的概念容易学会。科学概念是学校明确教授的领域，通常由老师口述，定义虽清晰简短，但无法马上运用在自然的概念上，并且属于一个可以探讨彼此关系的概念系统里的一部分。因此，即使儿童对一般有关"家庭"的直觉概念已经发展得很完整，但要儿童解释阿基米德原理，反而比解释什么是家庭还要容易一些。维果斯基认为儿童学习科学概念比学习自然概念容易，这种说法当然没错，但如果本书的看法也没错的话，那么科学知识往往显得比较不扎实，很容易被根深蒂固的自然概念所取代。

到目前为止，我的说法可能会让人误以为，学生在学校的环境中必须自己一人孤独地学习概念、归纳结论或提出意见，没有人或没有可信赖的工具可以提供帮助。很可能本书的读者都能回忆有这种感受的时刻（例如在艰深的考试中）。然而，把学校学生想象成孤立无援的人，还不如把他们想象成必须学习以新的、不同的、有策略地运用周围信息的人。成功的学生能够学会如何使用研究数据、图书馆、数据卡、电脑档案以及父母、老师、学长与同学的知识，来掌握学校要求的课业任务。套用最近非常流行的一个术语来形容，智能"分布"在周围环境与头脑之中，而"智慧的学生"懂得运用分布在周围环境中的智能。

虽然认为学校一无是处的观察家不多，但要说学生将醒着的一半时间花在学校这种奇特的机构到底功效如何，却不是那么容易解释清楚的。根据科尔和史克里伯纳（Sylvia Scribner）细心研究的结果，单就读、写、算等基本技能本身而言，并没有特别明显的影响，掌握某些宗教或仪式的固有想法，所学到的是孤立而不能迁移的技能，就好像学习某一种特殊的棋艺或说没有意义的话一样。如果从整体学校教育来谈读、写、算的基本技能，学校教育似乎有重要的影响，但在这种情况下，无法判断教育混合体中的基本技能的效果，与其他学业要素有何明显的差异。

正常上学当然有助于学生学会认知技能，因为认知技能是学校直接或间接的任务。学童似乎比较擅长处理没有说明背景的功课。他们认为新遇到的问题，都是旧问题中某一类问题的例子，可以用一些通用的规则来解决：应该熟记抽象的题材,并将这些题材编成有组织的结构;应该以特定的方式推理(例如三段论法);应该和比自己年长的人谈论一些遥远的话题,包括他们完成任务的表现;应该在测验中取得好成绩或通过类似测验的评估等。如前所述,当未受过学校训练的儿童熟悉典型学校教育的程序后,或所要测量的是他们熟悉的素材时,受过学校训练与未受过学校训练儿童之间的差距,就大幅拉近。

我认为如果训练的方式较好,而且又维持一段足够长的时间,学校一定能训练出能从不同的方式来思考这个世界各个层面问题的年轻人,而这些思考方式是没有上过学的人不会用的。过去千百年来,学者和社团创造了令人赞叹的知识架构(例如物质的原理),以及获得更深层知识的方法(例如实验室中的实验程序)。到目前为止,熟悉这些知识最有效的方法,还是得上学并且学会学校的课程内容与学习方法。当然评定学校成效的最好指标,是学生毕业后是否仍然继续使用从学校学到的知识、技能和理解。反之,如果学校教育不能启发学生的心智,导师只是名义上的导师,学生毕业后所进入的行业和学校课程毫无关系,就不禁让人质疑这些学生学到的知识与技能对学生到底有什么价值,对将学生托付给学校的社会,到底又有什么贡献。

机构的局限

我认为,受限于天赋能力,人类只能以某种方式来学习。虽然学校并没有遗传方面的局限,但作为机构,还是可以把学校当作具有特别局限的有机体。其中有些局限可能是全世界的学校所共有的,有些则是某段时间或某个社会所特有的。

首先要谈的是共有的局限。学校是个使素昧平生的个体们齐聚一堂的机构,这些学生所要学习的功课,与社会其他部分的运作没有多大的关系,因此必须建立学校这种机构能够顺利运作的程序,以及能达到目标的奖惩办法。数十人的大班制,绝非传递知识的理想方式。每个学生都有各自的长项和弱项、不同的学习方式、不同的目标和期望。教师必须处理困扰学生的非认知方面的问题，这些问题表面上似乎与学校的任务无关，但却会像瘟疫或火灾般地能够使整个班级瘫痪。

新闻记者凯德（Tracy Kidder）有过这样的妙论：

> 问题出在根源上。将20多位年龄相近的学生聚集在一个小房间内，要他们乖乖地坐在书桌旁，排队，守规矩。仿佛是曾经有个现在已无从考证的神秘委员会，在研究过儿童之后，发现一些绝大多数儿童最不想做的事，然后要求所有的学生都必须那么做。

最优秀的教师能够克服这些局限，或许要求某些学生辅导其他学生，上课时能够顾及各种不同程度的学生，或将学生分组以预防非学业方面的问题发生。但即使如此，这样的老师仍然会遇到一对一的师傅或家庭教师所不会遇到的问题。

作为一个与社会其他部分分隔开来的机构，学校必须面对与社会之间关系的问题。学校时时以不同的方式，努力建立或维持与家族、家庭和其他社会机构的联系。但学校往往发现，只有真正独立于其他社会机构后，才能运作得更有效。这种做法在现代社会里会产生问题，因为现代社会中的媒体、商界和街头文化，往往都能发挥强大的教育（或非教育）力量。因为这些力量太强大、无远弗届，可能冲垮学校的课程与宗旨，所以想无视这些力量的想法是可以理解的。

正如五岁幼童的心智会持续隐藏在学龄儿童的心中，社会的价值观和做法，也不会因为学生在教室听老师上课就消失无踪。一旦学生下课离开教室或脱离学生生涯后，电视传播的信息与做法、消费社会所重视的物品、商界和证券交易场所玩的游戏，就会开始显现出来。究竟应该如何平衡学校的任务与社会的实践，到目前为止，还很少有教育机构能真正解决这个问题。

学校也是社会的一种官僚机构（bureaucratic institution），而官僚因素会给学校带来一些额外的影响。只要学校还需要外界的支持，教师和行政人员终究还是要留意经费赞助者的要求。各个社会与不同的文化都有其特殊的目标和要求。现代西方工业化社会中，官僚体制影响的两个极端例子是法国和美国。以法国的情形来说，课程和教学进度受到严密的控制，全国各地（包括殖民地和以前的殖民地）的学生，都以相同的方式来学习相同的题材，并且接受相同的考试。构成这种教学进度和教学法的基础其实也就是最重要的一项主题：怎样的形象才算是有教养的法国人。由于大家对一年一度的学士考试非常感兴趣，因此报纸与电视新闻甚至会报道试题。美国的情形刚好相反，全国一万五千多个学区，对教材的内容和评估方式都拥有相当大的自主权。过去，如果讨论全国要有统一的课程或考试制度，简直像天方夜谭一般，即使时至今日，也只能以假设的语气来谈论这一类话题。

虽然（或者是因为）地方掌握教育的自主权，然而，美国的学校还是受到许多强大的压力，例如来自教师与行政人员工会、学校董事会、州议会以及有投票权的大众团体的压力（要特别提出的是那些最有权势的人通常对教育的日常运作所知甚少，或甚至一无所知）。这些压力加起来，使教师很难按照自己的方式来教学或有授予权力的感觉。或许正因为要因应外界希望由上往下大刀阔斧的改革，学校（就像其他官僚机构一样）发展出坚强的自我保护机制，把许多有意义的改革扼杀在摇篮中。

从教师对同事施压不准其花额外的时间来进行实验教学，到接受那些遭到教育人士一致反对、一味要求死背的教科书，到处可见反对改革的机制。矛盾的是，如果有真正的改革，就不必动用强制改变的手段了。

即使教育体制口头上支持像"理解"或"深度知识"等目标，但实际上却对追求这些目标充满敌意。有时候这些目标被他们视为是不切实际、无可救药的理想主义。在教育官僚的眼中，学校顶多就是为学会读、写、算等基本技能而能从事工作的公民而设的。即使重视像"理解"这一类的目标，仍然有很多力量要联合起来打击这些努力。特别是如果要求教育体制提供实验教学成功的坚实证据时，大家注意的焦点迟早会落在量化的指标上，例如客观测验的分数等，于是真正理解的评估必须延后实施，或只限于少数被视为例外的实验学校。

教育研究者麦克尼尔（Linda McNeil）的研究有助于说明这种教育体制所产生的冲突。以效率和绩效的目标来说，学校体制倾向于制定一大套的规章和程序，其中有许多规定很可能和课堂的日常运作及学生的学习根本没有多大的关系，但教师和行政人员都得一致遵守。虽然，仍然鼓励教师（至少口头上）在教学上要主动、果断、有创意。但事实上教师却觉得缚手缚脚，因为按规定做已经非常耗时耗力，以至于没有多余的时间和精力来创新。有少数教师甘冒受到谴责或更高的风险，不顾规定，致力于比较个别化的教学。但大多数教师会采取"防卫式的教学"，与上级和学生达成不很情愿的停战协议。遵守规定，不对任何人（包括自己）做过分的要求，最多要求学生死背定义和教材内容，不要求学生去面对有挑战性的问题，如此一来，教师赢得了教室的控制权，却失去了教育的启发作用。麦克尼尔说："一旦学校的组织以管理和控制为中心，教师和学生就更不把学校当成一回事。他们公式化地教与学，这种教与学倾向于最低的标准和最少的努力。"套一句我在下一章会进一步阐明的术语，各地的学校都死抱着"向标准答案妥协"不放，而不愿冒"追求理解"的风险。

几乎所有学校通常会遇到的问题和局限，在今日美国市区的学校都已经有越来越严重的趋势。在大型的官僚体制里，所有的问题都被放大，成千上万的教师、行政者与学生需要得到"服务"，而必须平等看待各种不同"顾客"的压力也非常强大。班级学生人数比较多，也比较不容易管理；学生大多学习动机低落，可能受到惊吓、烦躁不安、饥饿或甚至生病的影响；规定特别多，却又漫无章法。教师受到各种矛盾要求的打击，例如，学生应当合作学习，但必须根据个别学生的表现来评估；有问题的学生应当"回归主流"，但资赋优异的学生却又得分轨学习，好让他们挤入大学的窄门。教师应该表现得像专业人员的样子，但各种不同的团体又在监视着他们的一举一动。其结果自然造成美国许多公立学校实际上变成一个僵局。

即使是小班教学，学生的学习动机也很强，教师也必须是个真正博学的人，而且知道如何把希望和需要教授的知识传递给学生。有些社会里，教师必须经过精挑细选，受过有经验长辈的良好培训，有相当的自主权，社会鼓励教师留在教室专心教学而不是去担任行政职务。在这种情况下，教育或追求理解的教育才可能开花结果。但是在大部分的社会里，在学校教书，至少在中等或高等以下的学校里教书，被认为是社会地位不高的职业。不少负责教育儿童的教师无论才智还是教学技巧都很一般。在两代人以前，才华出众的妇女（也许是出于被迫）可能会选择当教师，现在她们大概都会投入收入丰厚、社会地位高的职业，学校不再那么容易网罗过去那样的珍贵人才了。

学校作为机构的最后一个特征是有责任帮助学生进步。为了确保教育成功，了解学生的学习状况非常重要。过去，由于教师会好几年带领同一班学生，加上课程的要求不太沉重，教师可以在日常教学活动中了解学生，进行评估。但今天世界各地的学校，大多倾向非个别化的评估。标准化测验和教学方式，以及像"出勤时间""作业时间"、升学率和退学率等可以量化的指标，往往因为比较经济和客观而被大量采用。但这种越来越受到欢迎的评估工具，却与许多教育人士希望学生能够掌握的理解有相当大的距离。

由于这种人类学习普遍而深入的局限，以及学校作为社会机构的局限，使我们很难能够创立有效的学校，把学校的成效展示出来就显得更加困难。我们冒险把大量的资源投资在运作不善、成效不佳的学校机构，而这些当然是学校的支持者（或指责者）所不愿意看到的。而且，我认为一直到目前为止，我们仍然不够了解，学校要达到其选定（或被指定）目标和任务该遇到怎样的困难和阻碍。从本书的论述可以看到，我们仍然尚未认识到，人类学习的基本倾向与现代学校的课程安排是那么的格格不入。

第八章

学校造成的困境：自然科学学科的误解

  大部分学生的问题是压抑了他们对数字领域方面的直觉知识（例如时间、钱或比萨饼的块数），反而试着要遵照呆板应用的运算法则去解答题目。只有当问题引发学生使用他所熟记的运算法则，学生才能得到正确的答案，一旦问题形式稍有变化，学生就很可能完全迷失方向。

对某些读者来说，认为学校会给学生带来困难简直匪夷所思。毕竟，这些读者自己在学业上一帆风顺，如果他们够幸运，他们的子女或他们认识的人，也都很少在学校受到挫折。他们当然也会看到有些学生考试成绩很差，或者有些学生因成绩不佳而退学，不过，他们一定会认为这些问题与整个学校制度（或这所学校）无关。如果我们能将时光倒流，不采用"不打不成器"的方法，那么不论是美国还是全世界，今天学校里的一切都会很美好。

我的看法则不同：我认为目前学校办学的一贯方式，与研究发现的人的学习与发展的大部分法则都充满矛盾冲突，而且这种情形在世界各地蔓延。一直到最近，基于种种原因，这些冲突和矛盾大部分尚不为人所知。学校只关心全体国民中的一小部分或特权分子，学校的教材缺乏挑战性，而且评定学生表现优秀的标准也非常单一狭隘。一百年前，不足10%的美国学生能升读中学。经过五年或八年学习之后，学生能有一点读、写、算的能力，当时世界各地大多数学校就感到满意了。既然学生用长达八年的时间来学习读、写、算的技能，那么即使对那些资质比较差的学生而言，要学会这些基本技能也不算是不合理的要求。当时只有极少数的学生，通常是天赋异禀或出身富裕家庭的孩子，才能继续升学，最后也许从事教学或其他专业。

一旦学校教育开始普及，学校教育的范围除了包括读、写、算能力，进而延伸到各种学科时，学校担负的责任也就越来越重。大量的学生需要接受大量的学科训练。20世纪初，美国要求普及教育。中学毕业的学生应该学会不低于十种学科，从拉丁文到现代语文，从数学到历史等等。由美国教育界领袖组成、非常权威的中等教育十人小组委员会（Committee of Ten on Secondary School Studies），为全国学校教育政策斩钉截铁地提出建议：

"不管学生学习是为何目的，或者要读到什么阶段为止，只要他们愿意学习，那么中学教育的每一门学科，都应该把相同的内容以相同的方式，传授给每位学生。"

虽然几乎没有人同意这种说法的正确性，但课程方面的冲突似乎是不可避免的。一方面，社会对学校的要求几乎是成指数般增长；另一方面，学生带到学校的学习方式、概念与能力，教师们好像视而不见，而教育政策制定者对此更是一无所知。唯有最乐观地假设学生的心智与学校课程已达融洽协调，才会相信学校能野心勃勃不断扩张，并继续取得成功。

回顾一下前面几章所说的论点，我希望能为学校那些令人焦虑的任务，提供一些不同角度的意见。在这些普遍性的问题与担心的基础上，我将在本章和下一章中，提出一些近年来从许多学科领域搜集到的证据，以说明要达到有效的教育会遭遇哪些困难。我对克服这些困难的主张，则见于第十一、十二章。

然而，我首先必须强调一点，除非先了解自己对学校教育的理想，否则就无法评估教育的成效。接下来，我要着重强调有效教育的一个标准——使学生产生深度理解的教育。虽然笔试的简答题或课堂中的口语问答，也多少能看出学生是否达到一定的理解，不过若要得到学生真正理解教材的明确证据，就有必要进行深入的探究。向学生提出全新的、不为他们熟悉的问题，然后进行开放性的面谈或细心的观察，是证实学生理解程度的最佳方式。

理解的多样性

根据我在第一篇所提出的分析，每一位年幼的儿童，只要在正常环境中成长，都能以下面的两种方式来表示学到的知识：

1. 从婴儿期开始的感觉动作式的认知方式，主要借由感觉器官和肢体动作来了解世界。皮亚杰所描述的婴儿，对事物和他人已有初步的理解，正是概括了这个年龄段儿童的认知特征。

2. 从幼童期开始的符号化认知方式，主要是使用各式各样的符号系统来了解世界，这些符号系统都是数百万年来，儿童所处的文化中演化出来的。我们对符号使用者的描述，即是这些年纪稍长的学前儿童的心智写照。

通过这两种认知方式的结合，以及使用这两种方式求知时的各种限制和倾向，五或六岁大的小孩已演化出一套关于心智、物质、生命与自我，强大而有效的理论。除此之外，他们还掌握了一系列的外在表现，获得了一整套的"剧本"，这些都是构成其认知库中重要的部分。最后，在正式入学之时，儿童也已经发展出特定的智能强项和风格，成为他们与家庭以外世界互动的方式。这些求知的方式彼此可能不一致，但其潜伏的冲突绝少在学校之外构成问题。整体来说，儿童会将这些能力与理解运用于曾经观察过的情境和他们认为合适的工作状态中。

如果儿童继续留在非学校教育的环境中，他们的技能与学习速度仍然会继续缓缓成长。他们的一些能力通过观察更有能力的人而加强；而另外一些能力，则是通过学徒制或其他非正式的教育而增强。

在前面，我以专家处理专门领域里的材料、问题与挑战的方式，将"理解"概念化为一套有系统的理论架构。现在我必须强调，在刚才述及的校外环境中，很少有"理解"的问题。只要学习的表现是从常用的情境中获得，理解是自然而然产生的。行动的原因和所提出的解释，都很明显不存在争议，学习者当然能学会这些行为。这些习得技能的方式，融合了感觉动作与符号知识，有能力的人知道如何自由自在地游走于这些求知方式之间，以及如何将这些方法结合起来完成手上的任务。当他们谈到缝纫、溜冰或唱歌时，反映的就是他们自己如何缝纫、溜冰或唱歌，甚至伴随着有助于他们掌握该技能的手势或描述。

当然，感觉动作的知识，与第一层次符号的知识，也会有脱节的时候。以皮亚杰所提出的有关守恒的经典例子为证。学龄前儿童认为水位较高的烧杯，一定比水位较低的烧杯装有较多的水量，即使后者的杯身明显比前者宽。过去数十年来有关液体守恒的大量研究报告指出，当这些不具有守恒概念的儿童自己倒水，或是没有看到不同水位高度的烧杯，而只知道水是从一个烧杯倒入另一个烧杯时，则比较不至于做出错误的判断。有些情况是儿童搞不清楚词语的意义，尤其是被"较多"与"较少"这一类词弄糊涂了（比什么多或少）。如果能让他们从两杯果汁或两堆巧克力中，选择一份，他们可能更早就是真正的守恒概念者。

我这里要表达的重点并不是感觉动作与符号表现不会存在冲突，而是要提醒大家注意，即使是缺乏正式学校训练的幼童，也能够很快将这些冲突的概念调和在一起。这可能是神经机制在促进涉及感觉判断与肢体动作的固有认知方式之间的调和，并且促进熟悉且根深蒂固的第一层次符号系统的运用。也许是父母或社会中的某些人，帮助儿童去调和分别源自感觉动作和符号系统表现，而且表面上看起来互相矛盾的两个概念。如果儿童已经有调和能力，那么听到兄姊们说这样的话对他将会有所帮助："虽然看起来那边的水比较多，实际上如果你把水倒入那个空杯，你会看到水位是一样的。"

我并非暗示所有高度情境化的学习都不存在问题。当然，同样在学徒制度中，有些学生比另一些人的学习效果要好，这也许是因为他们的各种智能配合得宜，或者是因为他们的学习风格碰巧与师傅的教学方式比较一致。我也不认为深入的理解会自动产生。有些师傅乐于接受灵活的表现，而有些学生只喜欢模仿眼前看得见的事物。但是，在学徒制的情境下，学生比较不可能对目标行为的本质产生严重误解。一般而言，这种模式会以多种不同的方式呈现，经过一段长时间后，学生最后学会想要学的技能，并能够一定程度上灵活应用。学习者或许还不能反思或说明已熟练的活动，而这一点并不重要。

学校教育传授认识世界的其他多种形式。最初创立学校的动机是认为儿童有必要精通各种符号系统。虽然要求学生掌握读、写、算的基本技能的出发点很好，但幼童往往不了解这些基本原理，事实证明初学者对那些必须采用的学习方式并不熟悉。虽然如此，如果定时上课，而且又持续一段足够长的时间，那么大多数的儿童都能学会有用的读、写、算能力，因而证明投资在教育上的时间和金钱是值得的。

至于如何以及在哪里运用这些技能，就不是那么重要了。如果因为仪式或宗教的原因，学会一种神圣的语言可能是必需的。但除此之外，阅读以外文或不再使用的语言所写的宗教文章的能力只有很低的实用价值。除非他所要从事的行业（例如中古时代的医师）知识只存在于该种语言中；又除非教师、父母或其他可敬的长辈，在日常生活中使用这些技能，否则学习这些技能的意义还是不清楚。在美国大革命前,许多成年的殖民者学习阅读,是为了可以随时了解他们的社区中政治革命的可能性。拉丁美洲的教育学家费莱雷(Paolo Freire)认为,类似的政治动机,使未受过教育的广大民众在学习西班牙文或葡萄牙文时显得比较容易。

除了简单的读、写、算之外,学校进一步的职责是,将概念、概念网络、概念架构与学科推理的方式传授给学生。这些主题通常与学生感兴趣的内容,以及已发展出的直觉概念、方案和类似的解释结构有一定的关联。毕竟,科学研究的对象就是自然界,而历史则与个人所属的团体或其他友好或敌对团体的故事有关。

学校将这些材料整理成一系列需要背诵的目录或定义,如果学生懂得将其运用于手头工作上,他们往往可以掌握这些材料。然而,学校的课程应该超越事实的重复,而且教导学生不同学科使用不同的思维方式。这样的教导可以让学生以建立新概念化过程的方式来思考,其中新概念的对象可能是熟悉或不熟悉的实体,例如物质世界中物体运动的定律,或是历史学家把事件概念化的方式。

各学科的内容,往往与学生带到课堂中的原有概念有很大区别。学生靠读教科书或听老师讲课,来了解物理定律或战争的原因。因此,教育工作者面临三方面的挑战:(1)将通常会让人觉得困难或违反直觉的想法介绍给学生;(2)如果新知识与旧想法保持一致,就必须确保两者能融合在一起;(3)确定新的学科内容,取代和新知识相抵触或妨碍新知识形成的旧概念或刻板印象。

最后,我们可以直接面对学校造成学习困难的原因。第一,学校提供的许多教材,对学生而言,就算不是毫无意义,也是相当遥远的,而支持过去几代学生的情境已经减弱了。第二,尤其是对于智能的强项在其他领域或需要其他学习方式的学生而言,有些符号系统、概念、架构和知识形式,很不容易学会。因此,如果强项在空间、音乐或人际领域的学生,比起具有语言和逻辑天分、喜欢课文的学生,当然会觉得功课负担更沉重。此外,更严重的是,学校的求知方式,与儿童入学前已高度发展的、力量强大的感觉动作和符号的求知方式相抵触。

只有当学生能将入学前的求知形式与学科专业的求知方式整合起来，培养真正理解的教育才会出现。如果无法整合，也应该让学生抛弃学前的求知方式，而代之以学业形式的求知方法。最后，学生必须认识到，有时候，学前的求知方式比起学校所学到的刻板的求知方式，更能产生不同或甚至更深刻的理解力。

到目前为止，我所谈到的学校难题，都是以学生体验到的问题为主，当学校要求学生以新方式思考新类型的概念与方式时，问题就出现了。即使在最愉快的学校环境中，也仍然会出现问题。就如我在上一章所说的，人类学习的局限会因为学校运作的局限而扩大。虽然教师希望直接教导学习动机强烈的小班学生，但学校大都采用大班制，有烦人的规章制度，对成绩报告要求不一，而学生又有许多个人问题。难怪理解能力的培养在这种学校不做主要的考虑，而本质上官僚化的机构，很难能应付需要量化的目标。

事实上，大部分学术世界演化出的，似乎是一种令人不安的妥协。老师要学生回答预先设定的问题，掌握一系列的名词术语，背诵定义而且有问必答。他们并不要求学生将原先一知半解的"理解"，与学校所传授的符号及概念调和在一起，而只是强调后者的求知方式，希望学生日后自己调和。教师也不提出可以启发学生使用新方法的挑战性问题，因为那样可能会让师生一同陷入困境。

如我前面所说，师生都不愿"为求理解而冒险"，只是满足于"向标准答案妥协"。在这种妥协下，学生若能提供符合标准的正确答案，师生便都会认为教育是成功的。长远来看，这种妥协的结果当然不美好，因为如果我们只重视仪式化、死记硬背与机械的表现，真正的理解力就无法产生。

无疑，教育工作者有很多理由做这样的妥协，绝不仅仅是因为学生直觉式的理解与学科专家式的理解距离太远。学业式（向标准答案妥协）的回答似乎处于这两种不同形式的理解之间。学业形式与非学业形式之间的巨大鸿沟也只是在近年才逐渐被发现和重视。这个领域成为不少学者关注的焦点，这些学者自称"关心教育的认知科学家"或"关心认知科学的教育工作者"。在许多相关研究里，我们可以看到这些研究者的名字，但是，科尔、雷夫（Jean

Lave)、瑞斯尼克（Lauren Resnick）和史克里伯纳等人的研究有特殊的贡献，他们的作品深深影响我的思想，并且为以下的讨论提供了许多数据帮助。

我提过，每一门学科甚至每一子学科，都有其需要克服的特殊的困难和局限。靠直觉理解的历史与学校历史课所要教导的内容，其脱节情形与物理、数学或艺术等学科不同。各学科之间的差异不应该被低估，不过如果我们将这些脱节情形分成三大类，将有助于以下的讨论。在科学和与科学相关的领域里，我以"错误概念"（misconception）来定义学生带进课堂的认识。在数学方面，我则用"呆板运用的运算法则"（rigidly applied algorithms）来定义。在非科学研究方面，尤其是人文与艺术科目，我以"刻板印象"（stereotypes）和"简化想法"（simplifications）来表示。

我将在本章与下一章里详细列举这些难题，但我相信各种难题都有解决之道。因此，我将在第十一和第十二章论述错误概念可以用"克里斯托弗式接触"（Christopherian encounters）来解决。要克服呆板运用的算法，学生必须探讨相关的语义领域；而对于刻板想法与简化想法，则需要学生学会用不同的观点看问题。

在探讨特定学科领域研究前，有两点是要注意的。首先我要强调，错误概念与刻板印象之间并无鲜明的界限，学生在数学与某些社会科学所遇到的各种困难，似乎都介于典型的物理错误概念与典型的历史和艺术的刻板印象的中间地带。基于实用的目的，我才将这些困难的证据分成两块。科学与数理的错误概念在本章后半部讨论，而其他课程领域所遇到的刻板印象则是第九章讨论的范围。

我必须承认，使用"错误概念"与"刻板印象"这两个名称有点冒险。这样的术语或许会暗示，年幼学童的观点完全不正确，而年长学生或学科专家的观点必然比较优胜。但事实上，事实比原先想象的要复杂多了。幼童所持的观点背后有着正面的理念，这些立场往往蕴含着重要的见解，年长的学生往往已经失去这些见解。对初入学的学生来说，这些见解似乎也是十分模糊和遥远的。同样，从错误概念迈向正确概念并没有一条平坦的路可走，而从呆板运用的算法，到优游于形式主义及其所指的事物之间，从刻板印象到圆融多方位的思考问题之间，也不见得一帆风顺。所有的理解都是局部的，而且是能够改变的。对过程的理解远比达成正确的结论要重要，并且应该在理解过程中，将错误概念重整或消除刻板印象。由于它们的生动性和启发性含义，我在这里仍然使用"错误概念"和"刻板印象"，虽然用"初期的理解"与"更精细的理解形式"似乎更为精确。

物理学的错误概念

在学生的错误概念中，最戏剧性的例子可见于物理。欲进入培养高科技精英学校就读的美国学生，在入学前都已经选修过多年的自然科学，其中有许多人更是修过一年以上的物理。因此在学习大学程度物理时，他们至少应该熟悉牛顿力学原理的概念和架构。事实上，这些学生在标准化物理测验得到很高的分数，在学期或学年结束时的物理成绩可能足以取得骄人的荣誉。

再让我们看看，如果在课堂之外测试这班学生的物理知识，会得到什么样的结果呢？当他们将历经多年苦读，看起来似乎已经获得的知识，用来解释实验室外的实例或新现象时，又将会如何呢？

研究者迪塞沙设计了一个名叫"目标"（Target）的电脑游戏，游戏中有一个名叫"动态乌龟"（dynaturtle）的仿真物体，这只乌龟在"向前""向右""向左"和"踢"的指令下，游走于电脑屏幕中。其中"踢"这个指令，是让动态乌龟受朝它面对的方向推动。典型的指令是告诉动态乌龟"向右30度"或"向前100步"等。

这个游戏的目的是给动态乌龟指令，以便它以最快的速度击中目标。研究人员先向参加游戏者简短说明，参加者可以先动手练习用小球棍在桌上打击网球。

这个游戏听起来十分简单，天真的小学生与大学物理系的学生，都很热情并充满信心地想玩这个游戏。但这两种程度的学生几乎每个人都惨淡收场。简单地说，要想在这个游戏中得胜，必须要理解和运用牛顿运动定律。游戏者要考虑动态乌龟正在移动的方向与速度。无论所受的正式训练如何，这些游戏者看来都像是彻头彻尾的亚里士多德主义者，他们相信只要将动态乌龟面向目标，就必胜无疑；而当"踢"的指令无法如预期般击中目标时，他们会大惑不解。

现在看看麻省理工学院（MIT）的学生珍是怎么表现的，她是迪塞沙一直密切观察的对象。珍已经掌握了大一物理所教的各种知识，她能在教室里炫耀对"F=ma"这个公式的理解，能一字不漏地背出牛顿运动定律，还能用矢量加法的原理去解答一组题目。可是，当她开始玩这项游戏时，所用的原则和天真的小学生没什么两样，一厢情愿地认为乌龟会朝被"踢"的方向移动，整整半小时都陷在不对的策略上。当她经人提醒后，知道自己所用的策略不当，她才恍然大悟地发现物体不会因为受到某一方向的打击力量，即丧失受打击之前的运动。这种领悟最后让她开始考虑动态乌龟的速率（即在某一方向的速度）。

迪塞沙对珍的行为做如下解释：

> 我们讨论过珍的一连串策略，与11、12岁儿童所展现的办法有着惊人的相似。但同样值得我们注意的是，至少有好一段时间，珍没有想到将课堂上学的物理知识和游戏联系起来。这并不是因为她不能做课堂中的分析，事实上她的矢量加法本身做得无懈可击。重要的是她没法将天真的物理概念与课堂中的物理学联系起来。在这个例子中，她运用的是天真的物理概念……我们可以认为课堂上的物理学是将一系列概念清晰关系明确的分散个体放在一个有意识的符号模式中运作，而天真的物理概念则是以不太整合的方式运作——比较像皮亚杰的行动模式。

当然，我们不能仅就一个学生在玩电脑游戏时无法运用正式训练获得的知识为例就妄下结论。但珍的表现恰巧是物理学或工程学的学生遇到课堂外的问题时会发生的典型行为。课堂外指的是教科书和考试以为的情境。以下是与错误概念这个主题相关的一些实例：

古典物理认为，物体不受外力作用时会沿直线前进。但是当我们给学生看某种形状的图形或装置，比如弯曲的管道，要求学生预测物体在装置中射出后会沿什么轨迹运动时，过半学过物理的学生都认为，物体射出后仍会沿曲线前进。

有趣的是，学生并没有忽视运动定律，但是他们的说明与正规的运动定律不同。他们认为，一个在弯曲管道内运动的物体，会获得某种"力量"或"动力"，使物体在离开管道后，还会沿曲线运动。过了一会儿，这个力量会消失，最后运动轨迹会变成直线。

另一个例子是要学生指出，一个向空中笔直抛出的硬币，当其到达向上轨道中途时所受的力。在第一章已简略提过，研究指出，90%尚未学过力学的工程系学生，和70%学过力学的学生的答案都出现同样的错误。一般来说，他们会指出有两种力量，一为代表地心引力的向下力，另一个则是表示"原来用手往上抛"的向上力。而事实上，一旦硬币被抛了出去，只有地心引力存在（除了微不足道的空气阻力之外）。研究人员克莱门特（John Clement）解释道，不管他们是否上过力学课，大部分学生还是无法理解，即使物体受到的唯一作用力是朝运动相反的方向，物体还是能沿着原来的运动方向继续前进。

认知研究人员要求学过特殊相对论的高年级学生，在解答问题时把思考过程大声说出来。其中一个问题和光钟的运作有关，另一个问题则是关于不同地方的钟的同步问题。学生要能正确背出相对论的主要论点，然后根据这些论点，必须以特定的架构来考虑时间与物理的特质。但学生的回答却显示出他们仍然坚持绝对时空的概念，甚至连该课程的一名助教也表现出坚信不疑的牛顿式力学世界观。牛顿式世界观认为，物体有固定的性质，例如长度和质量等，对于所观察到的现象，必须完全根据物体本身以及它们之间的互动情形来解释。只有当学生和这位助教面对牛顿与爱因斯坦不一致的宇宙模式观点时，他们才开始以适当的方式来思考问题。

中小学生都接受过讲授四季变化的课程，了解到季节的不同并不是因为地球和太阳的距离不同的原因，而是阳光通过大气的角度变化所致。如果将这个问题直接问学生时，他们会鹦鹉学舌般地重述一遍。事实上，他们并不相信科学的证据，因为只要将问题的形式稍做改变，他们就会以与太阳的远近距离来解释四季的变化。甚至连地球是平的想法也牢不可破。即使学生接受地球是圆的，也会想出一个倒退一步的妥协解释：地球就像一个切开的柚子，下半部是球形的，上面还是平的。

我们还可以举出很多这样令人吃惊的错误概念与失败的表现，不过总的观点应该已经很明白了。几乎所有未受过正式训练的学生，以及相当大部分受过训练的学生，所提出的解释皆与简单且早已证实的运动定律或力学定律不同。这并不表示他们不理会所要探究的原理，许多学生都知道，也能清楚叙述他们应该引用的定律。他们也不是犯了不明事实的错误，因为问的不是太阳是否为星体，或海豚是否为鱼类这样的问题。但可以肯定的是，有些学生确实能正确回答。有很多时候，拿来与大学生做对比的是十岁或十二岁的儿童，而不是我们提的五岁幼童。但受过良好科学训练的学生，竟一再坚持错误概念，实在有点令人不安。

当我们回顾儿童在生命最初几年发展出的有力的物质理论后，就会明白为什么会这样。科学教育研究人员把束缚这些理论的核心观念称为"原始观念"（primitives）。幼童根据其感觉动作与符号和世界产生互动，而发展出以下的原始观念：对物体施力，这些力会传递到这个物体，使这个物体继续前进一段时间，一直到这个力消失为止；观察物体的运动轨道，就可以知道每一次加于该物体的力有多大；如果要一个物体朝某个方向移动，只要朝那个方向对该物体施力，物体即会朝预期的路径前进；凡物体都会下落，越重的下落得越快；只有物体在移动时，摩擦才会发生；对温暖的感觉取决于和热源的远近距离；等等。

重要的并不在于这些观念是否一无是处或一无用处。事实上，这些观念之所以会发展且持续下去，正是因为它们在幼童的世界中确实发挥了作用，甚至在成人世界中也有几分用处。而令人诧异的是，只要在科学教室或测验等有限环境之外，受过正式训练的学生面对问题、疑难或现象时，仍然会回过头来运用这些原始观念。

现在让我们用以下的方式来分析看看这些异常的结果产生的原因。一方面，物理课的学习方式是，学生要汇报的只是指定的工作完成的情况，尤其是家庭作业和课堂考试。特别是当学生事先知道要用什么方式来汇报学习成果时，就只要将重要的例证、定义和方程式背熟就可以过关。只要问题是出在预期的框架里，学生就能表现出理解的样子，而科学教学所要求的目标也好像已经达到；这种向标准答案妥协的情况到处可见。

只要学生事先不知道应该应用哪一部分物理知识作答时，第二种更有力的机制就出现了。这些就是长久以来根深蒂固的物质理论，幼年形成的基于现象的原始观念。这些原始理论从未被公开考验过，也从未直接与通常能推翻或限制这些原始观念的物理定律对质过。一旦新问题出现时，这些原始观念就自然出现。这就是为什么看起来能力十足的十八岁青年的表现与七岁儿童几乎没有什么不同的原因。

如果说正确的解释或概念必定比错误概念更精细或更复杂，未免有误导之嫌。虽然就相对论这个例子来看，这种说法是对的（事实上，在某些情况下，正确的解释反而可能是比较简单的，因为它们是用来说明理想化的世界，例如完全没有摩擦力的世界）。以下的说明可能比较接近事实。

身处这个特定物质与社会空间的人类，人人都发展出一套完整的概念、方式与架构，用以游戏、解释现象或只是为了活在这个世界上之用。在某些特定的情境下，其中有些方式最容易被引发出来，虽然由于特殊的环境、线索或特别的努力后，其他的方式也可能被激发出来。

举个例子来看，学生为了理解电这个现象，会引用诸如"流水"或"人群"等心智模式。他们究竟想到的是流水模式还是人群模式，则要视教科书的用语、个人的偏好，以及个人对电线、暴风雨、电池和其他电器与现象的经验而定。原则上，这种搜寻是最适当、最具启发性的模式的过程，就像物理学家千百年来努力断定光到底是由粒子、波或类似此二者之变异混合体构成的过程一样。有效的科学教育的目的在于帮助学生理解，在理解某一个或某组现象时，为何某些比喻、心智模式或方式是最适合的。只有当学生熟悉新模式、能够理解其背后的原因以及感受到它为何比原有的、如今仍具吸引力的模式更适合时，并且在面对新的问题、困惑或现象时，能引用这些新模式，这种理解——强化的理解——才算合格。这真不是个简单的工作，即使对物理学家而言也不例外！在第十一章我将指出，迈向这种强化的理解的可行之道，就是开创"克里斯托弗式的接触"——也就是给学生所偏好模式的适用性严厉的挑战，使他们清楚认识过去的模式和错误概念。

生物学方面的错误概念

物理当然是最艰深的科学（或许对物理学家是例外），或许有人会说，在诸如生物学等其他学科中所遇到的错误概念，是不能与物理学相提并论的。当然，某些幼年时期持有的错误概念到了儿童中期，即使没有得到显著的指导也会烟消云散。正如凯瑞所说，十岁的儿童已放弃"只有会移动的物体才是活的""人类是所有动物的原型"以及"所有生物功能都能自主控制"等错误概念。这一堆"民间"生物概念也渐渐会被他们用一种较有效的业余生物理论来取代。根据这套业余理论，生物有机体的特征在于其具有某种肢体结构，以及具备吃、呼吸、成长和死亡等功能；动植物都是活的，但不包括那些没有生命的物体；人类在动物王国中并不是特殊分子；判定是否属于某物种是根据其内在的组成，而非外表特征。

一旦我们更彻底地探讨生物学的学科内容时，遇到许多近似于在物理学中遇到的原始观念与错误概念。对进化论的理解，似乎埋藏着与牛顿运动定律一样多的地雷。即使受过两年生物学训练的学生，仍持续表现出小学生般的误解。学生虽放弃了《圣经》的创世纪论，却仍深信拉马克学说（Lamarckian），认为某一代所获得的特征（例如长颈鹿将脖子长得长是为了吃到远处的食物），可传至下一代。他们无法看出，在某一历史时期观察到的改变与在后代明显出现的变化之间的差别。他们一味地将改变的原因归于环境的变异，而忽略了突变与物竞天择的随机过程。学生有用目的论解释的倾向。他们认为进化是循某种预设的路径，朝某种外在的目标迈进。学生很难理解本质上进化无法按预设方向进行。他们还认为后来进化出的物种一定是比较优秀、比较接近完美的。

在生物学的领域中处处可见错误概念与天真的想法。植物制造食物的过程受到广泛的误解。学生的报告中混杂着各种印象：认为植物生长时土壤的重量会随之减少；土壤是植物的食物；根部吸收土壤；叶绿素是植物的血液；植物在秋冬得不到叶绿素，因此叶子无法取得食物。目的论与意图论也很普遍：为了躲避掠夺者，变色龙想变色就变色。遗传定律也被诠释错误，例如，他们并不完全了解异质接合（heterozygosity）与同质接合（homozygosity）的概念，认为只要看到一种特质以三比一的比例分布，即是异质接合。他们认为这些比例是精确值，而非根据大量观察结果所产生的平均值。他们对减数分裂（meiosis）与间接核分裂（mitosis）的过程也不求甚解，即使一些有"专家水平"的生物系学生，也误将染色体结构归因于染色体的数目（生物术语称为倍数性，ploidy）。

虽然人们对这些生物学错误概念的起源，还没有像对物理学的错误概念一样做仔细的研究，同样的原则看来也应该可行。虽然早年倾向于认为"凡是会动的东西都是活的"的看法已遭丢弃，但学生仍然倾向于相信，生物过程反映出有生命实质的意图（寄生虫想摧毁寄主），或相信深具目的性的进化原理（人类日趋完美是进化的目的）。看不到的过程就当是不存在，而认为那些看得见的过程一定对环境有直接的、不可调和的影响。最后，学生不求甚解，反而以某些关键性的标记（如数字比例等），来指示一种原理（如异质接合）。

数学问题：呆板运用运算法则

或许有人会说，就是因为科学家所描述的深奥世界与实际经验的世界间的分离，才导致学生在物理与生物等科学上有这种令人沮丧的不良表现。或许是因为教科书很少循序渐进，而是从一章到另一章不停地变换主题，才会有这样的结果。假如我们把注意力转向学生研读十余年的数学，教科书呈现的顺序也想必更合乎逻辑，而学生只不过弄清记号模式，那么我们也许会看到比较满意的结果。

可惜事与愿违。学生在数学问题上的表现也存在同样惊人的缺失。只要题目稍做修改，实例或说明方式出乎意料，他们往往又败下阵来。

美国麻省大学阿默斯特（Amherst）分校的洛克希德（Jack Lochhead）与克里蒙（John Clement）等人做了一系列很有价值的研究，为数学理解中不堪一击的现象建立了实证的数据。如果问一个这样的题目：某大学每6名学生就聘一名教授，现在假设教授有10名，则几乎人人都可立即算出学生的人数。若题目改为：现有学生60位，要求算出教授人数时，表现也还不算差。但若以S代表学生，P代表教授，写出等式表示相关的比例时，绝大多数的大学生会写错（读者在读下一段之前，也许可以先自己试试看）。

看起来简单的作业题会出现什么结果呢？大部分大学生写的公式是6S=P，他们觉得应该没错。但这公式将会算出令人瞠目结舌的结果，如果学生60名，教授就有360名了（$6 \times 60 = 360$）！

或许有人认为这个问题有陷阱，在叙述时，"6"这个字与"学生"靠在一起，使解题者容易掉入"6S"的陷阱。但根本问题是大学生不了解基本的代数原则，根据这个原则，S代表"学生的人数"，P代表"教授的人数"，方程式必须在这个条件的基础上运算。他们反而认为等式中的字母代表具体的实体，例如真实的教授或学生。更令人不安的是麻省大学的研究小组发现，这一想法的力量极为顽固，难以根除。这情形也反映了我在本书中的分析，学生能熟背"X代表某实体的个数……"这个句子，然而一旦离开课堂之后，他们又会采用原先的错误方法。

对代数符号的不充分理解，带来一个令人不愉快的现象：学生只要在以某种方式叙述时，使用符号就会出错。我们当然可以采用让学生顺利解决问题的方式来表述问题，使那些即使不理解符号运算的学生，也会有较佳的表现。例如，我们可以说"学生人数为教授人数的六倍"，促使学生写出S=6P，得到正确的等式，$60 = 6 \times 10$。但是这种拐杖式的辅助正是追求理解的教育所应该反对的。

从某些方面看，我们可以合理地认为这些学代数的学生有着某些错误概念。例如他们认为S代表学生而非"学生人数"。但这些学代数的学生所显现的是数学学习中一个更基本的问题,即呆板运用运算法则。数学课中常用的教与学的方式,使学生只要看到以某种方式陈述的问题就知道如何正确作答,他们只将数字套入公式之中,不必考虑数字或符号的意义,这种方法使学生特别留意语法:只要听到每6个学生就有一位教授时,直接的反应就是写下 6S=P,自动产生一种代数算法。真正的理解应远超出这种语法方式,倘若学生探讨过相关的语意领域(以此例来看,即师生的关系,或其族群与另一族群的关系),而理解到代数以什么方式表示情况的意义时,学生极有可能对各类型问题都能迎刃而解。

对数学的误解见于各年龄层的人与各种不同的数学领域。要测出学生缺乏数学理解力的最好方法,可以给学生一连串数字,看他们如何立即不假思索地开始运算。我们已目睹学前儿童与低年级的小学生,有忍不住的冲动,想将凡是听到或看到的数字相加起来。出于类似的原因,大部分的学生首次做分数加法时,也会发生困难,因为他们会将两分子相加,两分母也相加(因此 1/2 加 1/2 等于 2/4)。我们敢说在大学性向测验或成就测验中,许多题目的错误答案是题目中两数的和或积在作怪。出题者知道,有困惑的学生会直接相加或相乘,僵化地运用最相关的算法,以求做得好。

符号造成许多困惑。小数与整数符号的相似性,使人看不到两者间的重大意义区别。例如,在整数中,单位或个位是由最右一位数字占据,而十进位分数的个位数是以小数点标示(即小数点左边的数字即是个位)。整数一开始,满 10 进一位;相对地说,在小数中,数字是满 10 向左进一位,而除以 10 则向右移一位(这确实难以用文字说清,还可能使学生越来越糊涂)。学生必须了解小数采用和整数相同的数字符号与规则,来表示类似分数的数量。要了解 0.6 比 0.59999 大但比 0.60001 小并不容易。

文字的精确意义也会让人们在学习数学时常常遇到障碍。在日常对话中,人们有很大的自由决定如何使用语汇,添加幽默感和情趣,但这样的表达并不精确,在数学领域中很可能成为致命伤。研究人员尼雪儿(Pearla Nesher)指出:简单的"是"(is)字至少可能代表四种不同的符号意义:表示相等、某类成员、存在性与必然性。若不能领会其中的微妙差异,就会把问题完全看错。

有人指出，特定文化族群所拥有的语言常规，有时候也可能造成某些学科（像现在教授的科目）的特别困难。教育学者奥尔（Eleanor Wilson Orr）指出市区黑人小孩学习上产生极大困难，原因是他们使用的语言通常与数学教科书中设定的精确用法很不相同。例如：这些学生常常说"像两倍一样少"，这句话可不能跟"像一半那样多"等同起来。有些学生无法区分位置（通常以点表示）与距离（通常以线段表示）之间的差异，因而常会说"欧罗拉城等于克里夫兰到华盛顿的距离"。有些学生把"任何"与"有些"的意思混起来，把"在某处"与"去某处"，或"为某某"与"属于某某"混起来。虽然这些差别在日常的丰富背景的讨论中没什么大不了，但却会与教科书那种只设定单一符号且不允许其他符号的用法互相抵触。

若说数学教科书不容出错，程序化的电脑则更没弹性。在电脑语言中，每个字或每个列式，都只有一种且唯一的意义。有时创制语言的人为了使这类语言"用户容易掌握"，而采用自然语言中的词汇。虽然这样有助于新手了解这个词汇所设定的一般意义，最后却常导致混乱而帮了倒忙，因为学生们往往会掉到词汇的通俗定义里，而不是理解它的技术性定义。在各个人种与族裔里，确实都普遍存在这个问题。我的同事珀金斯（David Perkins）与西姆森（Rebecca Simmons）在报告中指出，学生会有这样的假设：只要在用 Pascal 语言编写的程序中设定一个名叫"最大"的变量，电脑就会"知道"它应当会在读到的一连串变量数字时将最大的数字储存进去，因为电脑"知道""最大"这个字的意义。

在工作的时候，我们常会感觉到某一方面直觉的或常识性知识，与另一方面逐渐出现的复杂符号之间的断裂。最近我观察一个八岁大的小孩学习用尺测量。他要量的是一个切成"Y"字形的纸板，表面上看他已经掌握了必要的程序，他可以把"Y"的一个边和尺子的一端挨着，再读出尺子另一端的数字，"四英寸""五英寸"甚至"五、六英寸之间"。然而，他随后决定去量边的短横杠（尖端）。在这种情况下，他把这一段放在尺的中间，便宣告它长"七英寸"，显然他并未领会到，所有的测量都必须从起点开始（或对应的位置）而量出的结果是离开原点的距离。相反，他只是单纯地应用读出数字这一规则，将与他注意焦点相合的数字读出。

当然这个八岁小孩以感觉动作的方式，知道尖端的小横杠比边要短，当我直接问他"哪一段较长"时，他马上就说出边比较长。他错误的原因，用我们的词汇说来，是他未能领会感官动作方面的信息（哪一段较长）与测量系统操作之间的关系。他的行为就像那个被问水温的小孩：两杯水的温度都是10℃，将两杯水倒在一起后水的温度是几度？那个孩子愉快地把两数相加，便宣布说混合物的温度是20℃。这孩子未能将运算法则与直觉的知识统合起来，而让运算法则来指挥答案。

就像在直觉知识与符号性知识之间有断裂一样，甚至在符号性知识内部相关的形式之间，也有奇怪的分离。科布（Paul Cobb）讲过一个小女孩的故事，这小女孩用数数的方式从 16 开始每次加 1，而得出 16 加 9 的正确答案。同一问题让她用笔算时，她不会进位，得到的答案是 15，她认为两个答案都对，作业纸上的问题答案应该是 15。若问题是 16 个饼干再多加 9 个饼干，答案就是 25 个饼干。科布的解释是："对小女孩来说，学校教的算术似乎是处于孤立、自备的背景，除了用记忆把预设的方法想出来之外，不可能用任何其他方法来解答。"

还有一个类似的例子，劳勒（Robert Lawler）描述他六岁大的女儿，能心算也能算钱，却不能把这两个领域联系起来。她能用她所具备的 1/4 块钱（25 分钱的硬币）的知识，把 75 分和 26 分加起来，用硬币的方式得出正确的总和。给她数字，她也能用以 10 为单位的方式相加，再点算余数。但却要在好几个月之后，某一瞬间的顿悟，她才初次领会到硬币小世界与数字大世界之间的关系。

我并非有意说明这些错误与断裂是件骇人听闻的事。事实上，这些都是很自然的人类现象，一种有教育意义的现象。我建议父母与教师应该留意这些困难，并且鼓励学童批判性地检视这些困难。重要的是，这些错误或错误概念是理解不全的警示。教师不应当只教导学生正确的程序（如"不，你得找到公分母，再将两个分数通分"）。若只这样做，一旦孩子不知道该在什么情况下必须唤回记忆中的程序，就很可能回到他的老习惯。说得更恰当一点，教师必须在三方面和学生一起下功夫：(1)理解问题中涉及什么（为什么我们不能单纯把分子加分子，分母加分母）；(2)对特定的语意领域的探索（究竟是整个比萨饼中几片，还是一堆木块中的部分）；(3)怎样才能最适当地把运算法则与指定语意世界中的特殊事件联系起来。如果能按照这样的程序，孩子就很有可能获得真正的理解，而类似的错误在未来将尽少出现。事实上，按照这个分析，如果一个有理解力的学生被弃在一个荒岛上，她甚至能发明她早就忘记的，例如像分数加法一样的计算程序。

在整个数学领域中，最大的困难可能就是当学生面对问题时误解了问题的真正含义。数学教师说，学生几乎总是在寻找解题必须采取的步骤，例如，"如何在方程式中代进数字？""如何照计算方法做下去？"等等。问题中的文字顺序越接近方程式中符号的顺序，问题越易解答，学生也越喜欢它。很少学生把数学看成是理解世界、说明现象的一个方式，也很少学生将它看成是一种沟通对话或年轻人也能投入的有意义事业。没有这种态度，真正的理解又如何产生？

很显然，错误的概念与误解，在数学领域与其他自然科学中一样盛行。孩子在很小的时候就对数字发展出很强的直觉，什么数字较大，什么数字较小。他们对数的理解常常用线来表示，从很小或零到很大的数（或无穷大）。同时，加、减以及等分也都是相当直觉的概念。学生尽力把在日常生活中遇到的数学问题，建立在简单的数字模式上，而很多情况下这么做也大致是正确的。

然而正式的数学学科，牵涉到使用新的象征符号，以及对熟悉的字词与图做更明确（且较不通俗）的定义。对大部分孩子来说，把他们的直觉复制为正式的数学表达方式是相当不容易的。由感觉动作的运作而取得的数字与数字运算的世界，和口述的数字、书写的算式以及教科书的公式所汇成的世界从未能够融合在一起。因此，就像学生未能将他们在物理和生物方面的直觉概念，与在物理课及生物课中所学的教材调和在一起一样，学生没想到将他们对外界数字的直觉概念，与算术课或数学课所要求的课业融合一处。学生学到的是如何完成家庭作业或通过考试。要照着某些步骤做，然后在公式中代入某些数字及符号。这样做的结果依然只是向标准答案妥协。一旦离开考试和教科书的情境，学生就不知道该如何使用这些形式主义的东西，于是他们就不自觉地又回到童年时代粗糙但现成的直觉世界。

若论学生在算术领域遇到的问题，错误概念这个词就不见得是最佳的用法，也可能不甚恰当。在自然科学方面，学生拥有的颇具规模的物质和生命理论，到头来却与物理学及生物学的原理相冲突。在数学的领域里，如果说学生拥有一些飘浮在正式学科知识之上的错误概念是不准确的，说得恰当一点，我认为大部分学生的问题是压抑了他们对数字领域方面的直觉知识（例如时间、钱或比萨饼的块数），反而试着要遵照呆板应用的运算法则去解答题目。只有当问题能引发学生使用他所熟记的运算法则，学生才能得到正确的答案，一旦问题形式稍有变化，学生就很可能完全迷失方向。

离开自然科学越远，错误概念的说法越不恰当。较好的词汇可能是"刻板印象"或"剧本"——用来思考人类问题的自以为是、固执的看法。因此，在下一章里，当我们谈论社会科学、人文学科与艺术的学习问题时，我们将再谈学生的刻板印象，虽然用词改变了，但对于任何读过本章内容的人来说，问题的种类依然是熟悉的。

第九章

学校造成的更多困境：
社会科学与人文科学中的刻板印象

  人们对心灵、人性和自我的简单化想法，会影响学生对课文内容的理解。如同学习自然科学一样，在老师的指导与向标准答案妥协的要求下，学生也可能学会如何"恰当"地诠释历史事件，如何"恰当"地阅读古典小说或戏剧。他们能够运用某些巧妙的认识策略，以使自己通过考试。经过一段时间后，如果再问他们相同类型的事件或人物时，他们又退化到原先那种顽固的刻板想法。

在这一章里，我要继续回顾学生进入正式学科学习前的一些想法。首先从经济学与统计学的例子开始，这两个领域可以说是自然科学与社会科学之间的桥梁。学生在这两个领域的表现，可以用"错误概念"这个观念来讨论，不过我认为"刻板印象"更能表现它的特征。在本章后半部分，我会再举一些历史、人文、艺术等学科的例子。对这些领域来说，用儿童时期就已经形成的，在学校期间甚至毕业之后依然不断使用的刻板印象、剧本与简单化想法等术语，我想应该更能描绘出这些领域的特色。

经济学与统计学方面的问题

经济学是个有趣的桥梁，因为它与社会科学领域中的数学思考有关。匹兹堡大学的沃斯（James Voss）教授和他的同事们，曾经对在其他方面的背景都相同、但一组修过大学经济学和另一组没修过经济学的学生做过比较。学生要回答一些表面上看起来好像是日常生活的、但同时也是经济学课堂上常常用来做正式分析的问题。例如与汽车价格、联邦赤字和银行利率等有关的经济问题，比如"如果医疗费用大幅增加，你认为对联邦赤字会有何影响？为什么？"

研究结果颇出人们意料之外（也许本书的读者不会这样认为），受过大学教育的人，比未受过大学教育的人表现更佳，但大学中是否修过经济学则没有多大差别。至少修过一门经济学的大学生，与完全未修过经济学的大学生，在答题与思考的表现，大致相同。两组学生都存在错误概念或刻板印象。其中一种刻板印象是"光环效应"（halo effect），例如"好日子与低利率相伴而来"等观念。另外一项错误概念则是与经济学理论相冲突的看法："销售越多，价格就应该越低，因为你可以使所赚得的利润保持不变。"学生往往会自行发展出所谓的"首要法则"（primary rule），即无论是否合适，皆会固定引用的法则（例如，"利率取决于对通货膨胀的预期"）。这种首要法则似乎与另一个呆板运算法则处于相同的地位：不知道该怎么解释时，就引用与"利率"或"通货膨胀"等字眼有关的法则。

虽然经济学的法则难学又难记，沃斯发现大学生的表现优于未上大学者，这个结果可能显示大学教育使学生比较会思考，或者比较会推理。但即使在这一方面，我们也仍然大失所望。我的同事珀金斯曾将刚进大学的新生与准大学毕业生的非正式推理能力做比较。如沃斯的研究一样，他也运用人际关系方面的例子。例如，要学生讨论这样的社会议题："制定五分钱退瓶费是否有助于减少垃圾数量？"或"恢复征兵制度是否能大幅提高美国对世界的影响力？"珀金斯的研究报告指出，大学教育对学生的推理能力并无明显的影响。大学新生爱使用的方法、论据的数目与形式，都与受过四年大学教育的学生相同。珀金斯很聪明地回避了大学教育无用论的结语，不过他还是提出这样的建议：如果要提高学生的推理能力，就必须真正去提高他们的推理能力。例如，提出什么是好的或不好的论据典型，教导学生如何评估自己和他人的论据。良好的思考不是凭空而来的。

与沃斯在经济学的研究相呼应的是统计学与概率方面的研究。在一系列著名的研究里，认知学者特威斯基（Amos Tversky）、卡内曼（Daniel Kahneman）以及他们的同事们，曾请学生回答一些需要应用统计学原理的问题。以下是他们所搜集到的五种典型的困境：

受测试者必须判断某一个人可能是工程师还是律师。他们首先被告知：某一群人中有70%是工程师，另外30%是律师。然后对受测试者描述某一个人的特征，一旦让受测试者产生偏向某方向的判断（例如这个人喜欢辩论），受测试者随即就会根据推想的某一类人的特征来作答（"他一定是律师"），完全忽视成员的比率。

受测试者被告知：琳达现年30岁，单身、坦率、聪明，对诸如裁军与平等权利等社会议题非常投入。然后要他们判断下列何者比较可能：

"琳达是银行出纳"或"琳达既是银行出纳,也是女权运动的活跃分子"。不管根据哪一种逻辑分析,"琳达是银行出纳"比"琳达既是银行出纳,也是女权运动的活跃分子"可能性都较大。但超过80%的受测试者都十分肯定,"琳达既是银行出纳,也是女权运动的活跃分子",其中还包括精于统计的学者。

要受测试者估计联合国中非洲国家的席次。特威斯基与卡内曼报道他们令人惊讶的发现:问题的题号(第10题和第65题)虽然与答案无关,却影响受测试者的作答。尽管两个题目内容完全相同,当题目排在第65题时,受测试者估计的席次比题目放在第10题时多。

告诉受测试者有个机会可以用125美元买到一件夹克和以15美元买到一台计算器。当他们知道在二十分钟车程外,有个地方可以以10美元买到同样的计算器之后,大多数人都说会开车过去买。另一组受测试者则被告知有家百货公司夹克一件要15美元,一台计算器要125美元,但在另一家百货公司同样的一台计算器要120美元。在这种情况下,大多数人不愿意多跑一趟路。两种情形都要花费总数相同的钱来购买,所要做的决定也都是是否要多开二十分钟车以省下5美元。但多数人的反应都是以计算器的价格来衡量省5美元是否值得。15美元减5美元省了1/3,这种诱惑比从125美元减到120美元(减了4%)更令人难以抗拒。

首先告诉一群受测试者,有一种治疗法可以救活600名患者中的200名;再告诉另一群受测试者,有一种治疗法没有办法保住600名患者中的400名患者的性命。虽然两种情形的统计数字完全相同,但人们更喜欢"救活性命"的说法。

人文学科中的刻板印象与简单化想法

这些社会科学领域内的研究到底说明了什么?要回答这个疑问,我们得转换到另一个学术性的角度。具体地说,我们从"错误概念"这个标记,转移到另一个以"刻板印象、剧本与简单化想法"的范畴,以下就以"刻板印象"统称后者。

错误概念与刻板印象之间没有明显的界限,但后者更能说明人文学科的性质。特威斯基与卡内曼的研究对象,不是执着于与正确概念相抗衡的想法或错误概念,但他们表现了一种特殊的现象:他们放弃所学到的统计学、概率或逻辑分析等学科中的正式知识,或缩小其适用的范围,而以突出的印象、根深蒂固的刻板印象或某种习惯性的方式来看待问题或做判断和决定。他们忽略了做决定时所要考虑的重要信息,例如人群中律师的比例,反而倾向于以日常生活的经验(律师喜欢辩论)来作判断的基础。例如,对律师或女权主义者的刻板印象,显然是比正规统计学知识或逻辑思考更根深蒂固。同样,看待问题的方式,也比逻辑推理更被优先考虑。因此,以价廉的计算器来说,省5美元就很值得了,但若以昂贵的计算器来看,5美元就没什么价值了。一种疗法若以三位病人可以救活其中一位的方式来呈现,就比三位病人中有两位救不活更吸引人。连毫不相关的假设的数字,也会影响地理或政治的判断。

当一个人思考经济学、统计学和其他社会科学的议题时,当然也就涉及人类生活经验的领域。在这个领域,儿童早期所建构的天真想法,似乎仍然具有非常大的影响力。以人们如何判断事件的动机为例来说明。一般人会把他们的行动动机归因于外在因素(例如:"我这么做是因为我知道可以受到某一种奖励,或因为某人的劝告"),然而旁观者却会认为,是当事人的内在因素,例如个人的性格特征等促使他采取某种行动(例如:"约翰这么做是因为他野心勃勃、残酷无情或缺乏安全感")。同一种行动的动机当然不可能基于这一群人(行为当事人)与另一群人(旁观者)完全不同的两种原因。但研究者指出,有一种"基本归因谬误"(fundamental attribution error):身为旁观者,会有系统地低估情境因素的重要性,而高估内在特质的重要性。这种"偏见"似乎是儿童心智的残余:以"好人"或"坏人"来判断他人的行为。

贝荣(Jonathan Baron)专门研究人们如何做判断,他曾经依序记录一系列的偏见行为,他发现受测试者在做选择时会一而再、再而三地出现这些偏见。这些偏见中有"成本套牢偏见"(人们对已套牢许多资源的方案,会投放更多的资源,即使有人告诉他们,这些新资源可以有更好的用途);"留意无关紧要因素偏见"(人们会持续不断地将焦点关注在测验分数上,即使他们已经很清楚,这个测验所要测量的属性已有更直接的证据);"捐赠效应"(为了说服某人放弃原来愿意付出的代价,而花了更多的钱);"保持现状效应"(人们喜欢自己的选择,即使他们承认别的选择可能更好);宁可忽略而不承诺(即使与不打预防针的可能伤害相比,打预防针的痛楚实在微不足道,但人们宁可少挨一针)。这些偏见已被证实是十分的顽固,在人一生中的各个时期,会一再地出现,唯有当累积很多与偏见或刻板印象矛盾的第一手经验,才能使这些偏见行为消失。例如,在常常得决定是否要到预防注射的医疗场所中工作等。

历史与文学研究的问题

进入人文学科世界与比较"软性"的社会科学领域时,我们会发现,人性的刻板印象,伴随着对人类生活的剧本式看法,也会引起不少问题。这些领域虽然没有像"硬"的自然科学学科那样被彻底研究过,但也遇到了与其他学科类似的问题。

在面对文学或历史课文时,学生会有哪些问题呢?第一个偏见就是认为一定会接触到某种故事或戏剧性的描写。当课文遵循传统的那种有英雄形象、有危机和圆满结局的故事方式时,学生就比较容易理解。纯粹议论的课文则比较难理解,因为没有明确说明谁对谁做了些什么。一旦无法套用与某一特定类型有关的假设,学生就要创造或修改自己的心智模式。

议论文所记载的事实状况往往是困难的来源。学生通常只看到文中所记录的事实,却无法理解编纂事实背后的论证和观点。许多能力较差的学生,对于像"主张"(contend)、"假设"(hypothesize)、"反驳"(refute)、"否定"(contradict)等这一类词很不敏感,使理解课文内容的问题更显严重。等到有些学生终于明白还有所谓的言外之意时,另一类型的问题又产生了。学生会将事实与意见生硬地隔开。这种二分法会让学生无法理解这些被挑选出来的事件、事件的表现形式以及事件所隐含的假设、目标和观点之间的微妙交互作用。

即使是采用叙事体裁，要辨认到底采用哪一种类型的"剧本"，也不完全是直截了当的。好莱坞巨片或电视迷你影集中，一个强有力的领导者因为虐待敌人而可能招来复仇。但在历史事实里，暴政不见得必亡，领导暴政的强人也未必得到报应。违反"善有善报、恶有恶报"的"剧本"公式，可能会给学生造成一些问题。

当学生要超越叙事体裁，并且领悟事件发生的原因时，就会遭遇到许多问题。一种特别常见的倾向是采用黑白分明的刻板思考方式，例如，认为每个人都是按照他所属的族群的行为方式来行事的（如中国人都是……犹太人都是……非洲裔美国人都是……）。另外一种倾向是忽略作者的用意和偏见，认为所呈现的都是事实〔"这就是文艺复兴时期的佛罗伦萨"，或者"马基雅弗利（Machiavelli）所说的就是佛罗伦萨的真正情形"，而不是"马基雅弗利要我们或梅迪奇（Medicis）或其反对者相信，这就是发生在佛罗伦萨的情形"〕。还有一个局限就是执着于字面的意思，无法感受象征意义或寓意，例如，认为《白鲸记》（Moby Dick）是从南塔基特岛（Nantucket）出发去捕鲸或关于一位穷苦老人的故事。

要超越单一解释或字面意思并非易事，但这种延伸是人文科学的基本精神。在人文科学领域里，结果通常不是单一事件引起的（即使像发狂者犯下谋杀罪行之类明显的案件）。政党的兴起、反革命事件以及悲剧人物的堕落，往往是多重原因造成的结果。更进一步说，一种分析，不管它有多复杂，都很难说是唯一正确的。因此，在时间许可和证据充足的情况下，分析者应该从几个不同的解释中选出最佳方案。事实上，在人文学科里，课程的长远目标应该是能够找出问题，而不在于采用单一的论点，或从几个不同的解释中选出最佳的答案。我们永远没有办法"解决"理查二世或列宁的"问题"，我们最多只能更深入地了解他们所面对的问题，以及他们为什么会那么做。

霍尔特（Tom Holt）和伍尔夫（Dennie Wolf）搜集了许多学生进入历史课学习前的原始想法。即使到了大学阶段，许多学生仍然把历史看成是按照大家同意的次序来排列已知的史实。事实上，对他们中的大部分人来说，历史就是事实，偶尔点缀一些讨论和解释。如果历史是关于人物的记载，学生们会认为这些人物看起来像是笼统或遥不可及的，而不是像他们一样是有血有肉、有时会有理智与感情冲突的普通人。因此，一点也不用惊讶，学生很难把历史和一般人的生活联想在一起，更不用说将历史与他们自己的生活联想在一起了。学生们也没有办法理解日常生活中的某些特别事件会被另一个有血有肉、被称为历史学家的人罗织成历史的经纬。

有时候学生无法把课文内容与自己的经验融汇在一起，有时候他们无法把自己个人对人性的独特想法超然于课文之外，而最主要的偏见还是源自对人类行为的一种简单化的想法，这种简单化想法是在他们的成长环境中与他人互动的结果。举例来说，小时候儿童学会信赖父母和老师，随后的日子里，他们会认为像父母和老师等值得信赖的人所说的话都是正确无误的。要劝他们"考虑信息的来源"或"调查证据"，似乎有点苛刻了，然而这些是非常值得留意的。同样，因为"文如其人"的传统想法，学生们往往从一个人的话语来判断，而不去寻求更复杂的诠释，在阅读和诠释文章内容时有可能就产生了偏见。学生们因而无法察觉到文章中关于象征和比喻意义的蛛丝马迹。

莱因哈特（Gaea Leinhardt）也以类似的分析方法，精简地列出称职的历史教师应该采取的复杂"教学步骤"。要给历史现象做完整的诠释，历史教师应该呈现史实（如战争或签订和平协议时发生了哪些事）、架构（政治、经济等力量的影响）、远因（如时代或种族存在的紧张压力）、史观（分析的方法、假设的验证、综合结论等历史学家常用的方法）等。学生不仅要放弃简单的事实——剧本——性格影响一切的历史观点，同时要将不同的观点融合一体。对许多学生来说，这种工作与读物理或数学所需的融会贯通一样，都非常艰巨。

事实上，若从旁观察，类似的理解问题普遍存在于各种学科领域中。就好像对物质或生命的简单化想法，会使人在解释自然现象时带有偏见，同样，人们对心灵、人性和自我的简单化想法，会影响学生对课文内容的理解。如同学习自然科学一样，在老师的指导与向标准答案妥协的要求下，学生也可能学会如何"恰当"地诠释历史事件、如何"恰当"地阅读古典小说或戏剧。他们能够采纳某些巧妙的认识观,来使自己通过考试。经过一段时间后,如果再问他们相同类型的事件或人物时,他们又退化到原先那种顽固的刻板想法。

更确切地说,当发生新的政治事件,或阅读新出版的小说作品时,人们会有回复到原先对人性的直觉想法的强烈倾向。一个人在学生时期可能就已经知道,第一次世界大战的发生,绝不是只因为某一个人被暗杀,而后来在思考街头抗议的起因时,却会单纯地认为是因为马丁·路德·金(Martin Luther Jr.King)遇刺事件。虽然知道战争很少是因为某一位暴君,然而一旦离开教室,却又重新拥抱"坏人论",他们会指出暴君就是像利比亚的卡扎菲(Muammar al-Qaddafi)、巴拿马的诺列加(Manuel Noriega)或伊拉克的萨达姆(Saddam Hussein)等人。要对历史和人文学科有深刻的理解,必须知道什么时候用天真的世俗想法,也应该知道什么时候必须采用更复杂的认识观。

艺术领域的简单化想法

虽然艺术和一般学科不大相同,但类似的问题也存在于各类艺术学科中。麻省理工学院的班伯格(Jeanne Bamberger)教授列举了一组生动的例子。当她要求受测试者创作一种乐谱来记录拍手节奏时,受过学校教育和还未受过学校教育的学生会有不同的反应。在一项完整的研究里,受测试者首先听到一组两次拍手声(A组),接着听到更紧密相连的一组三次拍手声(B组),然后是一段停顿,与第一组和第二组拍手声之间的间隔一样长,也与第二组首尾拍手声间的间隔时间一样长。这种节奏不断重复:第一组两次拍手声,接着是第二组的三次拍手声,然后是与前面一样长的停顿。这种节奏就像"一、二、拾起鞋,三、四、关上门"的童谣一样,可以一直重复。

要为这种节奏创作记录的乐谱时,未受过训练的学生,会把属同一组的拍手声划为一组(两次拍手声为一组,其后的三次拍手声为一组),但却完全不管各组拍手声之间的间隔时间。他们天真的演奏谱如下:

　　　　　　oo　　ooo　　oo　　ooo　　oo　　ooo

　　或是如：

　　　　　o　o　　ooo　　o　　oo　　o　　o　　ooo　　o　　o　　ooo

因此，如果有人读他们创作的乐谱，就会奏出两声一组和三声一组的形式，但却无法表现出组与组之间的间隔时间。

受过音乐训练的学生会遵循韵律的形态，精确地分辨出每一拍子的长短与拍子之间的休止。他们的乐谱在表面上完全正确。他们所做的演奏谱，与标准乐符相同。典型的乐谱如下：

　　　　. / . / . .. / . / . / . / . .. / .

但两组学生的差异，并不能划分为"正确"和"错误"。未受过训练的学生也许韵律不准确，但他们还有重要的感觉动作知识——对组成 A 组或 B 组拍子的直觉或成形的感觉，就像惯常的乐句记法。当谱写这种乐谱时，能重现一组组的感觉。反之，接受过训练的学生所记的谱，在技术上是完美的，但要他们按谱演奏时，却可能无法重现有些拍子同属一组的感觉，而这种感觉却是未受音乐培训所记乐谱与演奏的特点。受过训练的学生向标准答案妥协，并未能做出合适的表演。正式的记谱知识掩盖了感觉动作的直觉。

班伯格认为，真正的音乐演奏家对乐曲的理解不会拘泥于上述表象之直觉或正规韵律的框框。他们既尊重乐谱表现中隐含的乐句（这是早期聆听和创作音乐的产品），也尊重正规乐谱中的韵律规则（只有在接受过正式记谱教学后才能产生）。和自然科学一样，对艺术的深入理解涉及感觉动作与表现符号之间的统一。

70 年前，评论家理查兹（I.A. Richards）发表了一项关于缺乏文学理解的经典研究。理查兹要求剑桥大学的学生读两首一组的诗，并且要他们提出个人对这些诗的解释和评论。我们当然有充分的理由相信，即使不告诉他们作者是谁，这些精英也必定能对这些诗的文学价值提出有力的解释与判断。

凡是读过前几章的读者，都不会对理查兹研究所得的恰好相反的结果感到意外。只有极少数的学生，能说得出这些诗的合理大意与解释。大部分是荒谬透顶的误解。用理查兹委婉的话说：

> 这个实验带给我们最令人震惊与遗憾的感觉是，这些读者中，即使是程度中上等者（其中有些还是深爱诗歌的），也大多数读不懂（诗的）字面意思或言外之意。就算不谈诗的深层意义，只把它们当作一般的英文文句来阅读，他们也无法领会其中明白易懂的意思。

此外，理查兹还发现，这些大学生们的文学批评和英诗研究专家的见解完全不同。这些年轻的（毫不留情的）批评者，对于像多恩（John Donne）和霍普金斯（Gerard Manley Hopkins）这样杰出的诗人，都评价低。而他们最喜欢的作品，却是培洛（J.C.Pellow）的一首粗糙（且未出版）的诗。

留心观察学生做判断所依据的基础，不难看出这些若非训练有素但也称得上知识丰富的学生们的美学标准。对这些学生来说，诗最重要的是主题（必须是光明而正面，但不可以太情绪化）和表现的格式特征（诗应押韵、遵守长短规格、避免太通俗或太艰涩的字句）。学生在使用其他媒介创作时，也有类似的偏见。他们认为，音乐应该是和谐、有固定节拍的；绘画应该使用令人愉悦的色彩，捕捉住自然美景和人的魅力。如果绘画作品是抽象、不规则或实验性的，即使画家知道自己在做什么、表达什么，且其作品也为专家所赞赏，而学生们仍然觉得很难容忍。

我们可以从幼年的艺术活动中找到这种偏好和解释的根源。虽然幼童的艺术创作以想象力丰富和敏锐著称，然而儿童的品位仍倾向于最基本、最形象的作品。无论在音乐、视觉艺术、文学或议论文章或其他需要品味的领域，儿童都会发展出强烈的标准形态或刻板形态。流行品位和大众文化正是建立在这些幼年时期的偏好上。学生或成年人，唯有在探索相关艺术、工艺或其他生活领域的历程中，历经困难与各式各样的经验后，才能超越这些刻板的品位。

我们在讨论自然科学与历史时，已经假定有些更精深的成就表现能显示深入的理解。这里对艺术的简短讨论也说明了艺术作品多少也需有较充分深入的"解读"。我这种说法也许不够精细，因为似乎忽略了解构主义者（deconstructionist）和文艺相对论者（relativist）的立场。解构主义者认为，文章没有权威性的解释；而极端的相对论者则认为作品没有绝对的好坏。我无意全盘否定这些论点，但我也要明确表示不赞同他们。我认为这些论点是有效的辩词，但观点不是每一个人都愿意接受的。也许在精通到某种程度之后，才能考虑这种境界的意义。但对中、小学生来说，最好认为学生对作品的解读能力还有提高的必要，让他们了解有些作品比别的作品更值得阅读或欣赏。如果我们看到解构主义大师德里达（Jacques Derrida）如何解释他的导师海德格尔（Martin Heidegger）的纳粹倾向，以及如何辩解他的同事保罗·德曼（Paul De Man）没有这种倾向时，就可清楚体会到，即使是前卫的解释者有时也需要被"直接解读"。

关于错误概念和刻板印象的一些论断

因为情况比较微妙，研究人员很少以教师为研究对象，把测试学生的题目和推理作业拿来考教师。如果说那些未接受过专业训练的教师，也有类似的错误、错误概念或原始的思考模式，我一点也不会感到惊讶。但即使有些教师能通过考验，显示深入的理解（这方面毫无疑问已有很多杰出的实例），也不能保证他们的学生能达到同样的水平。毕竟，教师多年来对这些题材很熟悉，也比较能灵活思考，而且，教师接触过许多类型的考题，也比较能看得出问题的背景或问题隐含的线索。但是，即使教师本身确实已达深入理解的境界，也不能保证他们的学生都能达到像老师那样好的水平或令人满意的水平。事实上，越是对高深知识了解透彻的教师，越不能理解学生的心，也无法看出学生的错误概念和刻板印象的思考倾向。

在本书的第二篇，我已经说明"理解"本身是一个很复杂的历程，我们对它还不甚了解。至少，理解需要老师与学生能在一种表现形式和另一种表现形式之间自如地来回转换。除非了解各种符号与表现方式之间的关系，除非这些正式的表达方式与直觉的理解形式合二为一，否则理解就无从产生。在大多数的状况下，要产生真正的理解，就必须直接面对那些妨碍真正理解的心智习惯，比如学习物理的学生的原始想法或年轻的学习音乐的学生的直觉表现。由于一直到最近几年，人们才注意到这些妨碍学习的心智习惯。如果认为过去的教师们曾经训练出了一群对所学题材有深入理解的学生那就太乐观了，也很难使本书的读者信服。

虽然如此，还是有不少教师和少数学生，能理解学校的教材，例如将物理定律应用到新的环境、找出适当的方法解决不熟悉的代数问题、对复杂历史事件的解释或者对一行乐谱或一首诗篇的诠释。在某些情况下，成功的学习可能是靠学生本身达成的，他们能克服不同的教学带来的困难，领悟出真正的理解。但在另一些情况下，则需要依赖智慧的教师，在有意或无意中帮助学生进步，有效地引导学生，将他们的原始思考方式与学科本身的概念结合起来。

当然有人会问，美国学生在能力测验中表现不佳，是否显示他们对学业的理解程度特别低？是否其他国家的学生表现较好？也许我们所面对的问题主要发生在美国学生身上。不过我却不这么认为。大部分国际性的比较学生能力的测验都没有评估学生对课业的"理解"，而只是考一些简单的模仿、机械式的学习或一再练习过的问题。到美国留学的各国大学生或研究生，仍然必须接受许多训练，才能在他们的研究或作业中表现出真正的理解。我认为向标准答案妥协可能是全世界的普遍情况，为理解的教育在世界各地都很罕见。

理解的教育能推广普及吗？我相信绝对能。我很乐观地认为，我们（这里我指的是全球的教育家）可以重新安排教育环境，改变我们的教学方法，使更多学生能对各学科有更深入的理解。我相信，关键在于要能设计出使学生能自然而然地将其原始的理解方式与环境相结合的学习环境，使学生能把原始理解方式与学校里学科领域所要求的理解方式融合起来。这种能把感觉动作和符号象征的理解方式与学校所要求的概念化、符号化、认识化的理解方式融合在一起的教育环境，一定可以激发出真正的理解。在第十章，我要检讨近年来的教育改革努力，在第十一、十二章，我将介绍实施理解教育的有效做法。

　　令人吃惊的是，作为世界性的文化，我们可以感觉到其实答案的一部分一直就在那里。数千年来，学徒制的学习环境，就是将理解融入丰富的情境中。在文字出现之前的社会里，只要处理感觉动作和符号知识即可。在有文字的社会，则迫切需要创造一种学习环境，使早期简单化的思考方式与各个学科的正式思考方式融合在一起。一些比较原始的社会的教师，只要示范动作，加上一点点的说明即可。文明社会的教师，则可以用图表、数学方程式和书本来教学。和传统的教师不一样，教导真正理解的教师，必须以真正的问题、有挑战性的活动设计和有价值的产品，来帮助学生获得理解。如果能明智地把学徒制融入学校机构中，就应该有可能引发和强化学生的理解能力。

第三篇
追求理解的教育

第十章

解决之道：黑暗与曙光

　　学生当然应该有读、写、算的能力，而且要享受这种能力。但这个目标越来越显得空洞。美国儿童具备的能力，竟是如字面上所谓的"基本"能力那样，他们越来越熟悉读写的规则，也学习了更多的加减法与九九乘法表，他们欠缺的不是解读文字符号的能力，而是阅读的理解力和对阅读的热爱。其他方面的基本技能存在同样的问题。他们缺少的不是写作的技巧或加减法的算则，而是如何灵活运用这些技能，以及在日常生活中有效运用这些技能的意愿。

和天气一样，教育是现代社会里人们最常谈论的话题之一。不管是在全世界公认教育下一代最成功的日本，还是在教育问题已严重困扰决策者（虽然还不是一般大众）的美国，教育哲学或教育措施，都是经常隐藏的大议题。本书的构思与写作是美国本土无数教育家讨论的结果，因此本书的内容大多以美国的情况为主，但我认为，本书的结论不只是区域性的。

由于我们讨论的重点仅限于教育的某些不当之处，大家就有可能达成某种程度的共识。毕竟，提倡教育要有素质更好的教师、更尽职的行政人员、学生更专心读书且辍学率更低的学校、更支持教育的社区，都不会招致什么争议。不过一旦把注意力转向教育最终要培养什么样的学生、应该采取什么样的步骤来达成目标、各种教育目标的优劣等，争议马上出现。

我将在本书尽力阐明我的教育目标。最重要的观点是培养对主要学科知识有真正理解的学生。这种理解的特征因年龄、学科而异。正如10岁的儿童对科学或文学的理解无法像大学生一样，他们研究科学时出现的错误概念与学习历史或文学时理解上的刻板印象也大不相同。正如珀金斯（David Perkins）所指出的，"理解"的过程牵涉一系列的行为，包括分析、判断、综合和创造出能体现学科原理或概念的作品。人人都会展现其不太成熟的理解力（不管是不是教师所要的那种理解），即使是最出色的专家，也不能说已经达到彻底的理解。

基本技能的局限

从这个观点来看，有一些解决方案就显得不妥，另一些方案可能容易被人接受。教育界的领导和一般大众一样，都常常强调基本技能的重要性。大体来说，这是一种防卫性的目标。因为今日的学生如果无法精通读、写、算等基本技能，那么这些学生将来可能连工作都保不住，更说不上成为社会上有生产力的公民。

反对把教导读、写、算当成学校的主要目标，就好像反对母爱或国旗一样。学生当然应该有读、写、算的能力，而且要享受这种能力。但这个目标越来越显得空洞。美国儿童具备的能力，竟是如字面上所谓的"基本"能力那样，他们越来越熟悉读写的规则，也学习了更多的加减法与九九乘法表，他们欠缺的不是解读文字符号的能力，而是阅读的理解力和对阅读的热爱。其他方面的基本技能存在同样的问题。他们缺少的不是写作的技巧或加减法的算则，而是如何灵活运用这些技能，以及在日常生活中有效运用这些技能的意愿。

练习和守纪律是获得基本技能的必要条件，但若只用严厉的手段来吓人是不够的。依我看，目前的教学缺少的是能有意义地应用这些技能的环境。太多学生看不出来读、写、算在家里有多大的用处，也不知道这些技能在学校里会有什么用途。很少学生能接触到那种需要以自然有用的方式来运用这些技能的问题、挑战、作业和机会。因此，读、写、算这三种技能，就如礼品店货品架上的神像一样，虽然装饰得有模有样，但看起来总像是摆错了地方。

事实上，追求基本技能有时反而无法达到教育的目的。为了确保学生所学涵盖所有的课程内容，而且还要准备应付各种各样的考试和重要指标，教师可能会疏忽或不知不觉地放弃了更重要的教育目标。我最近参加一个研讨会，会上有位教育人士还在为模仿式的学习概念法辩护，她认为使用此种方法"可以缩短教师摸索的过程和节省学生的时间"。在目前的环境里，教师想要节省时间是可以了解的，但除非学生能体会学习某些技能和概念的理由，并且知道离开学校后如何应用，否则，整个课堂教学虽然节省了时间但事实上是在做无用功。

我们还不能妄下结论，说今天美国学生的基本技能就比不上往日黄金时代的学生。因为大部分的测验记录无法追溯到太久远的过去，而相关的测验工具也在一变再变。另外，这几十年来我们的人口变化很大，今天中学生和大学生所占总人口的比例，远远超过20世纪初。虽然我们的公立学校制度向来很少把条件较差的学生照顾好，但在今日，由于这些学生留在学校的年限较长，问题看起来好像更严重。最后，今日学校比以往要教更多的课程，因此在一门科目或技能上所花的时间无法与过去一样多。

我个人认为美国学生的整体表现是有一点退步，而其中至少有一项因素没有引起大家的充分认识。在20世纪前半叶，妇女能参与的行业有限，很多教师由很有才干的女性担任，这些女性能在生活中以很自然而有意义的方式来读与写。但在今日，不管男性或女性，才学优异者很少投身于大学前的教学工作。教学行业里的大多数人，在本身的生活中并不追求文化素养（各种报告指出，美国中小学教师平均一年才读一本书）。然而，社会对教育行业的要求，却在逐年提高。

"回归基本技能"的口号，成为保守派与新保守派的主要教育大纲之一。1987年美国有两本常常被相提并论（虽然不是很恰当）的畅销书，即反映出对当前教育价值与教育成效的两种批评：赫希（E.D.Hirsch）极力提倡美国的基本文化素养，布鲁姆（Allan Bloom）则提倡西方文明的伟大理念。

一个国家的文化素养

赫希指出，虽然大多数国家都有全国统一课程提倡的主要的思想和概念，美国却没有。更引人争议的是：在过去，无论以哪种方式在哪一地方受教育的大多数美国学生，都会熟悉某些主要的文献内容。若忽略这些共同的文化表现和内涵，对学生的伤害将很大，特别是那些希望融入主流文化的少数族裔学生。如果我们不熟悉文学巨擘或重要文学作品中的主角（例如狄更斯或哈克巴里）、重要历史事件（如盖茨堡之役）、基本的科学原理（如热力学定律）和重要的文化象征（如简单的西门和鹅妈妈等儿歌）等等，不但无法流畅地阅读与讨论，甚至根本无法加入文化方面的谈话。赫希希望学生都能获得这些文化素养，这样他们才有机会融入民族和社会。

如果人们可以一弹指就能获得这些浩瀚的事实性资讯，就不会有人为要不要学习这些知识而争论了。此外，对于什么是以合乎文化素养的方式读懂书籍的内容，赫希的一般性分析似乎还能切中要点，但究竟要怎么做才能获得文化素养，以及获得文化素养之后要做些什么，赫希的观点则颇受争议。赫希最受攻击之处，在于他先是非正式，之后又越来越正式且越来越肯定地提出一系列的文化参考书目，并且提议让这些参考书成为课程的重点。不管有意无意，他提出了一个很难让教师抗拒的计划：就好像他们在教单字或数学一样，直接教这些文献内容，然后像标准课程一样来考试。由于学生并不是借由博览群书，或在日常生活应对中，有意义地接触到这些文献内容，因此这些文化素养变成死记硬背、形式化或死板的技能表现和学科内容。

据我所知，赫希最初并无意提出这样僵化的教育方法，这样的方式不但不能让学生有亲近文化的活力，反而会造成阻碍。但他近年来的著作与做法，却都是有关培养文化素养的预先包装好的方法。赫希最初的分析与建议，可能都是出于一片善意，但教育决策者必须对运用他的教育理念所产生的结果负责。以这个例子来说，我认为这一套所谓的万灵丹药，其实已变成不健全文化中蔓延的疾病了。

这些传播文化素养的努力，似乎避而不谈学习这些知识的理由。除非学生有学习这些知识的理由和动机，并经常使用它们而进一步扩展知识，否则即使记住了，也还是一无用处。外语教学就常有类似的难题，当然可以（有些是必须）通过反复练习来学习外语，但若缺乏有效使用这种语言的机会（例如读、写和说等），教学似乎就会变得漫无目标，不管是什么技能，最后也终必萎缩。

教育上的传统延续

布鲁姆对当前美国社会的批评更严厉，对教育的痼疾也提出了更野心勃勃的解决妙方。根据他的分析，在当前社会里成长的孩子们已经失去了灵魂，他们缺乏方向感、社会归属感和价值观。这种状况是20世纪以来反省性以及未经反省的自由主义泛滥的结果，而各大学即是自由主义的大本营。根据自由主义的观点，学生可以毫无限制地自由选择想学些什么，老师不应该做任何价值或方向的指导，因为不应该做出绝对性的判断。今日的社会若不是虚无主义，也应该是相对主义泛滥。

不管是对布鲁姆本人，还是对任何受列奥·施特劳斯（Leo Strauss）政治哲学传统影响的其他人来说，布鲁姆的处方都下得非常重。布鲁姆认为，学生应该学习西方文明的经典作品，这些作品追溯至孕育西方主要文明的古典时期。书单中最重要的是哲学家和哲学，包括柏拉图（Plato）、亚里士多德（Aristotle）、洛克和卢梭等，都是我们应该咬紧牙关苦读的对象。如莎士比亚（William Shakespeare）、弥尔顿（John Milton）和托尔斯泰（Lev Nikolayevich Tolstoy）等文学大师的作品也是不可或缺的训练。这些作品必须反复再三地阅读、讨论和吸收，培养学生哲学分析和辩证的气度，不要怕被驳倒。教育成为伟大心灵的对话，有才气的学生被鼓励积极参与其中。在这种说明与诠释的活动中，几乎没有资质平庸的学生的立足之地。

根据布鲁姆的看法，阅读20世纪作家的作品是件愚蠢的事，至于艺术和音乐，那更不用说了。像弗洛伊德和韦伯（Max Weber）这些作家，像社会学这种领域，像摇滚乐这类艺术，都是造成美国青少年（也许是全世界的青少年）混乱反常而失去灵魂的因素。唯有超越时空的不朽作家，以及反抗现代主义的当代人物，才值得学生学习。阅读与讨论是每天要做的功课，而不是花时间听音乐和看电影。如果善用时间，就会成为精英的知识分子，加入源远流长的精英社会，只有这种社会文化才值得吸收、学习并传递给下一代。

布鲁姆的"基本技能"显然与读、写、算的基本技能大不相同，也与赫希"文化革命"的内涵大相径庭。布鲁姆所倡导的是在政治、意识和教育等方面都有明确观点的方案，以西方新保守主义观念为框架，对重要知识进行排行。如此一来必然变成精英教育，而不是今天的大众教育，也可能不是任何文化或时代曾经有过的大众教育（施特劳斯就认为知识圈是排他和自卫的），甚至是与社会脱节的。我认为布鲁姆的观点在政治和社会学方面都不妥当。身为社会科学家的我，当然也有一套自己喜欢和讨厌的书单。

但布鲁姆的教育乌托邦起码有一点值得注意：布鲁姆绝对不会满足于肤

浅的阅读，更不用说以一连串的日期与名词，来代替深入、完整而又有批判性和挑战性的理念。布鲁姆的观念有学术和知识圈的意味。在学术圈里，起初是以学徒或新手的身份加入，经过深入的阅读与广泛的讨论之后，有了精辟的理解作为基础，才能进一步阅读、讨论和创造。布鲁姆也有专家所需要的远见，他毕业并任教于有"巨著"之称的芝加哥大学。用我的讲法来说（我并不是要代替布鲁姆说话），他追寻一种特殊形态的理解，这种理解非常适合于某些文化和历史，但对对立的著作、学科和符号系统无法忍受。如果经过适当的拓宽，去掉那些暧昧的伦理观，布鲁姆提出了"怎样才算是有教养的人"。

进步主义教育

到目前为止，我所提到的教育观点，都有明显的保守色彩（不过这些观点的支持者，不见得肯接受这个未经修饰的"保守"称号；赫希就自认为是自由派，而布鲁姆则拒绝任何标签）。但在教育领域的自由派阵营中，另有其他派别分析当代教育的问题，并提出改革的意见。我已经表示，我自己比较支持一般所称的"进步主义"的教育观点。我先交代一些历史背景，然后再简单勾画出进步主义的观点，并指出这个学派关注的问题。

从殖民地时代开始，美国教育就存在两股对峙的势力。一方面是移民自欧陆的人士，极力维护他们故土的传统教育。这些怀旧的知识分子，不但肯定宗教传统，也肯定古典课程，具体表现为拉丁文、希腊文和希伯来文等语文。他们认为知识蕴含在（或至少是植根于）以这些语言所写的作品中。因此，凡是有教养的人，都应该精通这些古典语言和作品。一般移民则以比较不正式的方式，极力将自己最珍惜的文化遗产传给下一代，从手工艺、礼仪，到态度和信仰等，同时也把自己所熟悉的读、写、算等基本技能教给自己的子女，甚至在他们入学之前就先教导他们这些技能。

但美国毕竟不是一个历史悠久的国家，新兴国家自有其教育方面的挑战和契机。从很早开始，就有一股很强的压力，要求设立那种注重实用与功能性较强的教育，这种教育必须充分认识美洲大陆所提供的各式各样的新机会。由于越来越多的人质疑精通古典语言的必要性，于是除了加入德文、法文等现代语言的教学外，也开始正式教授当时这块新大地日渐通用的语言——英文。此外，可用于采矿、测量或农业等实用领域的数理技能也备受重视。在革命之前，教育趋势可以分为两大类：为进入高等教育的精英分子重新设计的古典教育，以及针对社会地位较低或有志从商的人们设计的大众化的与更实用的教育。

美利坚合众国成立后的前半世纪，出现了称为"公立学校"（Common School）的教育机构。一个地域颇广的国家由政府出经费为全国所有青少年提供教育，这或许在世界历史上还是第一次。教育改革家霍瑞斯·曼（Horace Mann）大胆地将公立学校称为人类历史上最伟大的创举。公立学校教育出来的学生或许不符合大学的入学要求，但公立学校让所有青少年都有机会学到基本的读、写、算技能，熟悉一些文章以及粗浅的科学知识。此外，美国式的爱国主义教育对核心道德观念的接受，不全然是宗教性的信仰，也是公立学校课程大纲中很重要的部分。

南北战争之后的半个世纪，美国教育变得更多元化，产生了若干类型的小学教育、公立中学和师范学校；这段时间一方面诞生了大学这样的高等教育，另一方面也开始设立幼儿园等学前教育。尤其在大都市，地方当局努力推动更集权、更统一的学校制度。但这期间最重要的事件，不是创立新机构或使已有的机构更现代化，而是第一个成熟的美国教育哲学思想的成熟。

人们常常会将进步主义教育和杜威（John Dewey）的名字联系在一起。事实上，当1896年杜威在芝加哥大学创立实验学校和撰写进步主义教育经典之前，就已经有人在实施进步主义教育了。其中比较重要的有帕克（Francis Parker）等教育界领袖在这一方面的努力。帕克是麻省公立学校系统昆西（Quincy）学区的第一任教育局局长，后来担任芝加哥库克郡师范学校（Cook County Normal School）的校长，最后成为芝加哥学院（Chicago Institute）的创立者之一。芝加哥学院最后为杜威在芝加哥大学成立的实验学校提供教育设施。

这些早期的进步主义思想家,把儿童的活动作为教育课程的核心大纲。充分发展社区中的每个儿童的潜能,成为这个运动的口号。为了达成这个目标,进步主义教育家们呼吁大家要更关注每一个儿童,进行更多的团体活动和共同讨论。他们反对内容与进度统一的僵化课程,对奖惩、定期考试等常见的做法提出质疑,他们偏爱丰富的方案活动(project)。通过参与方案活动,儿童得以认识世界、了解自我,进而能够感受正式学科中的核心技能和概念。

由于进步主义教育家讨厌公式化的做法,依照进步主义哲学建立的学校有很大的差异,无论日常的程序、行政组织或整体的素质,每个学校都不同。但一般来说,他们共同强调实际动手操作的活动,让学生按照自己的进度来学习并强调民主化的组织;他们认为分年级、分组别或每天分科目来教学都是不好的;应该让学生仔细观察、提出好问题和进行有关的实验。特别是低年级的学生,要先引起他们的兴趣再进行比较正式的学科教学。

作为一个充分发挥进步主义教育理念的课程,典型的教学活动安排如下:孩子们参观商店、工厂、森林和农场,将所得到的印象和知识带回课堂;有时候课堂模拟这些社会机构来教学。在成人有技巧的协助下,儿童设立自己的实验室,学习自然或进行小规模的科学实验。同样在适当的帮助下,儿童成立工作室,准备自己的设备与材料,以供研究不同的学科主题、表演戏剧、将重要的历史事件搬上舞台、制作地图与地球仪或者装饰自己的房间和教室等。这些学校的学生也要互相帮助并且对自己所住的社区做出相应的贡献,例如,为穷人、老人或残障者提供物品或服务等。

进步主义教育最突出的榜样,是表现了美国社会最特别、最令人羡慕的特质:它肯定所有儿童都有潜力成为有教养的人;它包容了这块土地"大熔炉"的特性;它避免那些为那些古老的哲学、文化或政治理想服务的学习;它强调社区活动和对社区的服务,以消除学校与社区的界线;它极力利用有关学习的新发现,将各学科最新的发现融入学科内容中。从许多方面来看,进步主义教育的学校综合了社会各个层面的教育,但最重要的是,进步主义教育是美国实用主义哲学的缩影,强调所有的真正知识都必须有其实用性。

以进步主义教育及其"方案教学法"为主题的文章太多了,也常常遭到讽刺,以至于很难界定此一伟大美国教育实验的初衷与成功,但事实上进步主义教育在许多方面都表现得非常好,参与的学生与家长也认为它非常成功。根据对进步主义教育的两项主要研究报告——20世纪30年代的"八年研究"和60年代的"纽约市研究"指出,与传统学校里同等能力与背景的学生相比,进步主义教育学校的学生一点也不逊色,甚至表现得更好。

值得附带一提的是,因为克雷明(Lawrence Cremin),许多进步主义教育的创新做法,最后终于成为全美国乃至全世界的共同做法。例如,小学低年级采用全班一起的方案教学法,中学有商店经营或家政等选修科目,以及到社区机构实地参观、邀请当地的工人或专家来课堂上演讲或指导等活动,都可以追溯至进步主义教育的源头。同样值得一提的是,如果只移植这个学派的某些教学技巧,要比吸收进步主义教育学派的哲学或整体运作简单轻松多了。

进步主义教育的局限

即使已经成立进步主义教育学校,但要能顺利运作下去,依然是一件极为艰巨的工作,连杜威和他的许多忠诚的追随者都最终失败。这样的教育需要训练有素、积极投入的教师;需要支持此一理念的学生家长,还要家长们愿意抵制那些要求定时达成统一课程目标的人(包括校内校外);需要校外社区的机构与成员,热情接待登门求教的学生;需要全体学生有强烈的学习动机且勇于负责,只有这样才能把握住每一个机会,并且承担起应有的责任。

标准是进步主义教育的关键。只有在设定并维持高标准的情况下,这种教育才足以成为全世界的模范。如果没有这样的标准,进步主义教育的课程马上就变成懒惰、放任或无政府主义的托词。然而,正如帕克坚持的,这高标准不会无中生有,它必须在师生互相尊重的气氛下,经过一段时间的合作之后,自然而然地产生。

任何教育只要有效地实施，它的成效不言而喻。至今仍有数十或数百所进步主义教育学校，在默默且有效地进行教学，在历经经济大萧条时期的课程、世界大战时期的课程、冷战时代的课程、后史泼尼克（post-Sputnik）时期的课程、越战后时期的课程、强调基本技能的课程、强调文化素养的课程、列奥·施特劳斯的精英教育课程等冲击下，依然屹立不倒。事实上，我认为，近年来随着里根时代的自以为是与鹰派作风的逐渐削弱，基本技能不再被视为万灵丹药，大家再度感受到多元化的美国人口有不同的需求之后，进步主义教育得以逐渐复活。进步主义教育协会解散将近 30 年后，新的"进步主义教育家联盟"已经成立，进步主义教育的研讨会不断增加，新的期刊和书籍也定期出版。

但若因此而认为进步主义教育已经成为美国教育的主流，则有误导之嫌。事实上，在 20 世纪初所产生的两种趋势，在量的方面远比进步主义教育更有力。其中一个趋势是由圣路易地区的哈里斯（Willian T.Harris）等多位教育局局长推动的大型学区教育系统。在这种学区里的各个学校，都雇用同一来源的教师，使用相同的课程与成绩标准。每个教师与学生都成了一个机器（希望已经上好油）里的一个齿轮。在这种情形下设立的学校，当然不会对个人的成长感兴趣，也不太留意当地社区原来使用与进步主义教育类似的教育方法。

与这个趋势互补的是一种使命，主要运用教育心理学家桑代克（Edward L. Thorndike）等人的理论，强调性向测验（如史丹佛·比奈，Stanford-Binet 的智商测验）和定期的技能与成就测验（从阅读测验到大学入学考试）。教育史专家拉格曼（Ellen Lagemann）很生动地描绘这样一场竞争：

> 我常常与学生说，除非认识到桑代克赢了，杜威输了，否则就无法了解美国 20 世纪的教育史……如果说杜威受到某些教育人士的崇敬，他的思想对比较多的学术领域有影响力，那么桑代克的思想对教育领域有更大的影响。这样的说法有助于我们了解公立学校的做法与教育的学术研究。

虽然我个人对大规模官僚化的霸权与日益繁杂的标准化测验深感痛心，但我还是得指出进步主义教育的一些弱点。虽然进步主义教育承认每个儿童都是独立的个体，有其发展的潜力，但他们对儿童在学校里可能遭遇的问题仍然没有足够重视。有些儿童学习基本技能有困难，有些儿童缺乏适当的学习动机，有些儿童的学习方式让他们很难掌握某些科目。我们应该赞赏进步主义教育不把儿童放在同样的框框或贴上同样的标签（或错误的标签），对他们循循善诱、因材施教。但有时，一些进步主义教育人士所用的方法会太过放任，以致使很多学生无所适从。

换句话说，进步主义教育对有关心子女教育的家长的儿童，以及对上学有强烈的动机和好奇心的学生，成效最好。我并不因为这种学生在任何教育方式的教导下都会有很好的表现，而不肯定进步主义教育。但对那些来自穷苦人家，不知道如何（或许是缺乏勇气）去探索环境和从自己的活动中学习的孩子来说，进步主义教育对他们的成效就不那么乐观了。进步主义教育应该结合其他方法，针对心智不那么独立的学生、缺乏自制力的学生、有明显学习障碍的学生以及天资优异的学生，提供更多不同的协助与辅导。越来越多的学生需要这种协助、辅导、模范与鞭策，虽然这种做法常常被认为不符合进步主义教育提倡的轻松、活泼气氛。

进步主义教育常见的另一个弱点是忽略评估。对大多数的传统式教育来说，评估是家常便饭，可以说实在是太多了。如我在前面所强调的，这些评估十分简单化且不恰当，往往使得学生偏离深入的理解。因此许多进步主义教育人士对传统的评估手段非常排斥，尽可能摆脱标准化测验的限制，这种情形可以理解，事实上应该说很值得赞赏。

但是，希望能看到教育的成效并非一项不合理的要求。进步主义教育者往往片面相信进步主义教育方法的功效，不管采用的标准为何，他们都很少愿意花力气去证明学生们的确在学习，而且能够达到一定的理解。教育人员不是认为教育的成效是不言而喻的，就是认为用外在的指标来衡量绩效是很鲁莽且不适当的要求，再不然就是坚持成功只能用自己的标准（可能是很特殊的）来衡量。当然，若真的有这种进步，即使缺乏评估手段也无伤大雅，但所有的教育机构都要防备自己的方法有可能缺乏成效，且必须表明一有需要即愿意反省、评估和革新。由于进步主义教育学校不愿采用任何一种评估，使许多人认为（经常是固执地认为）学生只是快乐游戏，什么都没学到。

不管是传统教育还是进步主义教育，要评估什么和要如何评估，都必然是个非常头痛的问题。我个人对这个议题反复思考的心得，构成了本书最后一篇的核心内容。

若以要达成学生产生理解这个目标来说，进步主义教育要比其对手更有效。进步主义教育着重有意义的活动，例如要学生在可以做决定的各种情况下，进行广泛的探索活动，因而有比较多的产生理解的机会。进步主义教育也了解合作互动的重要性，认为那是学生能深入理解的关键。谴责进步主义教育无法根治学生的错误概念和偏见，是不公平的，因为在此之前，尚无一派教育哲学感觉到这个问题的存在。然而，我们还是得正视进步主义教育的另一项弱点：相信学生有独立达成理解的能力，这种观念可能使不少教育界人士对我前面提到的学生的错误概念与偏见视若无睹。

不管如何，不接受评估使不少人批评进步主义教育没有真凭实据来表明达成理解。我猜想，在这些学校里表现比较出色的学生，确实已获得丰富的理解，而且也比较有潜力加强自己的理解。但在这种乐观、理想化的学习方式下，到底有多少学生被牺牲掉仍是个未知数。

检视教育改革的选择方案，我主要比较了两个主要的派别。一个是比较传统的"回归基本技能"，我们已经看到它有许多缺点：强调基本素养，不管是文化或语言文字，但是一旦缺乏使用的环境，这些素养就变得毫无意义。布鲁姆的有教养社区的想法，至少还包容了注重理解的印象，但这种观点的致命伤在于狭隘性与自命不凡的精英主义。

另一方面，比较有希望的是具有鲜明美国品牌的、目前已不再局限于北美洲的进步主义教育。这种形式的教育比较经得起多元化与民主的考验，也比较强调结构丰富的结构活动与方案设计、学生的创新与参与、建构性学习以及有意义地参与学校和社区的活动，在教育中寻求理解或产生理解。进步主义教育的弱点，包括过度相信学生有自我教育的能力、不愿意接受评估以及可能会把值得追求的目标与已达成的成就混为一谈等，这些都有待修正。

事实上，就是在发展最完整的进步主义教育模式中，我找到了通向产生真正理解的教育环境的线索。这些模式存在于一世纪以前杜威的论述与帕克等开路先锋的教学措施中。在今天的许多学校里仍然可以见到。我们现在可以相信，这种追求理解的教育，可能比进步主义教育时代的乐观派人士所想象的还难以实现。但同时，我们可能可以找到其他有力的工具，帮助我们朝这个美好的教育愿景迈进。

第十一章

童年时期的理解教育

  我们不是要将每个学校改建成博物馆，也不是要把老师转变成师傅，而是要思考如何让博物馆的气氛、学徒制的学习与活动等种种长处，延伸到家庭、学校、工作场所等各种教育环境中。儿童博物馆的启发兴趣与开放胸怀，必须与学徒制的结构、严格与纪律性结合起来。

想象有一个这样的教育环境，在那里，七八岁的儿童除了上正式学校之外（或者干脆不上），还有机会在儿童博物馆、科学博物馆和一些探索发现学习中心上课。在这些教育环境里，成人只是以实际应用各种学科和技能的方式参与其中。我们可以看到电脑程序设计师正在技术中心工作，动物园工作人员和动物学家正在照顾动物，自行车工厂的工人在学生面前组合自行车，日本妈妈在日式房屋内准备糕点和茶艺招待客人。即使是馆内的设计人员和装饰人员也在孩子眼前工作。

在教育过程中，儿童还参加各种学徒小组向成人学习。各个学徒小组里的学生年龄不一，他们在各领域或专业方面的知识程度也不同。在学徒教育的过程中，儿童有机会使用各式各样的基本技能，例如，参加程序设计师小组时会用到数字和电脑语言；在与日本家庭互动时要用到日语；参加自行车工人小组要学习阅读说明手册；参加馆内设计师小组时需要制作墙上的标志。这种学生学徒小组涵盖了各种学习活动，包括艺术活动、需要锻炼身体技巧的活动、带学术倾向的活动等。总的来说，这些活动融入了文化所需的读、写、算等基本技能——主要语言的读写、数学与电脑运算和各种职业或休闲活动所要用到的技能等。

这种教学法的学习与评估大多采用合作学习的方式。学生合作完成活动，这些活动通常需要一群具备不同技能和程度不一的学生来合作完成。例如，组装自行车的小组大概需要六名儿童，工作范围从找零件组装起来，检查刚组装完成的成品，到修改手册或编写广告文案。学习评估也有各种不同的形式，从学生写活动日记来监控自己的学习，到"道路测试"，例如，做好的自行车能让使用者满意吗？有人会买吗？由于小组里年纪较长者或"教练"，是技能纯熟的专家，他们明白自己的工作是在训练未来从业人员，因此举办这些活动的原因很明确，标准定得很高，如果学生圆满完成工作，就会自然流露满足之情。而且由于学生一开始就参与有意义、有挑战性的活动，他们会感觉到自己和同伴的努力对工作的成果有决定性的影响。

适合儿童的教育环境

读者对这种不让儿童上学（或除了上一般学校之外），只参加密集的博物馆课程的做法，开始持怀疑态度。这两种机构截然不同，"博物馆"代表轻松、好玩儿、享受、临时性的外出活动。旧金山探索馆（San Francisco's Exploratorium）的创办者欧本海默（Frank Oppenheimer），曾经很高兴地评论道："没有人在博物馆会不及格。"相反，"学校"代表严肃、经常性、正式、刻意安排的环境和机构。如果我们不让学生到学校，而是到博物馆上课，会不会毁了学生的前途呢？

我相信结果正好相反，当今的大多数学校才真正有毁掉儿童的风险。即使学校在过去对社会多数儿童多么有意义，如今一切都改变了。对大多数学生和家长以及老师来说，并没有什么迫切的理由非要到学校上学不可。学校无法提供必须上学的理由，在学校所学也很难令人相信将来有机会真正派得上用场。试试看能否为城市里的中学生（或家长）找出需要学二次方程式或拿破仑战争的理由？真实的世界好像不是在学校里，而是在媒体和市场里，甚至可能在毒品、暴力与犯罪里。学校里的活动，即使不是绝大部分，至少也有大部分，是因为上几代人都那么做所以还那么做，而不是因为有令人信服的理由必须那么做。人们常说学校的基本功能是养护而非教育，好像也不无道理。

正如有可以作为榜样的学校一样，当然也有设计不佳与经营不善的博物馆。但学校这种机构已经越来越不符合时代的需要了，而博物馆则越来越有潜力吸引、教导和激发学生产生理解力。更重要的是，博物馆可以帮助孩子们为自己的未来学习负责任。

机构的重要性之所以产生如此鲜明的转变，乃因为两个相辅相成的事实。一方面，今天的儿童生活在一个充斥着前所未有的刺激的时代里，即使社会经济地位较低家庭的孩子，也天天在接触诱人的媒体与科技，包括从电脑游戏到太空探险，从互联网络到即时通信。有很多例子显示，这些媒体都可以创造相当吸引人的产品。对今天大部分儿童来说，那些一度让他们很投入的活动，例如在教室阅读或听老师讲解古老的教材，都开始变得无可救药的乏味，实在很难再吸引他们了。另一方面，科学博物馆与儿童博物馆则在进步，一系列的展览、活动与示范都是根据吸引儿童的各个领域来设计。他们的作品代表那个领域的职业、技能和抱负，当然很容易引起学生的兴趣。

我在前几章中列举了一些儿童在理解学校课业时会遭遇的困难。即使博物馆不会让人不及格，也很难说每个学生都能够理解展览的内容与意义。事实上，我认为"走马观花"式的参观常常会产生误解或缺乏理解，而只有学徒制式的积极而持续的参与，才能提供更多的机会获得理解。在这种长期的关系下，新手才有机会每日目睹需要学会这些技能、过程、概念、符号和记号系统的理由。他们可以观察到专家们灵活自如地运用各种内在或外在知识的表现。他们有机会直接接触误解或错误的分析所导致的后果，或者亲眼看到计划周全的程序运作所带来的快乐。他们从过去处处以大人为榜样模仿学习，转为尝试自己动手创新，虽然有时候还需要师傅的指导和批评。他们能与表现更好的伙伴们共同讨论有哪些替代方案，也可以帮助新加入的同伴。对我来说，这一切都是在引导学生走向有能力的状态——能展现出运用技能与概念的能力，而这种状态就是获得理解的证据。

如果我们要设计适合今天学生与未来世界的理解教育，就要认真考虑博物馆的经验和学徒制里的各种关系。我们不是要将每个学校改建成博物馆，也不是要把老师转变成师傅，而是要思考如何让博物馆的气氛、学徒制的学习与活动等种种长处，延伸到家庭、学校、工作场所等各种教育环境中。儿童博物馆的启发兴趣与开放胸怀，必须与学徒制的结构、严格与纪律性结合起来。我所说的基本特点，都应该是各种教育环境的重点，从学前儿童到退休人员的教育，以及各个学科的学习。

在本章和下一章，我要回顾一些比较有成功希望的教育理念。首先，以年幼儿童的教育为例，包括学前教育与小学教育。对这个阶段的儿童来说，最关键的是有机会密切接触到那些有助于人类各种智能发展以及结合不同智能的素材。我特别强调一种完善的学习环境，在这种学习环境里，学习和工作的讯息都应该清晰且有吸引力，儿童才有可能有意义地学会基本技能。在本章的结尾部分，我会谈到中期儿童的教育，这个阶段是采用向成年专家学习的学徒制的关键时刻，这也是通过有意义、鼓励学习的方案设计活动来提升基本技能的大好时机。

在下一章我将讨论年龄较大儿童的教育，对这个阶段的学生来说，掌握学科知识是最大的目标。因此，学生必须有机会直接面对各种不同理解方式的差异，并且加以整合，以达到最完整的理解。就错误概念来说，我建议采用"克里斯托弗式接触"；当学生使用呆板运算法则时，我认为必须帮助他们探讨相关的语意领域；至于刻板印象，我则鼓励在做作业和设计活动时采用多重观点。

据我所知，学生不可能漏过本书所描绘的各个阶段。任何年龄的学生，只要是以新手的身份进入正式学习应付各种不同理解形式之前，都必须经历一段探索期与学徒阶段。对年龄较大的学生来说，这段时期或许可以缩短，但能缩短到什么程度则还不很清楚。

虽然我描绘了不同年龄与专业程度的学生的不同学习方式，但我还是希望，各种学习环境都可加以改造以适合不同的学生。丰富的学习环境、技能纯熟的"师傅"以及能调和各种不同表现的课程，在各种教育天地里，都会有自己的位置。事实上，即使我所描述的教育项目有不同的着重点，但接下来我要介绍的一些主题则是它们的共同特点，也是所有强调理解的教育的共同特点。这些共同的特点是：认同不同的儿童有不同的智能特长和不同的学习方式；教师必须是重要技能与学习态度的榜样，而且能将所追求的表现具体地呈现出来；不断地参与有意义的方案。长期投入各种个人或团体活动也是有效的学习之道。或许最重要的是，所有这些教育过程，都应该注重清晰的评估。这种评估必须尽可能地在日常学习活动的情况下进行。儿童在受教育期间，必须定期在学习环境中接受他人与自己的评估，而且变成越来越自主进行的部分。这些课程、教学法和评估能否普及，都要视儿童博物馆和学徒制的力量是否和学校的权威与规则结合在一起而定。

我相信这几章总结的各式各样的教育实验与前沿的研究计划，对教育都会有良好的影响，因此，研究这些教育模式有很大的用途。但我也必须强调，这些教育实验融合了多种理念、分析与理解，而不仅仅是采纳某一种或某些教学方法。口号或表面的教育改革，经常被误认为教育改革已经实现而且已经取得成效的证据。事实上，学校不会只因为效法儿童博物馆、实施相应的教学或强制记录学生的学习过程，教育会做得更好。儿童不会仅仅因为观察师傅实地示范就能获得理解。但只有这些创新教育背后的理念被接受，教师和行政人员也尽心尽力地寻找实现这些创新的方法，下面的例子才能有启示作用。

"多彩光谱"项目

根据对儿童的研究，我们设计了一种教育方法，希望能够巧妙地将学校和儿童博物馆的优点结合起来。这个教育方法的原型就是"多彩光谱项目"（Project Spectrum），一种学前教育与小学低年级教育的新尝试。"多彩光谱"开始时是个合作的评估项目，由我和我的老同事塔夫兹大学（Tufts University）的费尔德曼（David Feldman）教授与哈佛大学"零点项目"的克莱契夫斯基（Mara Krechevsky）共同执行的。1984年这个项目刚开始时，我们研究的主要目标是要确定学前儿童是否已出现清楚的智能组合。我们可以很肯定地说，即使是四岁儿童，也已经呈现出非常明显的智能结构。在研究的过程中，我们同时也发展出适合学前儿童的通用教育方法。

在"多彩光谱"的课堂里，儿童每天接触的都是丰富、生动、可以引发儿童运用智能的材料。我们不直接使用标有"空间"或"数理逻辑"的教材来刺激各种智能，我们使用的教材是能够具体呈现社会上的各种角色，或运用各种智能后的"最终状态"。所以，我们会在一个自然学家的小角落，在那里我们准备了很多种生物标本以供学生仔细观察，并与其他材料比较，在这个小角落里学生需要同时运用感觉能力和逻辑分析能力。还有个讲故事的园地，在那里学生使用能激发灵感的小道具，来创作有丰富想象力的故事，设计自己的"故事板",这个园地可以激发学生运用语言、戏剧、想象力等方面的才能。还有个小角落是建筑区,儿童可以在那里建造教室的模型,或塑造老师和学生的小雕像。在这个区域里学生要用到空间、肢体运动和人际关系等方面的智能。在"多彩光谱"教室里,还有许多个类似的区域,激发学生使用各种或多种智能。

在这些小天地里,儿童需要细心观察有能力的成人和年长的伙伴在这里工作或游戏。有了这种观察的机会,儿童就能很快了解使用这些教材的原因和这些技能的性质,通过这些教材和技能,师傅能够和他们进行有意义的互动。但是有时候不见得总能提供这样的学习环境,因此需要设立"学习中心",让学生定期单独或与其他初学阶段的同伴一起接触这些教材,发展某些智能。我们的"入门"环境是一种自我教育式的学习环境,激发儿童认知潜能与个人成长。

在这种环境学习一年或一年以上的儿童,有很多机会接触不同的学习领域,每个领域都有一套自己特别的教材、技能和需要运用的智能。由于五岁儿童已经有丰富的心智和好奇心,他们大多数都有能力探索大部分的领域,而那些无法网罗这么多领域的孩子则被鼓励去尝试其他的教材或方法。在一年的课程里,教师大体能够观察到儿童的兴趣与才能,因此不需要特别的评估手段。然而,针对各个领域或工艺,我们设计了特别的游戏和活动,以便更精确地断定儿童在那个领域的智能。

年底的时候,各个儿童的资料将由研究小组总结成"多彩光谱报告"。这份报告描述各个儿童的长项和弱点,并且向家庭、学校和社区建议如何帮助这些儿童发挥他们的长项、改善他们的弱项。这种非正式的建议很重要。传统上心理学家太过注重制定规范或归类。学校人员能够根据学生的能力与选择,记录他们在学校生活中所做的努力,来帮助学生和家长为将来的课程选择做出明智的决定。

过去数年,"多彩光谱"从评估学生智能强项的工具,演变成完整的教育环境。我们通过与学校教师合作,发展出一套启发各种智能的主题式教材,例如"白天与晚上"和"我"等大主题。幼儿课程偏重探索式,年龄稍大儿童的课程则结合学校的传统目标，先提高儿童的基本素养和准备这些文化素养的态度、方法和技能。因此，儿童是在自己感兴趣以及有相当基础的情境下，来学习读、写、算等基本技能。例如，儿童学会棋类游戏后，可以向他们介绍数字得分系统。儿童在"故事板"上创作冒险故事之后，可以开始练习将故事写下来、念出来或改编成戏剧。

适应性是"多彩光谱"课程最令人振奋的特色之一。美国的多个地区的教师和研究人员，就把"多彩光谱"当作达到多种不同教育目标的出发点。在适度修改之后，"多彩光谱"教育方法也可以用来为四岁到八岁的儿童做诊断，分析他们的特长和教学方法。这种方法用于普通学生、资优生、残障学生，甚至是可能退学的学生身上，也适用于研究、补救或加强计划的对象身上。最近，"多彩光谱"成为一项指导课程的核心，参加这个课程的儿童有机会与社区里的大人一起工作，这些大人是运用各种智能工作的专业人员。由研究者转成实践者之后，我的乐趣之一，就是和一群彼此素昧平生但为了各自的需求而实施"多彩光谱"的人共同讨论。从这些交谈中我们可以清晰感觉到，像"多彩光谱"这种学校和博物馆的综合体，非常适合于不同兴趣、背景与年龄的儿童。

我们将自己的研究工作明显地与儿童博物馆联系在一起。通过和波士顿儿童博物馆合作，我们把"多彩光谱"课程中的各种主题式教材和教具，转化为可以在家中、博物馆或学校里同样适用的模式。家庭和学校提供的是常规定期的激发环境，博物馆则让学生有机会接触到震撼人心的展示，例如从天文台观察月亮和星星。我们希望儿童在不同环境中接触一系列的主题、教材和技能运用，帮助他们将这些经验内化，我们谈的是在不同环境下产生"共鸣"，最终引发儿童将重要的理解转化为自己的经验。

显然，当儿童有机会定期参观博物馆时，这种互相充实的方式最见成效。所以，当华盛顿特区的首都儿童博物馆受"多彩光谱"课程启发，设置学前儿童教室时，我们感到非常振奋，因为这是一个融合学校与博物馆的理想教室。即使无法定期经常参观博物馆，如果学生能够事先在课堂上有充分准备，那么当他们与博物馆的专业人员互动时，仍然可以受益匪浅，尤其是当儿童回家或回学校后，还有机会再以比较轻松的心情接触相关的经验或课程，收获将更多。

"多彩光谱"课程有鉴定学生才能和倾向的特别功能，而这是一般学校做不到的。六岁的唐尼（我喜欢这么称呼他），他来自深受暴力与药物之害的家庭，在学校已基本上没法跟上班级的学习进度，在入学一年两个月之后，老师不得不判定他必须留级重读一年。

但唐尼在"多彩光谱"课程中，表现出装配方面的特殊才能。他比同年纪的学生更善于拆卸和拼装一些常见的物品，例如食物搅拌机和门把手等。（事实上，多数教师和研究人员对这些机械工作，都不如唐尼纯熟和不费劲）我们将唐尼的优异表现摄录下来给他的老师看，这位关心又尽心教学的老师大吃一惊，她很难相信，在学校学习有困难的唐尼，竟然在真实世界中的表现比许多成年人还好。之后她告诉我她失眠了三个晚上，她为自己草率地放弃唐尼而懊恼，也因此热切地希望找出了解他的方法。我很高兴地告诉大家，后来唐尼的学业成绩进步了，或许是因为他认识到自己在某些方面能够比别的学生表现更优异，以及拥有令比他年长的人尊重的才能。

除了可以找出儿童出人意料的强项之外，"多彩光谱"课程还可以找出令人讶异的学习困难。葛罗哥利（Gregory）一年级时成绩优秀，看起来在学业上有光明的未来。用本书的术语来说，葛罗哥利有学习符号与概念知识的技能。然而，他在"多彩光谱"课程的许多学习领域里都表现欠佳。他的老师觉得，葛罗哥利只有在有标准答案，并且有权威人士告诉他什么是标准答案时（典型地向标准答案妥协），才有良好的表现。"多彩光谱"的教材让葛罗哥利感到困难，因为许多活动都是开放式的，没有明确的标准答案，他因而感到受挫折，只好依赖老师或其他同学给他提供解题的线索。由于葛罗哥利参加了"多彩光谱"课程，他的老师开始想办法鼓励他冒险和尝试用新方法解决问题，让他认识到不是所有的问题都有标准答案，让他领悟到任何答案也都可能有其局限性。

有一点很重要而必须声明的是，"多彩光谱"课程是儿童早期教育的新方法，而非完全成熟的课程，我们还不知道在儿童早期教育中完全使用此方法会有什么样的成效,也不知道它是否可以延伸到小学高年级的教学。但我们确实知道:学生、父母和教师们都肯定它的价值;它能评估出各种不同的认知剖面图,即使对幼童也不例外;它的核心教材与概念,适用于不同的方式和不同年龄的人群。

我在这里描绘的是一种通用的教育法(结合学校与博物馆)和一个将运用该方法的儿童早期教育的特例("多彩光谱"课程)。当这种教育方法实施成功时,幼童能在其有潜力的领域获得能力与信心。以他们的发展阶段来说,可以说已经获得了理解,因为这些儿童能以有意义的方式将感觉动作和使用符号的潜能与他们目前所学习的课程结合在一起。这种初步的理解,与有意义的成人角色,例如机械工程师、说书人和建筑师等,是有关联的。这些理解的基础在于直觉概念,而不是直接挑战这些理论,他们借着社会所重视的实际工作来调节这些理论。

凡是熟悉教育实践的人,都会指出这些特色并非"多彩光谱"课程所独有的。相同或类似的教育方法,在过去半个多世纪以来美国各地的进步主义教育学校随处可见。以学前教育来说,可见于蒙台梭利(Montessori)教室、高度发展(High-Scope)教室,其他受皮亚杰、杜威以及他们理论的先行者福禄贝尔(Friedrich Froebel)或裴斯泰洛齐(Johann Pestalozzi)等人影响的课程。我认为这些努力汇合起来成为一股正面的力量,使得像"多彩光谱"这种基于研究的教育方法,能在幼童教育中有一席之地。

同时,我们也必须指出"多彩光谱"课程最突出的特征是:以理论基础的分析发现学生的智能强项,并努力让这些强项和有意义的成人角色联系在一起;创造出各种教材学习中心,以自然的方式发展学生的强项;编制出能提供可靠资料并给予学生发展中肯建议的评估程序;提供正值某一发展阶段学生的智能轮廓。这些特征不仅产生了一个具有鲜明特色的儿童早期教育,也使儿童可以在比较轻松自在的环境中检验他们的直觉概念,同时也鼓励儿童在小学阶段顺利过渡到基本技能和读写能力的学习中。

培养低年级儿童的文化素养

有些近年来从儿童发展研究发展出来的教学方法,也被应用到儿童早期教育上。我无意覆盖教育的整个版图,以下只把重点放在某几个学科领域的课程上。

虽然还是有若干理由支持以机械式练习和以语音为主的学习方式将儿童带到文字的世界,但若只是一味地强调这种方法,恐怕在今天已经落伍了。太多儿童不知道为什么要读书,因为他们周围的大人都不读书。有些教学课程值得一提,例如"全语言"(whole language)教学法,一方面成功创造培养读写活动的学习环境,同时也帮助学生获得将来能独立读写所需的基本技能。

"全语言"教学课程的基本理念是,及早让儿童沉浸在文字篇章的美好世界中,使他们先成为积极的学习者,再变成有文学素养的人。从开学那天开始,学生们就看到周围年纪大的人都在读与写,因而很快就能投入这个环境。他们自己讲故事,让其他学生将故事记录下来,以混杂着图片、自创的拼音与正确拼写的文字的方式制作自己的故事书,将自己的故事"读"给别人听,也听别人讲故事,或边听边评论,或"读"别的学生写的故事。他们也许会一边口述故事,一边在电脑键盘上输入自己的故事。教室的气氛就像杂志社或报社的编辑部,而不是由教师主导的传统教室。

只有当教师将这些教学法及其价值在自己的生活中具体呈现出来,这样的课程才能有效。因此,看到这些班级到处都是学生写的作品和写作半成品时,实在很鼓舞人心。这可能是过去四分之一世纪以来,美国小学教育有重大改变的一个好例子。虽然"全语言"教学还没有到处普及,但现在它正在许多十年或二十年前绝对想不到的地方实施。

这种小规模的教学法革命之所以会发生,是因为教师们自己发现(或再度发现)了他们不仅会写,而且是真心喜欢写作。这种精神当然有感染作用,儿童随即会对字母、文字和字义等发生强烈的兴趣。在"读"方面也有同样的情况。儿童不是因为别人告诉他要阅读而阅读，更别说命令了。但是由于他们看到周围的大人们都在阅读并享受阅读的乐趣，以及出于某些个人的目的，例如为了组装一台机器或看懂一则笑话而阅读，他们开始阅读。一些原本只限于有文学素养的家庭才有的幼年基本经验，现在学校里的所有学生都能享有。

良好的教室基调也是其他课程领域成功的关键。正如美国教育人士太过注重以发音为主的教学法而忽略了阅读的理由，算术也被视为一系列必须背诵的数字。虽然这样的教学会让基本计算知识测验的分数提高一些，但最终将走向自我毁灭，因为学生不了解进行这些有关数字的活动意义何在。

和"全语言"教学相呼应的一个数学教学方式，就是让数学成为小学整体气氛的一部分。数与数字运算成为同学间、师生间有意义的日常谈话。从一开始，"全数学"（whole-math）教学环境下的儿童，就被鼓励参与测量、计算与比较的游戏，这些游戏不仅仅是重复数字技能，而且还帮助学生完成有必要和有价值的活动。如厨房中进行的烹饪活动，就是一个上佳的情境，因为算术运算是为班上同学准备食物和上菜过程中必要的一部分。看时间、出游、为舞会买食物和礼物以及丈量布匹等，都是一些需要数字能力的活动。有趣的是，一旦投入这种十分实用的活动，许多儿童就会被（或再度被）数字与数字关系的世界所吸引。

同样的方法也可用来促进学生以科学的方法思考。不过，不像语文和算数的基本素养训练，小学阶段并没有相应的科学课程。一般来说，科学课程通常要到初中和高中阶段才有。这种不必要的延迟可能使学生错失学习科学的良机。皮亚杰曾非常令人信服地揭示，人类心智的科学习性，在许多方面都和儿童的兴趣与好奇心吻合，但挑战是如何将这些相关的兴趣转化成真正可行的科学研究，例如，动物世界的分类、机器运作的方法或天体运行的路径等。

这种针对幼年儿童的科学训练或科学"预备"训练，最关键的或许是认真培养思考的态度。年幼的孩子很自然会问："为什么我会有影子？我的影子为什么会变长？为什么有时候我的影子会有两个？"同样，这些孩子也会对动植物的成长现象着迷不已，对生老病死、时空概念，以及杠杆、齿轮与电脑等装置，感到好奇。有科学精神的教师不仅鼓励学生提出这一类的问题，还会加强学生观察、尝试小实验、记录实验结果的能力,并指导他们将这些结果与当初激发此实验的问题联系在一起。

一般来说,早期科学教育并不需要直接指出学生的错误概念,向错误概念挑战通常要等到孩子年龄稍长后再进行。事实上,应该一直等到儿童完全投入科学学说所讨论的现象,并且把他们自己的直觉想法和概念尽情发挥时,再进行修正的工作。

然而,有时还是可以介入儿童的直觉概念。例如,大多数儿童都相信毛衣含有热源,这些热可以传递到穿毛衣者的身上。我们可以帮有这种观念的儿童做一个小实验。先分别测量毛衣与人的温度。我们可以请儿童将温度计放在毛衣中数天,观察其温度变化;可以将毛衣放在密封的袋子或阳光下,再观察其温度的变化;可以将毛衣(或其他纺织品)穿在身上一个小时,或者披在宠物身上,然后再观察其温度变化。在这种简单操作的探究过程中,对物质和对热的原始理论被首次联系在一起,再将这些想法与细心探究的结果比较,最后根据证据修改理论。可以很肯定地说,学生绝对不会仅仅因为一个与其想法有矛盾的证明,而放弃原始的直觉,但通过这样仔细检验自己直觉的预测而发展出来的心智习惯,会在日后的科学学习中发挥极大的效用。

虽然在这里我将这些例子归类成大家熟悉的阅读、写作、算术与科学,但教学时没有这种划分的必要。根据20世纪初期进步主义教育发展出来的方式,以同一主题为中心的许多节课占据了一天中的大部分教学时间。比如"水"这个单元,几乎可以让学生在每一个科目中进行探究;学生可以写下自己对水的想法与感受,可以阅读这一方面的古典作品和幽默文章;一些关于水的活动可以使用到计算、测量与比较。当学生想到围绕着水的市政组织,想到有关能源开发和运输路线的许多争议,以及最近人们关心的垃圾处理和长期干旱等问题时,就自然而然地谈论到历史与地理方面的话题。最后,水当然可以成为学生以科学方法来探究各种问题的主题,这些主题可以包括水的来源与结构、水流动的原因、水的功能以及骤雨、污水、蒸发、汽化和结冰等自然现象。

虽然学生会觉得很有趣,但单单一个"水"单元的课程,并不会就此构成教学法革命。我们不能就此假定学生会把与水有关的各个层面自然联系起来，也不能认为这种横跨多学科的教学法，一定比单科教学更有趣、更有效。然而这种中心题材至少能让教师指出某一主题的多重关系和各个层次，使学生有机会将教材中被分割得支离破碎的知识联系在一起。因为学生有比较充裕的时间讨论某一主题，所以较能从几个不同的角度来思考。虽然这些互相关联的各个活动的目的，不在于直接挑战有关液体世界的直觉概念、错误概念与刻板印象，但其副产品往往是开始能批判性看待各知识领域的既有论断。

如果执行得好，"水"这一单元除了能提高儿童在读写、数字、社会科学与自然科学等方面的基本技能，更是在有意义的活动中运用这些基本技能的好例子，就好像儿童博物馆那些展示效果良好、寓教于乐的活动一样。而且，如果以学校为基础的活动，若能巧妙地与直觉认知方式整合在一起，就有可能缩小妨碍日后学习的不同表现方式之间的分离。

儿童中期：学徒制与方案活动

有些对幼童有效的教学法，也证明适用于中期阶段的儿童。这个阶段的儿童比较有系统地接触范围更广的学科。和以往一样，先从我们的研究开始，再介绍其他相关的研究。

奇异学校（The Key School）是美国印第安纳州印第安纳波利斯（Indianapolis）一所不寻常的市内公立小学。这所学校的创校宗旨之一，就是主张每天都应该刺激儿童的多元智能。因此，奇异学校的每一位学生，除了标准上的读、写、算和学科的主题中心课程之外，还要定期参加电脑、音乐与肢体运动（bodily-kinesthetics）的活动。这所学校反映出教师的构想和期望；从20世纪80年代中期，该校创校初期开始，我就一直担任其非正式的顾问。

虽然"多元智能课程"是奇异学校最突出的创举，但这所学校在许多方面，也都表现出追求理解的教育，其中有三项措施十分关键。首先，每个学生每天都必须参加类似学徒制式的"豆荚小组"（pod），在"豆荚小组"中，不同年龄的学生与有专业知识的教师一起工作，按兴趣学习某种手艺或学科。由于这些小组包括不同年龄的学生，所以每一位学生都有机会参加适合自己知识程度的活动，以适合自己的速度发展。学生在一位知识比自己渊博的人身旁工作，使他们得到观看专家如何进行有效工作的难得机会。学校有十多个"豆荚小组"，主题涉及从建筑到园艺，从烹饪到"赚钱"。由于"豆荚小组"的重点是要在类似学徒制的环境下获得真实世界的技艺，因此大大提高了获得真正理解的机会。

与"豆荚小组"活动相配合的是与广大社区的密切联系。学校每周邀请一些校外专家到校访问，向所有学生展示他们的专业或技艺。通常这些专家就是学生家长，所展示的题材也往往会配合当时的课程主题（例如，如果目前的主题是环保，到访者可能会谈论污水处理、森林管理或政治游说的程序等）。学生不仅能更加了解社会活动的多样性，有时候也能有机会在到访者的指导下进一步探索该领域。参加印第安纳波利斯儿童博物馆探索中心的课程是另一个方法，在那里学生可以参加几个月的学徒教育，进行诸如动画、造船、新闻和气象观测等持续性的活动。

最后，也是我认为最重要的，在奇异学校成长的一个主要途径是学生参与的方案活动。

每一学年，学校会提出三个主题，每一主题持续十个星期。这些主题可以范围很大，例如类型（patterns）、联结（connections）等，也可以范围很小，例如文艺复兴或墨西哥的文化遗产等。课程以这些主题为核心，学生所要学习的读、写、算技能与概念，则尽可能以自然的方式融入这些主题。

全学校要求每位学生都要完成一项与主题有关的研究，因此每位学生每年要进行三个新的研究项目。在主题结束时，这些研究报告都要展示出来，让学生有机会仔细观察其他学生的成果（通常他们都很乐意这么做）。每位学生都要向同学们简报自己的研究，说明研究项目的起源、目的、问题与未来的应用，然后回答同学和老师提出的问题。

更重要的是所有的研究简报过程都拍摄录像。各位学生都积累了一套保存自己研究的录像档案。这份档案可以看作是学生在奇异学校学习生涯中认知模式发展的纪录。我们与奇异学校的合作研究，就是以运用这些录像档案为主。

在今日美国学校中，多数学生要经历成百上千的大小考试。学生不停练习获取高分的技巧，在他们离开学校后马上变得毫无用处。与此相反，如果我们观察校外的生活，就会发现研究项目活动的用途最广。有些研究项目有时是指定个别学生完成的，有时纯粹是个别学生自己主动想做的，但大多数的研究项目代表了个人与团队两方面的需求和目标的结合。虽然有些学校多年来一直支持项目研究活动，而进步主义教育时期也有所谓的"方案教学法"的特色，但多年来的研究项目活动几乎从来没有记录儿童进步的档案。

我们的研究团队尝试在这方面有所贡献。我们认为，如果研究项目能以合理、便利的方式来实现，就可能受到学生、教师、家长和社区的重视。因此，我们致力于建立一种直接的方式，能同时评估学生在研究项目活动中所反映出来的发展精致度与项目反映出来的个人特色。

根据我们的分析，每一个项目都可以用几个单独的层面来描述。我们可以用发展的观点来看待这些层面，可以预计新生的表现是生涩的，较有经验的学生则接近毕业生或师傅的水平。采用发展的观点时，有人会问：这个研究项目的概念化情况如何？呈现情况如何？其技术含量、原创性和精确度又如何？学生要怎样才能精确知道研究项目已经达到这些标准？的确有可能对这些评估方式取得合理的共识，当然，研究项目经此方式来描述和评估后，能让整个社区更重视它，而不会将它当作一个装饰品。

用发展的观点来评估研究项目非常有价值，但另外有些层面也值得考虑。我们特别关注两个方面：一个方面是研究项目所表现出来的学生个人的特殊强项、局限、特质和整体认知情况；另一个方面是了解研究项目与其他学生、老师和专家合作的程度，以及善用图书馆、电脑数据库等资源的程度。

学生的成绩高低不会因为研究项目是更偏重个人的努力或更依靠集体合作的结果而受到影响。我们这么描述研究项目，是因为我们觉得这些特征代表了任何一个项目中人人都必须了解的重要方面，也代表了项目应该被关注而未被忽略的重要方面。尤其在与他人合作时，学生更能感受到一个研究项目可以有很多种不同的构思与执行办法，而且，学生们在反省自己个人的风格和贡献时，他们就好像在预览毕业后可能从事的一些活动。

我们关心的另一个问题是研究项目的准备工作。研究人员与教师起初多少有点天真地认为，学生已经可以独立创造和报告项目。然而，如果没有人帮助，大部分的研究项目要么由父母代劳，要么就是孩子们模仿以前做过的或从其他地方看到的活动。最常见的是像新书报道或站在天气图前报道天气那样的电视报道的风格。如果学生希望能有效地概念化、执行和报告研究项目，他们必须在研究项目进行的各个阶段与各个方面接受指导和支持。

这样的支持绝对不会破坏其作为个人研究项目的挑战性，而能使他们更投入项目研究且提高执行研究的能力。正如学生能在学徒制中，学到读写算能力、手艺、学科知识或小组活动的能力，同样，他们也能从学徒制中学到如何表达和执行研究项目。有些学生很幸运地能在家中或社区活动中得到学徒式的学习，比如有组织的体育或音乐课程。但对大多数没有这种机会的学生来说，小学很可能成为他们一生当中，可以用"研究项目"式的方法来获得跟师傅学习的机会，除非他们15年后有机会就读研究所。

完成项目研究的过程提供了产生新理解的机会。项目研究使学生能够针对新的目标或工作，将以前学过的概念和技能重新演习一遍。了解如何运用过去所学的表现或理解知识来对付新问题的挑战，是一项很重要的收获。计划研究项目、随时检查、预演、组合半成品、回答别人的提问以及最后批判性地观看记录摄像，应该能够帮助学生对其研究项目的主题有更深入的理解。

这些奇异学校的特色表现出儿童中期阶段的一些理解特色。在创造丰富的环境后，再加上一些比较正式或不正式的学徒制，以适合该领域的形式来学习这些技能，但学习的目标和运用，在学徒的眼中要鲜明生动。同时，所接触的学科并不是孤立而引不起学习动机的，而是学校课程中能让人持续不断参与的主题的一部分。学生在执行自己的项目研究过程中，将所学过的知识和技能运用起来，而这些研究活动对自己、家人和社区都非常有意义。这些技能和研究项目尽可能放在学校的日常活动环境中评估，参与评估的不只是老师，还包括同学，慢慢再加上自我评估。当学生向各种不同的观众说明，或观察自己研究的演变过程时，他（她）会随着时间的改变，往往以出乎意料的方式，用不同的角度来审视自己的研究项目。

我必须强调，我在这里所描绘的是一种理想状态。无论学徒制还是项目研究本身，都无法保证一定能产生真正的理解。学徒制可能演变成模仿或游手好闲；项目研究也可能演变成到最后一天才匆忙应付完成，而且大量引用和抄袭自己以前的或朋友、同学的工作。有些教材必须靠机械式的练习才能学会；有些则适宜在课堂上讲授，或者阅读课本，而不适合动手操作、博物馆式的活动或学徒式的安排。我并非要求全盘放弃现有的教育方式，而是希望能明智、合理地在可以发挥其优势的情境中，加入学徒制与项目研究。当这些方法实施相当一段时间后，对各种参与者有个别意义的教育就有可能产生，因而可以创建更有效、更灵活的学习形态。

以上建议的步骤也不是万灵丹药，奇异学校和其他使用这些教学法的学校也不是乌托邦。并非所有学生都能同样参加这些活动，参与的各个学生的收获也并不相同。然而，这种学校教育表明了，如果实施得当，即使今天美国不太好的学校也能够做到真正理解的教育。

儿童中期的理解教育

仔细审视美国的教育，可以发现有许多其他实验课程，致力于让更广大的学生参与有意义的教学方案，他们的宗旨就是真正理解的教育。其中有近来颇受关注、由李文（Henry Levin）设计的"加速学习"的学校，以及普格洛（Stanley Pogrow）的发展高层次思维技能的学校。这两个学校都强调发问、讨论与思考。

这些课程有的特别专注基本素养的培养。加州大学圣地亚哥分校的研究人员多年来资助一个为问题儿童开设的课后创新学程，参加这个学程的儿童运用电脑一起完成各种活动项目，从熟悉逻辑系统到编辑他们自己的报纸。这个学程的特色之一就是通过卫星和世界各地的儿童联网，包括从阿拉斯加到苏联的儿童。在班级内所做的调查和为班级报纸所写的故事，不仅对邻桌的同学有意义，还对半个地球外的其他人有意义，而电脑联网是达成这种沟通的有效方式。由于电脑终端机两旁的学生有和别人沟通自己的想法以及了解别人的想法的强烈动机，因此彼此之间的误解会很快被消除，而相互理解也在很自然的情况下产生。星星学校（Star School）也有非常类似的学程：各地的学生通过卫星与其他地方的学生或科学家联系，一起努力搜集与全球问题有关的资料，例如酸雨或环境里氡元素的污染。在这里，语言的障碍很容易就被克服。

面对面的集体学习是另一个增强儿童中期的读、写、算能力的教学法。这个称为"互惠教学"（reciprocal teaching）或"互惠学习"（reciprocal learning）的特色是一组学生在一起由训练有素的老师指导共同阅读文章。开始时，由老师先介绍面对这篇文章可以采用哪些角度或方法，然后说明这篇文章的主旨，提出一些老师自己想到的问题，澄清可能产生的误解，并说明老师自己对后续可能有哪些想法。接着老师尽快放弃自己的示范主导角色，由学生采取老师示范过的各种立场。老师仍然在场，随时帮助程度不一的学生，将整个小组的读、写、算能力提升到更高的水平。

随着"互惠教学"的进行，每一位学生都轮流扮演老师当初示范的角色，包括向其他同学朗读课文的一部分。随后交换角色，学生们有各式各样的角色：发问者、总结者、澄清者、质疑者或辩论者，因此每个人都有机会（事实上是有义务）以各种不同的方式来接触这些课文，并且以不同的心智形式来表达这些课文。孩子们学习如何合作来共同建构知识。这些角色都有一种监控的功能，可以看出哪些学生逐渐开始理解，而哪些学生仍然毫无头绪。当学生出现明显的困难，或有必要添加新的挑战时，老师就会介入。学生不再把课文看成是单一种类的个体，只能以一种方式来阅读和吸收，他们现在懂得把它当作各种意义的聚合体，是学生互动和提出各种诠释的成果。更令人满意的是，参与互惠阅读的学生能逐渐内化各种角色，因此，当他们独立阅读文章，没有可以模仿的老师或合作的同学时，也懂得怎么做。

像互惠教学这样的合作过程，对其他的读写技能也很有好处。日本学生早在小学一年级时，就会接触到复杂的算术问题，老师提出问题之后，留一周的时间来答这个问题。老师鼓励学生们合作解题、互相批评对方的解决方法、尝试以不同的角色来面对这个问题。老师虽然以各种方式来教导、指引或探索，但故意避免成为提供答案的来源。学生不仅能及早了解数学是一种主动的学习过程——格林诺（James Greeno）所谓的对话——同时也可以发现与同学互动的好处，每一位同学在解题的过程中都有特别的贡献。

教师兼研究员的兰伯特（Magdalene Lampert）主持了近年来为提升初中数学理解最积极的研究计划之一。兰伯特曾在一所普通公立学校教五年级的学生一个学年，致力于将那种学生寻找公式、标准答案和教师认可的传统学习方式，转变成学生发问、提出运用有关基本原理的假设，并且探讨整体数学意义的学习方式。老师的角色在于改变班上同学的交谈方式和内容，激发并鼓励互动，使得学生们就像数学家和其他日常生活中使用数学的人一样做数学论证。套用我们前面使用的术语，即从向标准答案妥协，转变成愿意冒险来获得理解。

有一节课颇具代表性。学生要从 1 到 100 的平方中找出规律或规则。没有特定的问题，也没有特定的答案。鼓励学生大声将自己的思考说出来，描述自己发现的规律，给这些规律下定义，并和其他同学辩论这些规律的意义。有关说明想法与辩论真伪的方式是否合宜的标准就会逐渐出现。例如"我对某某假设有疑问"是可以接受的方式，但"那是没有意义的蠢问题"则是不能接受的方式。鼓励学生说出自己的想法并加以辩护；鼓励学生以各种图表或手势更生动地表达想法。当课程进行很顺利时，只要很少的指导，学生就能推导出有关指数的关键想法。学生能分辨指数与乘法的不同，并且发现解决问题与辨识新关系的新程序。兰伯特的报告指出，在一次实施这种新课实验时，18 位学生中有 14 位至少提出一项有关指数的数学见解。

许多类似的创新教学法仍然可以沿用流传几世纪的教材，不过新科技逐渐被应用于初中的课程。范德比尔特大学（Vanderbilt University）的布兰斯福（John Bransford）和他的同事们使用精心设计的光碟与电脑联机，教学生基本的代数观念。"嘉斯宝"（Jasper）软件和嘉斯宝·伍德伯利（Jasper Woodbury）的故事有关，他必须用有限的金钱，买一艘船、加满油，并且在天黑前开回家。要帮助嘉斯宝达成这个目标，学生自然会面对和思考许多基本的代数问题和步骤。学生在处理体积、时间与距离时，自然会考虑到分数和小数点。除此之外，这个软件会出现相关的包括地理和科学等学科知识，当学生和他们喜爱的媒体互动时，他们会觉得自己像个专家。

我哈佛大学的同事华特斯（Joseph Walters）也以相同的方法，给学生提供 1850 年坐船抵达波士顿的每一位爱尔兰移民的资料。学生选择收留某一个家庭，并为他们谋福利。在做各种决定的过程中，学生不仅运用各种数学运算，而且能熟悉 20 世纪移民所面对的许多历史、经济和社会方面的问题。在相关活动中，学生阅读移民家庭的日记，并且在自己的电脑里创造了一份电子版报纸《领航者》(The Pilot)，这是一份曾在新兴的爱尔兰社区广为流行的报纸。如"嘉斯宝""移民者"这样的课程以孩子们容易接受的方式，涵盖了初中的大部分课程，让学生更主动积极参与这个活动，并在其过程中产生更丰富的理解。

年轻人通常会更积极投入这种以新科技为基础的活动，但这种活动的运用也引出若干问题。首先，我们是否只是用这种最新的玩意儿来吸引儿童的注意力？肯定的答案也不见得要避开它的作用，毕竟引起学生的兴趣是教育人士的首要任务。如果这些科技对学生的校外生活有益，而我们又假装看不见它的存在，不过是暴露我们的短视罢了。正如我在第二篇所指出的，将学生隔绝于大众媒体与消费社会之外，只会造成更多的问题。最好的办法是承认这些因素的存在，并且有效地将之融入教学，而非一味地忽视逃避。

第二个问题与成本有关。在某些情况下，例如"嘉斯宝"，初期投资于科技的费用不菲。除非成本降低，否则这种教材无法推广。不过"移民者"这套软件则是设计在苹果机的 Apple-II 上使用，而美国的学校已经广泛装设这种电脑，因此"移民者"软件的问题不在价格，而是在教师是否能够运用自如，以及是否能够对学生提供适当的协助。

当然最重要的问题是这种科技辅助是否真的能有效提高课堂学习，并使学生产生更深入的理解。这一部分的成果还不明确，因为有些创新发明能产生惊人的成效，而有些发明则对重要的理解形态没有什么帮助。即使以美国学校最广泛使用的电脑语言 Logo 来说，其教学成效迄今也尚无定论。

我个人认为，训练有素而高效的教师远比最先进的科技优胜，而且因为缺乏合适的课程、教学与评估的配合，优秀的软件和硬件也不见得会取得成效。当然，在其他因素都相同的情况下，使用最新科技来解题和处理数据，还是能对学生的学习产生相当大的帮助。如同其他教育实验一样，运用像"多彩光谱"这样的教学方式或像"移民者"这样的教学软件，本身并不能产生真正的理解。然而这样的教学，能促进学生的探索、学徒式的合作关系、对数据的多重表现以及对不同角色的了解。

我所推荐的这种重视学徒制、研究项目和新科技的学校，显然与过去以及现在的学校大不相同。从许多方面来看，这种学校非常像儿童博物馆，而不是19世纪50年代单一教室的学校，或20世纪50年代的大型综合学校。学生很可能会喜欢这种比较有活力、比较吸引人的教育环境，但除非这样的教育环境能产生更深入、有力的理解，否则还是没有达到这种学校的目标。

到目前为止的教育实验都表明，这种教育环境确实可以增强理解。我所提出的这些教育环境，都鼓励学生以各种不同的方式来表现知识，鼓励学生扮演技巧熟练的专家角色，鼓励学生进行为自己学习负责的自我评估。进行有意义的项目研究以及与同伴定期讨论，都有助于增加挑战刻板印象和错误概念的机会，也因此有可能产生比较现实、全面的想法。如果要使学生在中学或以后的以学科为中心的教学中获益，这样能反省自己的根本想法，这是非常重要的。

第十二章

青少年时期的理解教育

不单单是机械死板地学习，而是有机会参与多种学徒制的学习，并从中观察到运用这些技能的精彩实例。学生可以参与能让他们自主发挥与培养技能的研究项目，并且有机会运用适当的科技，这些科技易于操作并能够向学生们提出重要并能激发思考的有趣问题。

如果小学阶段有令人满意的教育，学生就会有扎实的基础来接受更专业，更以学科为中心的高中、大学甚至更高的教育。在小学阶段，学生们已经逐渐熟悉自然世界或人文社会领域里的素材。如果学生们能够生活在鼓励语文、数学、科学学习的氛围里，那么他们求知欲旺盛的心智就有很多机会来运用相关的智能。像"多彩光谱"之类的小学课程，以及"奇异学校"之类的教育机构，都可以作为小学教育的楷模。

小学中、高年级的学生如果能在这种理想的环境下受教育，就有机会发展出探索各学科的读写、数字与科学的技能，而获得深入的理解。不单单是机械死板地学习，而是有机会参与多种学徒制的学习，并从中观察到运用这些技能的精彩实例。学生可以参与能让他们自主发挥与提技能的研究项目，并且有机会运用适当的科技，这些科技易于操作并能够向学生们提出重要而会激发思考的有趣问题。大部分学生虽然极少直接质疑自己幼年时期的错误概念与刻板印象，但是当他们共同合作来进行项目研究活动、用激发思考的有趣问题来彼此询问，开始思考自己的学习过程时，就会渐渐开始质疑那些直觉式的理解。像"互惠教学法"或"嘉斯宝"之类的创新科技，都有助于培养出这样的学生。

由于有机会接受这种理想教育的学生不多，我们无法判断这种教育对击败或预防我们前面所提到的学习困难究竟有多少成效。不过，根据我个人的猜想，即使能减少这些学习困难，错误概念、刻板印象与呆板运用运算法则的情况可以减少，要想将它们连根拔除还是很难的。因此，在后一阶段的学校教育，就必须直接而有力地面对这些困难。

本章所提到的许多创新做法，都是为减低可能造成严重错误概念与妨碍认知能力发展所做的努力。我认为，像儿童博物馆这样的丰富环境、学校内外的学徒制、实际情境中的评估以及能提供各种入门法与典范的教学法，都较可能产生深入的理解。我曾指出，与传统的学习环境相比，进步主义的学校比较能取得显著的学习成果。我也曾指出，本书所描述的创新方法，若以目标来看，不论从个人印象还是量化结果来评估，都非常成功。整体来说，我们似乎可以断言，这些方法代表了非常有意义和有效的教育原则。

在某些情况下，必须超越所谓的友善环境，让学生直接面对困难。在接下来的几页里，我要回顾一些精心挑选自各种不同领域的实验课程的研究成果，这些课程让学生直接面对错误概念与刻板印象，并产生比较禁得起考验的理解。在错误概念方面，我鼓励"克里斯托弗式的接触"，要学生直接面对与直觉概念相矛盾的证据；在呆板运用运算法则方面，我呼吁多探究相关语意领域，并探讨那些领域的直觉知识如何形成正式的表达；而刻板想法方面，我则建议采用多重观点与立场，来刺激学生用不同的观点检视同一种现象。

创新课程

◇ 物理中的三种动力

新西兰怀卡托（Waikato）的科学教育家欧斯本（Roger Osborne）认为在学校可以发现三种物理动力：

1. 儿童主要展现出"原始动力学"（gut dynamics），这种动力学基本上是儿童在家里学到的。例如，从婴儿椅子上往地下丢东西，或在地板上踢东西，会产生什么样的现象呢？这种学习不需用语言，我们称为"物质的理论"的大部分就是由儿童的原始动力组成的。

2. 一般非专业成人所表现出的"外行人的动力学"（lay dynamics），这些非专业成人是儿童最常接触到的普通人。此外，儿童也接触到电子媒体和书籍。儿童从《星球大战》（Star War）和《太空入侵者》（Space Invaders）等流行媒体节目中，吸收未经过滤的信息。他们了解到失重的航天员，谈论力场与时间曲线，在语言层面好像有十分渊博的科学知识。但事实上，他们的这些知识十分肤浅，不是根植于经验基础，也没有实用价值，这与追求理解还有很大的距离。

3. 最后是"物理学家的动力学"（physicist's dynamics），主要是牛顿力学的各种不同变化。对初学者来说，这种专家的物理学，看起来还是一个陌生的世界，充满了无摩擦的斜坡与滑轮、均匀的重力场和质点等。有自己的语言与数学的上层建筑，这种物理学看起来似乎和直觉知识相违背，例如，当车子沿着圆形弯道匀速前进时，这部车子实际上却是以加速在前进。许多物理学家的动力学，若不是存在于远离日常经验的世界中，就是违反日常经验的。

根据欧斯本的分析，大多数学生不能领会基础动力学课程是要给他们提供新的动力概念。这些概念不仅与原始动力学不同，而且使用与外行人动力学也不同的语言。有些学生的确了解到有两三个不同的动力世界，他们虽然能在实验室的理想环境中操作，但却仍然无法消除自己的原始动力学或外行人动力学的概念。面对如前几章所叙述的情形时，一旦离开物理课的支持，就马上恢复原始动力学、外行人动力学或某些融合两者且具有个人特色的综合体。

欧斯本观察小学课堂教学后发现，这些学习往往混合了学生的原始动力学、老师的外行人动力学与课程设计者经过简化的专家动力学。因此，高中学生若不是更顽固地坚持自己的原始动力学，就是被三种动力学混在一起搞糊涂了。直接教授物理专家的动力学，会使物理学更难懂，而比较有反省能力的学生，例如，第一章所描述的我女儿凯丽丝，就会很痛苦地发现，原来自己并不了解天真的直觉、记号、有定义的名词与物理学家数百年来苦心发展的见解之间的关系。

虽然欧斯本没有想出简单可行的解决方案，但他认为必须趁早教授动力学。不过，教师不应该一开始就教物理学家动力学，而应该帮助学生发展、质疑与延伸原始动力学和外行人动力学，使这两种动力学能产生更好、更全面的世界观，以便为了解物理学家所提供的更正规的概念奠定良好的基础。学生有机会接触空气轨道、风动工作台或其他近乎无摩擦的表面，可以发展原始动力学的知识；学生学习使用摩擦力（辨别摩擦力与摩擦生热的不同）等名词，以及分析地心引力的各个有关层面（分辨下降的速度与地心引力之间的差别），可以发展外行人动力学的知识。儿童时期所学的这些课程，应该能使学生将来站在比较有利的基础上认识中学乃至大学物理课中讲解的摩擦力和地心引力知识。

◇ 物理表示法的克里斯托弗式接触

近年来有些创新研究致力于同时探讨表现知识的不同方式。目的在于反击未经检验且具破坏性的表现方式。有些比较可行的创新方法，是直接用一种了解求知方式来对抗另一种；让那些会引起误解的常见的直觉概念，受到最终比较有用的概念的直接挑战。这些教学法让我想到克里斯托弗·哥伦布（Christopher Columbus）的故事，他是第一个明确证明，应该用"地球是球状的"的概念取代"地球是平的"的直觉印象的人。为了纪念他，我将它称为"克里斯托弗式"的对抗或接触。

"克里斯托弗式接触"的另一个例子，是罗斯契尔（Jeremy Roschelle）与葛林诺（James Greeno）首创的模拟思维机器（Envisioning Machine）。电脑屏幕有两个窗口，各自显示不同的运动表现。下边窗口的"物体世界"（object world）中，有一些球与一只手。这只手能抓球、拿球和放开球，球和在真实世界一样运动，但为了方便观察研究，屏幕上会留下球的运动轨迹。

作为对比，上边的"牛顿世界"（Newtonian world）窗口内有符合古典物理理论的一组物体。学生们有一个"完美"的牛顿世界，允许他们直接操纵速度和加速度，这在现实生活中是很难办到的。在屏幕上物体是以圆圈来代表点式群体，而以箭头来代表运动，显示速度和加速度。可以设定圆圈的位置，也可以改变箭头的长度和方向来指示速度和加速度或等速度。当一个或多个点的起始速度和加速度箭头被设定好了之后，系统会根据设定好的参数来移动，并且留下所有的运动轨迹。

学生使用模拟思维机器完成不同的任务。例如，在观察物体世界窗口的运动之后，学生要设定牛顿世界窗口中运动的速度与加速度，使之模拟物体窗口观察到的运动。他们可以改变牛顿世界中的向量，以产生类似观察到的物体世界的运动模式。也可能要求学生设定两种运动，并比较不同设定产生的结果，例如同样的初速度与同方向但大小不同的加速度。

最后，也可以针对同一性质来设定多种表现方式；速度可以分别用速率向量的长度、点状轨迹的间距与穿越屏幕的运动来表示。这些有系统的协变性，可以帮助学生克服在速度、速率与加速度方面的错误观念。一般来说，通过想办法缩小牛顿世界中他们可以控制的运动与物体世界中他们试图模拟和理解的运动之间的差别，学生就会有进步。

"思考者工具"（Thinker Tool）是另一种电脑合成的表现系统，用来产生克里斯托弗式的思考。系统会要求学生注意同一物理事件的不同表现方式。例如，代表火箭的一个球，沿着屏幕上火箭台的斜坡以对角线方向移动。学生的任务是将火箭放在火箭台上的某一点，但不能撞到火箭台壁。学生在执行这项工作时，有机会观察到组成火箭速率的各个组成部分的图解。系统也可以把火箭沿着火箭台斜坡的运动、所留下的轨迹间距、火箭朝四个方向加速的爆发声音表达出来。这个练习要求学生运用所提供有关速度和位置的图解数据，为火箭导航。

在日常生活经验中，我们很少有机会遇到牛顿所描述的世界，例如没有摩擦力的世界。我们也没有机会仔细观察，当我们撞击正在运动的物体时所发生的真实状况。"思考者工具"提供了牛顿世界，让我们可以操控有关的变量，例如有摩擦力、没有摩擦力、调整地心引力的大小等。因此学习者有机会将自己的宇宙观念和模式，与牛顿的宇宙观念做比较，并且对这两种概念加以调和。而且，学习者也可以直接看到有必要使用较复杂的表现形式与计算，例如，为了理解和回答有关力和运动的问题，就有必要使用向量而不是简单的纯量。

在像"模拟思维机器"和"思考者工具"等以电脑为基础的教育系统中，我们看到特别适合于解决物理学习困难的科技。许多学物理的学生之所以概念不清，就是因为物理学家内心的理想世界（从定义上来说）和实验室中混乱的世界有很大的差别，与日常生活经验中没有分类的世界更是大异其趣。科技使学生得以再造物理学家的理想世界，并将其与真实世界所观察到的现象做直接对比。同时，由于电脑的多功能，我们可以随时设计一整套的小型实验，随个人心意安排与重新安排参数，对于那些很容易令人混乱、很难抽离单独讨论的力、速度或加速度等概念，也能发展出直觉的理解。

有许多实验针对类似"模拟思维机器"和"思考者工具"这样的电脑教学系统。即使学生有很多机会使用这些系统，他们仍然会有困惑和错误概念。然而，整体来说，学生能够逐渐发现自己的直觉想法与正规物理之间的不吻合之处，在通往掌握牛顿原理和步骤的道路上，他们已有些进步。因此，标准测验的表现也会有所提升。敏斯特尔（James Minstrell）和他的同事们甚至设计了一套苹果电脑的超卡（Hypercard）教学系统，这个系统要求学生们在错误概念和正确概念之间做选择，指出他们做选择的信心程度，并且找出最能代表他们想法的例子。若与良好的物理课堂教学配合使用，这种科技评估能教导出更为见多识广的学生。

其他克里斯托弗式的教学方法在传授物理科学方面，也都很有前途。比如，"视觉宝鉴"（Visual Almanac）是一种在苹果电脑上使用的多媒体光碟，其中有一节游戏称为"游乐园物理"（Playground Physics），学生可以在影碟中看到一些像自己一样的孩子们骑在旋转木马上，旋转木马以不同的速度旋转，孩子们站在边缘不同的位置上，或者前后互相滚动传球。学生在课堂上看了这些影碟之后，要预测各种不同条件下会出现的情形，例如，如果旋转木马速度加快而又有更多人在上面玩时，会发生什么情况？如果玩的人都集中在中央地带或分散于边缘地带时，会发生什么情况？如果有人试着让球沿着直线或曲线滚动时，又会发生什么情况？

在看影碟片段前后，学生可以在真正的旋转木马或旋转盘上进行类似的实验。除了有机会在影碟上或在教室里直接观察到实验的结果，学生也可以选择以数字或空间的形式来将结果绘制成图表。这种技术能将改变的情形以慢动作播放出来，并追踪记录实际状况。通过这种技术，使靠经验与感觉动作来理解旋转台的运动，到可以用一系列的数字、代数或几何原理来综合表现这种知识之间，架起了非常重要的沟通桥梁。

据我所知，通过"视觉宝鉴"来学习还未经过正式的测试，但我相信，与那些从未面对直觉与实证的差距，或缺乏教学法来帮助衔接这种差距的学生相比，使用"视觉宝鉴"来学习运动定律的学生，一定更容易摆脱错误概念的影响。试想想，一位儿童在看到一个绝对沿直线运动的球，却在移动的面上留下明显的曲线轨迹时，会是何等的吃惊。这种经验帮助学生注意到，在同一现象的经验、图形与正式符号表现之间，存在着克里斯托弗式的差距，并促使学生去寻求用以解释该现象的原理，例如角动量守恒原理。

在初中和高中阶段，"克里斯托弗式的接触"非常适合于纠正学生的错误概念，促使学生寻求更合适的表现和分析。然而，这种方法也不一定比其他教育方式更能提供神奇的力量。有时矛盾并不是那么明显，即使明显，学生也不见得会关心这些矛盾。而且，即使学生真关心它，也不一定能获得对该现象更适当的概念和解释。改变一个人最原始的、根深蒂固的概念并非易事；若想取得效果，克里斯托弗式的接触必须不断地出现，并且从不同的角度和论点来重复思考和分析。也许我们可以回顾一下克里斯托弗·哥伦布本身所犯的错误：哥伦布当初以为自己已经到了印度次大陆，而且从不知道自己发现了新世界。而且，虽然哥伦布时代的知识分子，已经渐渐相信这个世界是球形的，但直至今日，仍然有许多人似乎还在相信地球是平的，或者有一些奇怪的混合观念，例如认为地球整体来说是圆的，但我们所住的陆地则是位于切开的平面上。

◇ 探讨数学世界中相关语意的领域

传统科学课程的主要目标，是以学科专业理解的知识和概念取代幼年时期形成的错误概念。数学方面，学生存在的问题一般是呆板套用一项运算法则或公式，而这个公式是在某一种状况下学到的，但必须加以修正才能适用于另外一种状况。有效教学的重点，往往在于提供机会让学生能在各种不同的情况下，测试这些原理或公式，例如：判断其在何种状况下适用、探讨与这些公式有关的实际生活领域、考虑如何才能将直觉和经验理解与公式合理结合。要学生们预测或思考极端或少数的例子，往往能引起他们的兴趣，帮助他们看出这个解决问题的好处和局限。科技的辅助并非必需，纸、笔和思考其实就足够了。但是，有新发明的帮助也自然很好。

许多运用多媒体来探讨原理的工具，都是为高中数学而设计的。有一个名为"几何猜想者"（Geometric Supposer）的几何教学软件，让学生有机会运用最基本的形状，来随意组合复杂的欧几里得结构。例如，在证明一个三角形的边和底的关系后，学生可以运用这个软件来设计出任何形状和大小的三角形，以确定这种底和边的关系可以推广到什么程度。"几何猜想者"能让学生很快就完成在电脑发明前要花大量时间或甚至无法完成的工作：不再局限于一两个特例，而是随心所欲地探讨大量案例间的普遍原则。"几何猜想者"让学生有机会熟悉此一领域问题的各种可能性，不管是像三角形或平行四边形的图形，还是像平分的角或下降的高度等结构。这些可能性，都可以与证明时要用到的公理和推论联系在一起。

科技教育研究中心（Technology Education Research Centers）发展的教具雏形也有类似的功用，学生可以看到微积分处理的有关距离、时间、加速度和速度等关系的曲线。然后，学生站在装有感应器的镜片前，可以任意移动，测试他们能否通过移动来复制刚才所看到的曲线。通过这种方式，学生有机会把亲身感受到的运动与所学到用微积分表示的运动联系起来。在这个例子中，学习的目标不是学会微积分的符号，而是探讨这些实验的情形，如何具体表现出这些真正激发微积分符号表达的现象与知识。

这里值得注意的是，首先要求学生探索直觉上已经知道，但未曾系统思考过的领域：自己的身体在不同时间以不同的速度移动。然后要学生预测这个运动如何以某种符号系统来表示。接着介绍图形表现方式，最后再让学生接触表现物体运动的更正式的方法。一个课程单元之后，学生有机会仔细研究这些正规程序或运算法则是如何表示自己以前直觉反应的现象的重要特征的。学生有了这种经验之后，就不太可能根本不考虑所要解释的现象的特质就呆板地运用运算法则了。比较可能的是即使日后忘记了这项运算法则，也能了解微积分解决问题的一般方法。

也可以用同样的办法运用在学生操控关键变量实时观察结果的情形。例如，学生可以变化水位的高度和在不同容器间的流量，以研究速度的改变、积聚过程、溢满的条件或稳定状态，或者用自己的身体运动或玩具车的运动来做实验，以预测距离和速度形成的图形。在这些实例基础上，学生可以进一步创造自己的运动模式，大胆预测曲线的形状，然后利用实际的图形表现来检验自己的直觉。如果学生有机会搜集到与自己所关心的议题（例如酸雨或垃圾处理）有关的数据，然后自己创造分析这些数据的方法，对学生理解表面未必能具体显现的各种数学和统计的原理很有用。这种锚定式的经验可以帮助学生真实感受并理解到某一正式符号所包含的概念和原理，例如函数和极限。在解答几何和微积分方面问题时，基本的错误概念、偏见或呆板运用某一原理等情况，应该可以大幅减少。

减少，而不是根除。即使直接针对错误的见解，也不见得能推翻它们，有时这些错误的见解惊人的顽固。想想那些大学工程系的学生无法写出大学生人数是教授六倍的方程式就知道了。洛克希德（Jack Lockheed）和他的同事，对这种看起来十分简单，却又不断发生错误的情形大惑不解。他们着手设计电脑软件，希望让学生将疑难的问题转化成图形。但经过一整个学期的努力之后，似乎仍然无法让学生成为代数专家。更有甚者，一旦少了图形工具的帮忙，大部分学生又会产生像以前一样的错误。

当然并非所有的消息都是坏的。有时即使缺乏正式的教导，错误的概念或方法还是会得到改正。我们知道皮亚杰式的示范就可能有这种效果。在已成经典之作的守恒实验中，六七岁的儿童后来终于明白，尽管液体的形状不同，但水量是保持不变的。这显示即使在没有正式督导的情况下，儿童还是获得了深入的理解（事实上，在学生即将自己获得这些知识之前，督导并没有多大用处）。正如凯瑞所说，我们的文化所培育出来的儿童，会以比较合理的观点来取代个人中心的生物观，也就是认识到有机体的遗传结构、不同的功能系统以及生物学家所推崇的分类法等。这种在学校情境中所发生的再概念化过程，似乎并不需要外在的指导，只要在生物学成熟的文化中，经历社会化的过程就足够了。

是什么使得有些错误概念与呆板套用运算法则可以被根除，有些则顽固难化呢？目前，这方面的研究还太少，不足以提供一个可靠的答案。但好像当外行科学（例如在生物学方面）有所发展时，学生比较能放弃幼时的直觉想法，并且或多或少获得比较精确的概念。如果学生的父母、师长或朋友对某些议题有较深入的理解，或进行能产生清晰直觉的探索活动，也能帮助深入理解的产生。学徒制的教学、以项目研究为重心的教学和本章推介的自我评估都会帮助促进理解。

我相信本章所介绍的"克里斯托弗式"的直接接触,应该成为教师思维和学生课程的固定部分。这种方法不能只是偶尔为之,而必须不断使用,直到直觉化和简单化的想法彻底转化成更整合、更实际的理论。同样,在探索相关领域和惯常的实例测试中,决定应用的范围与限制的过程中所养成的心智习惯,应该能够预防呆板或不当地应用数学原理的情形发生。要进行这样的分析,"思考者工具""模拟思维机器""几何猜想者"与超卡物理评估技术(Hypercard physics-assessing technique)等教学辅助工具,都不应该只是研究人员突发的好奇心或研究项目的附属产品而已,而应该成为学生日常学习的一部分,帮助他们发展直觉,并妥善地将直觉知识融入各学科的知识结构中。

◇ 艺术与人文学科的多元立场

在自然科学领域中,我们所面对的传统的错误概念是比较直接的。在数学方面,问题是呆板地运用运算法则或原理。其他课程领域也面临类似的问题。我们在前面已经提到,学生在学习历史、文学、艺术或社会学科时,往往也有根深蒂固的偏见、刻板印象和简单化的想法。和科学与数学一样,我们不能期望在一次范例之后,所有的偏见就会消失得无影无踪。重要的是必须定期不断地挑战这些偏见,让学生有足够多的机会对这些教材发展出更丰富、更全面的理解。

虽然针对这些课程领域的研究不多,但所要遵循的通用方法似乎已经足够了。这包括三个步骤:第一步,尽量让学生深入某一学科的中心问题,使他们对相关的数据和证据能有完整的看法。利用一个月甚至一个学期,专注探究一个主题,这样做会更有效。美国宾夕法尼亚州的一个小学三年级班级,即对维拉斯奎(Velasquez)的《侍女》(*Las Meninas*)一书研究了一整年。像"移民"这个话题大可用几个星期来研究学习。这种长时间的深入探究,可以帮助学生克服以下的想法:用三言两语来综合说明绘画作品或者社会运动事件,或者只是用单一属性或只言片语来草草应付。

第二步，学生必须了解他们所学习的人文科学、社会科学或艺术学科的教材并非与现实世界脱离的。正如物理课上的证明与日常经验息息相关，人文社会学科表达对人类的关怀有其各自的观点、偏见和抱负。历史学家或作家笔下或艺术作品里的人物都和学生一样有自己的历史背景，而执笔或执行研究的学者，虽然他们在某些学科领域有特别的专长，但终究还是人。

第三步也许是最关键性的一步。要补救这些课程领域里学生有刻板印象的倾向，最好的办法是长时间地直接面对这些问题。学生必须经常有机会采取多元的观点与立场探讨问题。如果学生缺乏这种机会，他们注定会继续以一元的观点来看待这个主题或材料。然而，如果学生有很多机会站在各种学科和个人的立场来接触这些材料时，他们就越能看清楚这些刻板印象的限制。哈姆雷特或海神普劳图斯（Proteus）的多面性，必定能取代僵化的一元论。

要达成这个目标，有效的方法之一是采用与学生生活有关的题材，并且让学生有机会参与扮演各种角色，例如历史学家、小说家或地理学家等。历史学家霍尔特（Tom Holt）曾经要不同族裔的学生共同研究联邦时期的奴隶解放局（Freedman's Bureau）的成立一事。学生调查了当代历史学家对这一颇具争议性机构的不同版本的故事和毁誉参半的结论。"同一事件"的两种对立意见，最能有效地质疑那种认为历史不过是客观记录事实的普遍想法。历史学家贝林（Bernard Bailyn）给学生提出这样的问题：为什么美国开国元勋对民主又恨又怕？为什么许多德国人在1750年离开家园横渡大西洋到美国，而不是去离家150英里外的沃土呢？许多历史老师都曾要学生向亲戚或社区老人请教口述的历史，或调查当地引起争议的事件的起因。这种活动给学生一个担任实习记者、研究人员、人口统计学家或历史学家的机会。

◇ "艺术推进"：整合课程与评估

为加强学生的理解，我们自己的研究小组也发展出一种针对初中和高中的艺术与人文课程的教育方法。

"艺术推进"（Arts PROPEL）是我们与教育测验中心（Educational Testing Service）以及匹兹堡公立学校共同合作的五年研究计划。由名称可以看出这个计划的重心是艺术课程，尤其是音乐、视觉艺术和想象力写作；而"PROPEL"这个由首个字母缩写的名称，反映了我们努力寻找的教育组合：艺术创作者（producer），指作曲家或剧作家；艺术感受者（perceiver），是指对艺术的形式有敏锐辨别能力的人；艺术反思者（reflector），指的是能反省思考自己的艺术活动或他人艺术作品并加以评论的人，如评论家。

就像其他我曾参与的项目一样，"艺术推进"项目在开始时的重点也是评估。我们要评估真正的艺术潜能与成就，希望能超越那些愚钝的标准化测验，那些在明显不适用的学科领域还大量使用的评估方法。但正如其他的研究项目一样，我们很快发现，除非学生学到值得评估的知识、技能与理解，否则评估也没有意义。不久，"艺术推进"就成为课程和师资培训的研究项目，同时也是一套评估工具。

接下来我要谈艺术方面的理解。如果在艺术学科中以字面意义来谈理解的观念，就会把对"风格""韵律"或"文艺复兴"等某些概念的掌握当作理解。然而，正如我在本书中一直强调的，任何理解都应该以此一领域的大师所展现的能力和做法为中心，而各个领域也各有其特别的局限性和机会。

这样的观点角度显示艺术创作应该以某一种艺术经验为中心。"理解"涉及熟悉某一领域或学科中有生产力的实践，以及有能力以不同的立场来进行这些实践，包括观众、评论家、表演者和创作者的立场。在艺术的领域里，"理解者"是指能自由转换各种不同身份立场的人，就像理解科学的人一样，能够交替运用各种不同的了解或表现方式，来扮演实验家、理论家以及自我批判或批判别人等不同的角色。

这种理解观和一般儿童和许多成年人对艺术家的看法不同。按照常见的印象，艺术家是天赋异禀的特殊人物，独自坐在阁楼等待灵感的到来，产生出来的就是伟大的作品，创作过程与完成的作品之间没有明显的关系。根据这些想法，艺术家与一般人之间也没有什么关系。有创意的艺术家要远离观众、评论家甚至演奏者。有效的艺术教育就必须克服这种刻板印象，让学生了解艺术创作的复杂性以及对各种不同角色的包容。

在"艺术推动"项目里，我们发展了两种截然不同的教学工具，刻意跨越课程与评估这两个通常互相独立的领域。其中"领域项目"（domain project）是根据学科的中心概念或实践所延伸的课程系列，包括视觉艺术的创作、音乐的排练、为有丰富想象力的作品撰写开场白。在一个为期数日到数周的"领域项目"里，学生会以各种不同的方式来接触主要的创作实践，并且有很多机会来创作、感受和反思。学生也会遇到很多评估的机会——自我评估、其他同学的评估、老师的评估以及校外专家的评估，其中还包括来自远方的专家的评估。

"领域项目"是以数个适合于这个领域的层面，并以发展量表对学生的现有能力进行评估。因此，学生成为有反思能力的学徒，能判断自己形象创作概念的熟练程度，判断聆听演出时自己的欣赏能力，判断自己所写作品开场白的遣词造句与人物个性发展是否成功等等。在以上的各个领域，比较成熟精巧的表现会超越刻板的概念和行为表现，并且产生更复杂的艺术观。随着时间的推移，学生应该能在发展量表上显示出更高的能力水平；但同时我们也预期大多数学生会产生不平衡的组合，在创作、感受和反思等三个层面上的表现有可能高低强弱不同。

我们发展出来的另一个手段有时称为"档案"（Portfolio），但更正确地说，应该叫"过程档案"（process-folio）。典型的艺术档案收集了一个学生或艺术家的最佳作品，希望能借此进入著名的艺术学校、获得奖项、在画廊开画展或在剧院演出。档案本身强调的是最终的成品。我们的"过程档案"与此不同，顾名思义，它代表了学生在发展项目研究、创作产品或艺术作品时所经历的各个步骤和每个阶段所付出的努力。一份完整的学生过程档案包括：最初的构思、早期的草图和第一次的批评等；构想形成的每个"关键时刻"的详细记录；对其有直接或间接影响的他人作品——不管影响是正面还是负面的；自我批评、同学的批评、名师和校外专家的批评；最后就是如何在现有作品的基础上进一步加强的建议。

我坚信，"过程档案"的创设和维持十分重要，甚至可以说是培养我们文化中成熟艺术人才最重要的一环。对于一个只懂得一味模仿他人的文化，例如多数传统社会，这种反思的努力可能不是很重要。那里，每个人都几乎被大师的楷模包围着，这些楷模成为每个人学习和完成作品的支持力量。然而，在一个追求创造力、个人特色或"所有权"的社会里，有灵感的创作者必须与其作品保持一定的距离，这样才能看清楚自己的目标和方向、应该采取的步骤、要努力追求或放弃什么样的作品等，同时也应该有机会让其他有同感且有批判力的同事们看他的草稿，以取得反馈、建议甚至是赞美！

或许有少数的天才，可以在与世隔绝的情况下依然成为大师；或许少数艺术家有非常好的记忆力，能够记住早期作品的痕迹与一路进步的轨迹。但对大多数的人来说，有机会记录发展"过程档案"，并且发挥其力量使之成为反思进步与退步的动力，都非常有价值。

◇ "过程档案"文化

看着过程档案渐渐丰厚是件令人愉快的事，看到有才华的学生展示作品与记录作品的过程档案，感觉很美妙。但如果认为这种良好的收集过程是一件容易的事，那就大错特错了。

要树立这种"过程档案"文化最重要的因素是，教师和学生都要明白这种做法是非常有价值而且具有生成能力的。如果学生有机会观察自己的老师如何参与设计、如何反省这些设计和记录设计进行的过程，那将是很重要的一课。我们可以再一次看到学徒制的威力，因为教师参与真正的创作活动，倾力投入自己的才气并且有适度的反思。老师对学生作品的关心也同样重要。即使教师没有时间天天查看学生的过程档案，还是非常需要抽时间经常与学生一起谈论档案，并且提供策略性的反馈。一旦建立过程档案之后，年长的学生就能够帮助年幼的学生；同学之间可以互相帮助；老师有时候可以做"示范评估"，以一位同学为例，在其他学生面前示范和检讨他作品的进展，或与一群学生一起讨论。渐渐地，学生就能对自己的早期评估有所反省。

建立这种"过程档案"文化的另一个重要因素，是标准的清晰与维护。所有的教育方法本身都没有绝对的好与坏，即使"过程档案"希望大家重视以前会被学生丢掉的作品，但仅仅是重视还不够。教师必须明确表示他们追求的是高标准；即使教师支持学生的努力，仍然必须让学生铭记细心、修正、反思、纪律、定期自我检讨以及与他人分享反应的重要性（在目前大众媒体充斥的文化里，这种讯息似乎特别重要，因为在这种文化下的产品很多是速成的，人们容忍并习惯了草率的表现或言论）。整体来说，这些做法有助于产生每个成员都关心质量和标准的社会，也是产生这种标准最重要的催化剂。

我们在前一章曾提到，幼年教育中的写作课程，除非教师能在日常生活中具体展现信念和实践，否则很难塑造出具有文艺素养的文化。艺术与人文学科的教师有潜力成为实践者，并且以有意义的方式记录自己的成长过程档案。但要顺利承担这种需要主动性而又容易受外来影响而中断的角色，教师仍然需要得到别人的支持。在匹兹堡地区所进行"艺术推进"的初期研究计划的经验告诉我们，教师至少需要两年，通常要长达四五年，才能自如地成为过程档案文化中的一员。这其实也不足为奇，毕竟传统学徒也至少需要这么长的时间才能满师。

也许有人会期望像"领域项目"这样的评估与教材，应该有自己的价值。不过这些都是为了改变目前学习和教育的本质而设计的，不仅仅是学校内的教育，也包括放学后的日常生活和毕业离校之后的生活。在它的各种目的中，我认为最关键的还是要培养学生的责任感——对学习、追求进步、设计和执行一系列有意义的活动项目或计划等的责任感，并且将反省进步变成自然的心智习惯。记住，就这些方面来说，过程档案的运用并不限于美学或人文学科。事实上，很多自然科学、社会科学甚至数学教师都已经发现学习日记、过程档案和其他自我评估工具的好处。

学生的这种活动和教材模式，与学生对学校的典型看法有很大的分别，也与家长、教师和社区对学校的看法不一样。对学校的传统印象是，教师尽可能以有效的方法将知识和事实传授给学生；学生的学习方法虽然有个别差异，但学校似乎对此无计可施。反复的练习实在无法引起学生的兴趣。相反，"艺术推进"的教学法，将过去属于次要的要素推到前台，关心的是过程而不是产品。学生要想办法自己改变自己，而不是等待外界的力量带来改变（或者认为永远不会发生改变），并且明白评估的责任不应该完全由教师负责，学习者本身也要担负责任。我们已经远离标准答案主宰一切的教育环境，并且着手开创学生愿意为达成理解而冒险的教育环境。

在传统学校就读的学生，每次问他们今天在学校做了些什么时，听到的回答好像总是"没什么"。这样的回答可能传递了一个深刻的事理，也可以说是很轻率的反应，因为通常是学校对学生"做了"某些工作，或者偶尔是对教师"做了"什么。如果要产生有责任感的学习，如果要达到灵活的理解，教师和学生就必须自动自觉对教育负责任，愿意冒险并学习可以用来产生理解的知识和技能。

造就这样的教育环境并非易事。每个学生都有不同的需求、担心和渴望，而这个世界上对学生的传统支持力量都已减弱，提供这种支持的担子大多落在学校身上。唯有学校的细心关怀，公平对待来自不同团体的所有学生，关心他们的感受、兴趣、动机、价值观和认知目标时，才有可能建立并且维持这样的教育环境。

在这一章里，我回顾了一些有关帮助年纪较大的学生如何获得较高程度理解的努力。其中许多方法都和儿童时期的教育方法有关系：如培养丰富且以项目活动为中心的教育环境，建立学徒制的关系，强调合作学习等等。有些方法则是直接克服学生的错误概念和偏见：如采用克里斯托弗式的接触消除科学领域的错误概念；探讨不同的语意领域以决定数学原理的力量和限制；鼓励接纳多元化观点，以消除人文和艺术学科的刻板印象和简单化想法。我同时也强调让学生接触不同的成人榜样，以及让学生有机会采取各种互补的立场的重要性。最可能达成理解的做法是，通过融合各个合适的概念和直觉上熟悉的成人专家角色。如果能够根据儿童时期的智能强项与认知方式来塑造他们，才最有可能有效地达成理解。

个人理解能力的培养：五个入门法

最近对个体学习的理解，对重振教育很有帮助。虽然教育人士一向都很注意学生的个体差异，他们却又很固执地认为所有学生的学习方法都相似。对于学习方法比较灵活的学生、对于背景与学习风格刚好吻合教师教学风格的学生以及能够通过传统教学方式（例如讲演式的教学或从课本学习）学习的学生来说，这种想法存在并没有什么问题。但那些有心学习，而其个人学习风格与智能组合又不合乎一般教学法的学生们可就倒霉了。

只要教室里只有一位教师带着三四十位学生，而且只用一本教科书，可能就必须用同一种方式来教导所有的学生（唯有才华过人、精力充沛的教师，才可能在这种师生比例严重失调的情况下，还能做到个性化教学）。好在我们不再需要在这种限制下教学。通过前一章我们简要描述的方法，学生与家长们可以知道学生的学习风格，并且运用这些知识来找出比较适合自己的方式来学习统一的课程。学校可以努力让教学风格与学习风格互相配合。最重要的是，学校可以尽力收集和提供可用的资源，包括人力和技术资源，来配合学生的学习风格与文化背景。

我相信任何一个丰富、有益的主题——也就是任何值得教导的概念，都可以运用大体和多元智能相匹配的五种方式来教学。我们可以把这个主题看成是至少有五个门的场所。对不同的学生来说，最佳的入门处各不相同，进门后所走的路径也不相同。了解有哪些入门法，能帮助教师向不同的学生用他们最容易领悟的方式来介绍新题材，然后，当学生探索其他入门法时，就有机会发展多元的观点，这是矫正刻板思考的最佳解药。

让我们逐一探讨这五个入门法，同时考虑如何运用各个入门法来学习各种主题或概念。一个实例是自然科学方面的进化论，另一个则是社会科学方面的民主政治。

叙事入门法（narrational entry point） 这个入门法首先呈现与所要学习的概念有关的故事或叙述。以学习进化论为例，我们可以追踪进化分支的某一主干，或某一有机体的后代子孙。在民主政治的教学方面，我们可以介绍古希腊的早期故事，或是美国宪政政府的起源。

逻辑量化入门法（logical-quantitative entry point） 这个入门法可以通过激发数字思考或演绎推理的过程让学生接触概念。例如可以通过世界各地或各不同地质世代的物种事件来认识进化论，或者回顾对某一进化过程的正反论点。以民主政治来说,我们可以观察多年来国会投票的模式,或检讨开国元勋们对民主政治的不同论点。

基础入门法(foundational entry point) 这是探讨某一概念的哲学或术语学层面。这种技巧非常适用于喜欢提基础问题的人,幼童和哲学家其实都属于这一类人,而不是那种重视实用性的大部分的中年人。基础入门法运用于进化论的教学时,可以让学生考虑进化与革命之间的差异、我们寻找物种起源和改变的理由以及目的论和终极性在认识论所占的地位等。在民主政治的教学时,可以思考"民主"这个字的原始意义、民主政治和其他的决策形式以及政府的关系、放弃寡头政治采用民主政治的理由。哲学家利普曼(Matthew Lipman)发展了许多向年纪较大的儿童介绍基础入门法的好教材。

美学入门法(esthetic approach) 这个入门法强调的是感觉或表面的特征。它适合或至少会吸引喜欢以艺术立场来看待生活经验的学生。以进化论的教学来说,探索各种不同进化分支的结构,或研究有机体随着时间推进在形态方面的变化,都能刺激美学的敏感度。至于民主政治方面,一个有趣的方法是聆听不同的音乐演奏:团体演奏或个人独奏、弦乐四重奏或管弦乐队表演。另一个比较不奇特的方式是考虑各种投票团体的平衡或不平衡形态。

经验入门法(experiential approcah) 这是最后一个入门法。有些学生(年纪有大有小)擅长以动手操作的方式来学习,他们喜欢直接处理那些能具体显现或传达某一概念的素材。如果这类学生喜欢学习生物进化的概念,可以让他们培育一代又一代的果蝇,观察其突变的情形。如果是在社会科学,则可以将学生分组仿效不同政府部门执行决策过程,观察民主政治正反两方的意见,并与由上往下执行命令的政府对比。

用一句话来定义,就是好老师应该是能够为一个概念打开多扇窗户的人。这种教师不仅要能以定义、事例或数量方面的考虑来呈现进化论和民主政治,还要能够提供若干不同的入门法来引导学生。一个有效的教师就好像"学生与课程间的经纪人",根据学生所表现出来的不同的学习方式,时时留意有哪些教育辅助工具能够传达有关的内容——例如课文、影片和软件等——并且尽可能以有趣又有效的方式来运用它们。

运用多元入门法显然是解决学生的错误概念、偏见和刻板印象的强而有力的手段。如果对一个概念或问题只采用单一的观点或方法来看待，那么几乎可以肯定学生对这个概念的理解是有局限或僵化的。反之，采用多种不同的立场会鼓励学生以多元的方式来了解这个现象，发展多元的表达方式，并且将这些不同的表达方式联系在一起。像以"模拟思维机器"来鼓励克里斯托弗式的接触；通过自己的运动作为学习微积分的准备；采用"艺术推进"的感受、创作与反思者的立场来看待自己的艺术作品；通过阅读、讨论与体验的方法来学习某一题材——所有这些方法都与"向标准答案妥协"背道而驰，并鼓励学生为达成更彻底的理解而冒险。

毕竟，要彻底理解一个复杂的概念，终究不能只局限于单一了解形态或表现方式。我真的认为知识渊博的生物学家或政治学家的特征，是他们能通过各种不同的途径来面对关键的概念，并且将它们运用在不同的情形上。因此，精通进化概念的人应该能够自在地优游于问题的定义、形态学与能展现重要原理的实验证明之间。同样，对民主政治有深入理解的人，在解释最近发生在东欧的事件时，应该能够根据历史先例、观念差异以及过去曾经参与决策的政治实例来提出论断。

或许完美的思想家可以表现灵活的观点。正如弗兰克（Philipp Frank）对爱因斯坦的描述：

> 当爱因斯坦仔细考虑一个问题后，他还是觉得必须尽量多用一些不同的方式有系统地、精确地描述和呈现这个主题，以便使那些有不同思考方式与教育背景的人都能够理解。爱因斯坦喜欢以数学家、实验物理学家、哲学家甚至毫无科学思考能力的人的立场，来精确描述他的想法，如果这些人都倾向于独立的思考方式的话。

总而言之，上述各种入门法提供了许多有助于学生、教师和勇于创新的思想家达成深入理解的要素。我们一方面可以看到，在原始概念（或错误概念）、幼年时编的"剧本"和刻板印象，与儿童早期理解之间，有极大的鸿沟需要跨越，另一方面则可以看到各学科专家们深入的理解。即使在相当有利的环境下，这样的鸿沟也很难被快速跨越，他们必须采用我前面所描述的各种教育方法，不论是学前班还是中学，甚至到大学和研究所。

在我们的整个讨论过程中，有一点特别清楚：那些特别重视幼童的观念与直觉的教育，一定比不重视幼童的观念与直觉、认为这些想法不重要或终将自动消失的教育，更可能成功。年幼的儿童（年轻的理论家）的想法非常强有力，并可能持续影响终身。只有重视、接纳、进而修改或转变这些想法，才能出现更成熟、更整合的概念，也只有这样，理解的教育才有可能实现。

只要教育人士能考虑到幼童的心智，并且给予应有的尊重，那么他们就拥有了让广大学生都能对各种学科产生理解的概念、教材和技术。要引发这种教育革命并不容易，一定会遇到很多的挫折，因为有些错误概念、机械的想法和偏见确实很难根除。发展不是瞬间完成的，甚至不是一年的时间。但我们不能因此就断言这种理解不可能达成，也不能就此盲目地认为理解完全要靠自己孤军作战。好老师、好教材与良好的教育氛围，可以让整个情况改观。我们能否循此路径迈向理解的教育，是一个政治问题，而非科学或教学问题。

第十三章

迈向世界的理解教育

我认为我们必须深入学生的大脑之中,设身处地尽可能了解其概念的起源和强项。我也建议我们应该检讨自己对教育的基本设想和做法,并且指出这些设想和做法其实只是一厢情愿的,而不是证明有效的。同时,我也尽量避免直接提出达成真正理解的处方。本书所呈现的各种例子和教学模式,只是要显示教育可以向良好方向发展的各种尝试与努力。

向文化素养致敬，同时向狄更斯（Charles Dickens）致歉，这本书也许可以称为"双校记"（A Tale of Two Schools）。从某些方面来看，我们正处于"最坏的年代"，因为大部分的学校都遇到困难，无法达到它所公开追求的目标，而且那些被认为成功的优秀学生，大部分也都无法表现深入的理解。虽然学校的情况令人痛心，但我不认为这是某一群人的过错。毕竟，只有当研究人员积极着于找寻理解的证据时，我们才发现学生并未达到真正的理解。学校的过失反映了广大社会的过失：身为教师与公民的我们，对于学习、发展以及自我（甚至我们的价值观）的了解太少了。

但我相信本书所提供的讯息不全是负面的。也有迹象表明目前也可以成为"最好的时代"——可以通过学校最好的一面来实现。我们已经逐渐了解自己的状况，这是改革必需的第一步。如果我们观察儿童在年幼时就能够主动探索周围的环境，即可看到人类具有极强的学习与发展能力。而且，至少有些儿童在进入学校或其他教育环境后，还是能不断地随时吸收，表现出惊人的学习能力。学校学习本身并不太难，问题在于要如何将学校特有的符号和概念知识，与幼年时自动产生的强大直觉知识整合在一起。如果我们能找到方法去帮助学生整合不同的求知方式，我们就有办法教导学生达成真正的理解。

前文概要

在本书第一篇，我描述了全世界正常儿童都必然经历的发展过程。幼童运用感觉动作的潜能和学习初级符号系统的能力，在入学之前已经发展出相当大量的直觉理解。更确切地说，他们发展出了关于物质、生命、他人的心智、自己的心智以及自我强大而有效的理论。在建构这些理论时会受到各种条件的限制，有些可能来自遗传基因，有些是特殊文化环境的产物，有些则反映了个人特有的风格和倾向。

当然这些儿童的早期理论并非全都合理，幼童期强有力的理论大都掺杂着刻板印象和简单化想法。不过，从实用的角度来看，五岁、六岁或七岁的儿童对相关领域已经有令人惊奇的领悟力。更重要的是，在许多方面五岁儿童都显得充满活力、想象力和整合能力。教育工作者应该开发五岁幼童心智的认知和情感方面的力量，并使其永远具有充沛的活力。

在本书第二篇，我把注意力转向世界各地儿童受教育的程序。在传统社会里，许多教育都是通过简单的观察和模仿，以非正式的方式进行的。这种方式逐渐规范演变成学徒制度。学徒制是一种非常有效的学习形式，因为年幼的小学徒可以迅速了解各种技能和方法的运用。成立学校的最初目的是帮助儿童获得读、写、算等基本技能，经过一段时间的演变之后，学校增加了许多额外的负担，其中包括传授特定学科概念与认识形式。像人一样，学校也受到各种各样的局限，因此很难照顾到不同的学生，也就很难帮助他们在这些变化中顺利转化。当学习者的局限性与学校的局限性同时出现时，教育工作者面临的困难和挑战也就出现了。

虽然关于学校的问题有些是众所皆知了，但一直到近年，研究人员与教育人士才发觉一些新难题的存在。有许多证据确凿表明，学生在深入理解学科教材时，会面临许多困难。在自然科学方面，困难是以错误概念的形式出现——幼年时期的直觉概念与科学家所发展出来的正式概念和理论之间存在很大的差距；在数学学习方面，困难则是以呆板地套用运算法则的方式出现——学生不了解这些运算法则所包括的物体或事件的含意，而以为这些运算法则就是能够把一串符号套进去的形式而已；在艺术和人文学科方面，困难在于刻板印象和简单化的想法，这妨碍了学生对社会、历史与美学现象的复杂性与微妙之处的理解。对学习和发展过程的本身过度简单化的观点，也会妨碍学生思考和反思过程的演进。

在本书的第三篇，我将矛头瞄准我们目前的教育困境。在介绍这个"最坏的年代"之后，我也考虑到许多改善的方法。不论是植根于基本技能的方法，或是基于文化素养或公认的西方标准的方法，它们本身都有不合理的地方。我们的希望来自美国进步主义教育的传统、旧的教育方式如学徒制、新的教育机构儿童博物馆等，以及如以电脑为基础的模拟教育环境等各种新科技等。

在前几章里，从学前教育到中学，从自然科学到人文和艺术学科，我介绍了若干个看起来相当可行的教学方案。若能切实推行，这些教学方法应该能激发教师，吸引学生的兴趣，搭起直觉知识与正式知识之间的桥梁——这是解除错误概念、对抗刻板思考并产生深入而持久的理解力的最佳良方。

有些个别的教学实例显示有效的教育是可以达成的，但如果我们要教育改革，最重要的是必须创造新环境，在各种不同求知形态间搭起沟通的桥梁，而不是期待奇迹出现或在经费充裕（这是不现实也不可复制的）的教育实验中寻找产品。在传统的学徒制里，学徒可以在例行公事般的工作环节中看到各个活动之间的关联、所要达到的目标以及有助于获得良好成果的工具。在动手操作的博物馆中，儿童有机会探索丰富的环境，并且在有意义的背景环境中，检验刚刚萌芽的理解。在职训练、导师制关系和让专业人员参与学校教学，都能缩小"学校课业"与"生活课业"之间的差距。融入有意义的研究项目、合作互动并记录学生进步的过程档案，都能使学生认识到自己的思考过程，以及自己的直觉概念与学科知识之间相容或矛盾的地方。

教育工作者面临的一项挑战，是如何有效地将这些方法融合起来——如何将学徒制的方法引入学校、将学校纳入社区工作的环境、为学校与博物馆之间的地理和心理距离搭起桥梁。另一个挑战是训练骨干教育人员，无论是师傅、教师、联系人或馆长，都要能自如地展示各种求知形态之间的关系，吸引儿童和家庭来采用这些有效帮助儿童学习与理解的教育方法。

如果要创设重视理解的环境，我们所有人都必须谦虚地承认自己的知识尚有不足之处，愿意放弃现有的缺点。即使在理想的状况下，也要花很长的时间和很多的努力才能实现真正理解的教育。除非我们小心谨慎，否则我们还是会受错误概念与刻板印象的毒害而执迷不悟。我们必须尊重各个年龄层的学生带到学校的概念，同时也要意识到我们自己也在偏袒一些固执无理的想法。

我将以上的观点融入本书内容之中。在读本书之前，大多数读者毫无疑问会认为理解很重要，而且大部分的教育工作者可能会觉得自己早已采取了各种方法力求达到理解。但我相信，看过前面几章所提到的证据之后，大家的信心会开始动摇。我要挑战以下的观点。有些人认为，只要有好的样板和足够说服力的示范，就可以很容易让学生产生理解。另外有些人认为，只有更努力用功，处处以标准答案为重，就可以达成理解。

与这些简单而直接的观点相反，我所呈现的是一幕更为复杂而且有争论的情景。我认为我们必须深入学生的大脑之中，设身处地尽可能了解其概念的起源和强项。我也建议我们应该检讨自己对教育的基本设想和做法，并且指出这些设想和做法其实只是一厢情愿的，而不是证明有效的。同时，我也尽量避免直接提出达成真正理解的处方。本书所呈现的各种例子和教学模式，只是要显示教育可以向良好方向发展的各种尝试与努力。然而，模式本身并不重要，重要的是这个模式所代表的思考和反思，这是决定学生能否在运用中有所收获的关键——学生是否愿意为追求理解而付出努力。

如果我的分析没错，那么涉及的范围就不仅仅局限于教室内的师生。凡是有可能产生学习的场合（我们当中很少人肯花时间来做这种学习），都会有错误概念和偏见，同时也会有改善沟通和理解的机会。工作上、家里、街头、员工之间、家人以及情人之间的关系，到处都存在自我中心的问题。我们对别人的信念、理解与愿望都有一份自我中心的想法。只有当我们深入并设身处地考虑这些有关自己和他人的先入为主的观念，只有我们努力参与，才有希望将这些观念变成有生命力的概念。

学校改革的四大关键

不管这个研究的意义有多大，但研究的重点仍然仅限于学校围墙之内。当我初次参与教育改革时，就认为问题的关键在于评估。当时我推论，如果改变评估的方式，就一定能为整个教育界带来有力而有效的希望。我憧憬英国的做法，那里的学生都有自己的学习档案或"成长手册"，这些记录经过学校教师仔细检查、讨论，并且加上其他学校教师的综合意见之后，再提供给未来可能雇用这些学生的老板参考。我也羡慕欧洲大陆的做法，那里的学生都经历学校完整课程的长期考察，而不是只参加那些与学校课程内容无关的或只测试支离破碎的知识的"学术性向测验"。

因此，我与热心的同事们开始研究如何设计出可以在整个教育系统运用推广的新评估方法，其中有些方法我已经在前面几章介绍过。我们很快发现，教育改革的难度和复杂性远远超乎我们的想象，同时也领悟到教育改革成功的关键在于评估、课程、师资培训和社会的支持。

我们可以设计出最佳的评估方法，但除非与其配套的课程有很高的质量，否则这个评估也没有什么用处，可能只是一种形式甚至束之高阁无从使用。事实上，好几个欧洲教育系统值得赞美之处，即在于通过长期的评估过程确定学生能否学会精心设计的高质量教材与课程。

值得评估的高质量课程是良好的开始。然而，除非教师愿意接受这个课程，不仅相信该课程的好处，而且能在教学中具体呈现该课程的精神，否则再好的课程与评估方法也失去了价值。因此，教师的培训与发展是所有教育改革中非常关键的一环。教师一定要先相信自己所教的内容，并且知道评估理解的过程。他们才能成为教育进程中优秀、不可或缺的领路人。

我们应该注意，美国和西欧的教学和评估情形有很大的不同。在欧洲，评估的形式是长期记录学生的课堂表现，比如仔细检查学生的项目报告或相关作业。相反，美国最近的评估方式是帮助教师改变课堂教学实践。显然，改变教师的教学实践远比将一个现有的方法规范化要耗时费事得多。

即使我们有优秀的教师、模范的教材和有效可靠的评估方式，也还是不够的。学校不会在真空中运作。无论是国家还是地方，由德高望重的长者、权威的商界人士和政府官员组成的社会力量是任何形式教育机构的重要伙伴。今天，美国社会中变化最大的群体当属家长，他们有着双重身份，既是孩子的监护人又是社会的公民。

事实上，一个社会追求某种形式的教育并不等于该种教育一定会成功。但是，如果某种教育的目标和标准得不到社会的支持，那么该种形式的教育一定难逃失败的命运。社会参与的教育，一方面需要教育人士与社会成员分享教育理念，另一方面社会成员也要有尝试新的课堂教学和评估方式的意愿。

地方自主与全国统一标准

在美国，地方自主的标准着实成为一个颇为敏感的问题。世界上大多数国家都有全国性的统一教材，并要求每个学校采用同样的教材。不论从诺曼底（Normandy）到尼斯（Nice），还是加拿大的魁北克（Quebec）到法属的大溪地（Tahiti），五年级学生都要学习法兰西帝国的传奇，但并不等于他们在星期一上午10点钟一起上同样的数学课。美国的情况很不同，全国一万五千个学区都有权利（或责任）选择自己的教材，各地百花齐放。许多国家的教育人士初听到我们的教育体系时，都会感到疑惑不解。

最近，美国的不少媒体都有重新思考传统的地方自主的教育体系的报道。我们大部分人对地方自主的教育体系都怀有一种矛盾情绪。一方面，我们珍视地方政府对教育体系的支持和兴趣；另一方面，我们又担心千里之外的学校不知道在强迫接受什么样的价值观或教学内容。当然，我们也意识到成百上千的不同教育计划和教育方法在同一时间实施所引起的混乱和不确定性。

从许多官方和私人机构的报告来分析，我认为最好有全国性的教育标准，同时有一些直接或间接的补充教材。我同意其他一些观察者的意见，教育制度的改革很重要；当前，我们的资源并不充足，要求每个城市、每个学科或每个兴趣团体都实施自己喜欢的方法是不现实的。问题不是该不该有全国性的标准和教材，问题是那些标准和教材到底由谁来决定。

毕竟，在今日美国，任何全国性标准的建设都要基于社会对教育的态度。过去，社会倾向于支持学校，对学校的做法不确定时尽量不会干涉。到了20世纪后半叶，这种支持越来越弱。随着家庭生活的加速解体与许多社会支持的丧失，儿童到学校上学时，比过去的儿童更没有心理准备来应付那些对他们来说并不熟悉的要求，而社会却又将学校看作是能够补偿这些缺失的机构——学校要提供礼仪训练，教诲社会崇尚的道德与行为，示范如何完成家庭作业和准备考试，从早到晚照顾儿童，反对使用毒品，制止学校常见的暴力和种族紧张关系，即使这些都是社会的普遍现象。

除了这些无法抗拒的要求之外，我们的社会还对学校的角色与教育的价值持有非常明显的矛盾情结。表面看，大家都很少有争议，教育是至关重要的，而学校是教育的中心力量。校长们披着教育的外衣（和术语）来包装自己。为支持这种观点，富裕家庭花费大量的金钱送小孩就读私立中小学和大学——为孩子的未来购买有利的筹码。

虽然如此，美国社会对教育的真正重视程度则颇值得怀疑。事实上，过去几十年来，这是人们一再提出的问题。但是，在美国，不用受太多正式教育的人一样能够取得辉煌的成就。在这个国家，人们常会谨慎地隐瞒自己受过哪些教育，而赞扬那些反智（anti-intellectual）或反教育（anti-educational）的例证。街头巷尾与媒体上学来的当然和学校学的不同："街头小聪明"比"学业聪明"更重要，教授心不在焉，学生被宠坏，读书不会让你飞黄腾达。在这样的社会长大的人，接收到有关教育的讯息好坏参半。相反，在教育上获得成功的国家，如日本、中国、以色列和西欧各国等，则全心全意相信教育目标，执着于全国性考试的内容，并设法表彰有学问的人。

由于长久以来我们对教育的矛盾情结和当前社会所面临的重大问题，那些有意改变教育氛围者将任重道远。我们是在学校经费只够维持日常开支的情况下，要求学校扮演社区与国家都没法做到的角色——寻找全国性的教育标准。因此除非社会大众了解这种要求的重大意义，愿意尽心尽力帮助学校面对各种挑战，否则学校将再度失败，陷入更深的绝望深渊。我们离全国采用统一的教育制度还很遥远，也可以说目前根本就缺乏制度。

为求改变所做的努力有时会遇到相当矛盾的情形。以下就是一个耐人寻味的情景：美国人对学校教育普遍感到不满，却又固执地认为他个人所在地的学校素质很好，他们认为如果学生表现不够好，那是因为学生不是读书的材料。这种观念与日本人的想法有天壤之别：日本人认为成绩不好的学生是因为不够用功，而学校的好坏极其重要，因此，日本人批判全国学校的成果的同时，也努力改善全体学生的教育。再重复一遍，只有全国人民深信教育问题是多么严重，而且迫切需要大家齐心合力来解决，改革的计划才有成功之日。

当然将额外的资源注入学校——尤其是大幅度增加教师的薪水——对我们的教育体系会是一个恩赐。但如我之前所说的，资源提供的价值观和优先度，都是造成当前教育制度问题的原因。换句话说，如果我们想要有高素质、严标准的教育，认真重视个别差异与强调深入理解的教育，即使以现有的资源，也可以迈开大步向目标前进。作为一个国家，我们必须有这样的决心：我们要追求高素质的教育，我们愿意秉持登陆月球、为保卫理想而战，与追求商业与消费社会之乐趣的精神，来为此目标而努力。

全国范围理解的定义与成就

我认为我们无法在20世纪90年代大幅度改善教育制度，因为这需要数十年的努力。我们在公元2000年前所能决定的，只是我们是否真的想要重大的改革。如果答案是肯定的（我相信我们会这么做），那我们就像世界其他国家一样，有一个很好的机会来成就良好的教育制度。而且，我相信美国能带领世界达成全新的教育目标——设计并实施能产生理解的教育。

虽然其他国家的学校在教授学科知识（例如符号、事实与学科概念）方面好像很成功，但我不认为他们已经达成深入的理解。在任何社会里，要把在学校环境所学到的知识，转移到实际情境中运用，都不是件容易的事。我们需要培养一种氛围，使学生能自然而然地把直觉理解的认知方式，与学校学习以及学科学习结合起来。此外，我们还需要一种教育环境，能让学生将整合过的知识，运用在解决他人提出或自己产生的新问题与难题上。美国的实用主义和进步主义观点以及儿童博物馆等机构，加上精巧的互动科技，都可以用来创造这种教育环境，从而产生愿意尽力达成理解的学生。

令人欣慰的是，近年来已经有教师和学者对21世纪学生应该达成的知识与能力汇集出版。也许不难理解，首先出版的学科是数学，这得到全国数学教师协会与数学科学教育理事会（Mathematical Sciences Education Board）的支持，接着是科学和技术，包括美国科学促进协会（American Association for the Advancement of Science）所进行的"2061方案"（Project 2061）的结论。至于其他学科领域方面，从社会学到艺术，也正在进行类似的努力。虽然在细节方面可能有些瑕疵，但形成这些目标的整体效应和合作程度十分惊人。如果我们要促成全国性统一课程，这个课程必须以理解为基础，而不是模糊的理论、支离破碎的知识，或机械、形式化和常规的传统课业表现。

在弥补课程不足方面，好几个州已经超越评估的"泡沫"。例如，佛蒙特州（Vermont）提出对标准化测验的垄断地位的质疑，规定必须建立学生的学习档案。加州（California）和康涅狄格州（Connecticut）也实行以实际表现为主的测验，学生必须完成大量的项目研究活动，这些活动往往以团队合作的方式，在"实际情形中"展现他们对数学或科学概念的理解能力。这些项目研究活动包括要学生为一个有争议的议题的正方或反方辩护；为一家有财务问题的公司设计可行的财务计划；评估当地水源的污染情况；从若干家当地媒体的天气预报中判定哪一家最正确等等。这些项目研究活动无法靠死记硬背或捏造事实来完成。这种以实际表现为主的评估，需要对概念和原理有充分的理解，提供学生大量运用所学来解决问题的机会。

师资教育是教育改革的关键。新全国专业教学标准学会（New National Board of Professional Teaching Standards）的兴起，实在鼓舞人心。这个独立社团正在制定教师应该具备什么样的标准才能获得证书——教师必须展现高水平的专业成就。现在我们所期待的是，这些评估不要像全国教师考试（National Teachers Examination）那样的只是纸笔测验。申请证书的教师必须到评估中心，在知识渊博的专家级教师面前，展示其设计课程、分析课文内容和反省教学的能力。这种评估的特点之一是展示教师档案。从这些档案可以看出教师的教学成效，以及他们是如何思考、如何面对挑战和获得成功的，同时也能看出他们如何以综合的方式来评估学生的学习等等。

最后，近来有些城市、州政府与私人非营利机构联手打造一个全国性的考试"系统"。系统的观念在这里非常重要。新标准（New Standard）的架构不采用单一的笔试制度，而是包含三个部分的测验：以实际表现为主的测验、大型的项目研究活动以及档案的维护与呈现。这个考试的系统起初是自由参加，最后希望全国所有的学生都来参加这个考试。学生离开学校是因为已经成功达成了这些要求。课程和进度保持相当的弹性，只要教出来的学生能够达到这个考试系统的要求便可。

仅仅是这个考试系统的设计要求，就已经让人感到它与美国当前教育方式相当大的不同。在当前制度下，学生修满一定的学分即可毕业，但学分无法断定学生的知识或能力。我们应该清楚这样全国性（也许包括学生）的忽视在其他工业化国家并不存在。但是，如果美国的新考试系统包含了项目研究活动与学习档案，就可能超越其他国家的考试制度，如果此种强调理解的教育方案能成功实施，也能成为其他国家的楷模。

即使课程、评估工具和高素质教师的验证工作都各就各位，并不一定能保证优秀的教育制度自己产生。达成优秀的制度需要时间和努力，而实现改革的路途更是障碍重重。参与改革的人或改革的口号，很容易使其他人（或他们自己）误以为真正的改革已经实现。标准测验的良好表现有时候会让我们误以为当前的教育制度已经很成功。同样，我们也可能会自欺欺人地认为，改革的阶段性目标已经达成，虽然事实上可能还差很远。尽管如此，我们仍然需要朝此方向继续迈进，即使有一部分成功也是非常值得努力和庆贺的。

看到所有问题之后，我相信未来要采取的途径就很清楚了。我们要采取两个既独立又有关联的步骤。一方面，我们必须找出在各种各样的美国环境中行之有效的教育结构改革方案，并且决定哪些可以大规模推广。这些成功的改革方案包括：柯默（James Comer）倡导的"父母参与"市区小学教育的重要教育实验，赛瑟（Theodore Sizer）成立的"基本"高中联盟（a coalition of "essential" high schools），普格洛（Stanley Pogrow）为社会经济地位较低的儿童发展高阶思考技能而设计的方法，以及李文（Henry Levin）加速所有儿童学习的尝试。重要的是，我们必须判断这些方法中哪些能成功，哪些值得推广，以及如何在观念和做法上整合这些改革方案。

另一方面，我要呼吁大家齐心协力，找出各个主要学科领域中，构成理解之阶段与形态的概念和方法，清楚描述什么是"理解"。这不能（也不应该）只是某一团体的责任，而应该从各兴趣团体之间的持续对话中逐渐展现出来，特别是那些学科专家、学科教师、通晓认知与儿童发展的心理学家，以及课程、教学与评估等教育专家之间的对话。只有确认了"理解"的含义，才有可能设计出能够支持培养理解能力的课程与评估。我个人相信，这种全国性的理解一旦被完善界定之后，能举世通用，或许还能拉近国家和国家之间以及人民和人民之间的距离。

如果我们一方面能够找出有价值的全国性的理解，另一方面又能找出有效的教育组织的架构，我们就已经朝学校改革之路迈出了关键性的两大步。将教学法与教育目标融合在一起是一个漫长的过程，在这个过程中会出现很多的错误或错误估计，但这种努力非常有必要，值得我们投入并且将它做好。

进行这些尝试需要一个我尚未提及的好伙伴，那就是我们的高等院校。虽然美国的中、小学备受批判，但高等教育却得到举世赞赏。大学认为什么样的学习才有价值，大学欢迎什么样的学生，大学发出的这种信息极为重要。虽然大学校董会（College Board）都在向高中毕业生说明合理的课程目标，但全国性的学业性向测验（Scholastic Aptitude Tests）并未把这些目标涵盖其中。假如大学校董会寻求了解学生的理解能力、愿意根据学生的实际表现和学习档案来招收新生，这样的信息一定会对中小学教育产生极有帮助的影响。如此一来，大学就不再会沦为教学补习机构。

规范和可能：配合发展的教育

本书的主题在于了解人类生活的种种规范——人类可以轻易学会某些事物的规范、精通知识并将其运用于新情形的规范，以及学校、社区与国家等人类复杂机构体制的规范。"规范"这个字往往有负面的意味，因而被视为限制或阻隔人类机会的一些因素。但我认为支配人类认知的规范也有建设能力，因为有了深入人类认知系统的规范，我们才能学会文化最初的符号系统；也只有其他类似的规范，才能让我们发展出有关生命与物质、心智与自我的最初想法，然后在我们所处的世界指导我们的生活。

有所规范对日后的生活会有更正面的意义。依我看，规范促成了真正的成就，包括人类的革新和创造力。如果没有规范，当然这只是理论上的情形，就不会有进步，也无法认识进步。人类思考方面的规范不仅设立了幼年时期的发展里程碑，也造就了以后的突破——人类克服偏见、倾向以及根深蒂固的思维模式，而发展出更完整、更真实的概念。

同样，在人类历史上，只有当个人或团体面对他们所意识到的规范（比如，害怕会从地球的尽头掉下去，相信每个物种都是神圣不可侵犯，认为平行线永远不会相交等等），并将规范放在一边，新的视野才得以展开，才有可能全盘订立新规范或重新界定问题。学科是一整套有组织的规范，但学科能发展也能被超越，这证明了这些规范虽有限制但也是自由的。人类真正的创造力必须尊重人类发展中的深层规范，同时创造力也让我们明白，这些规范的枷锁并非无情紧扣的，而是有挣脱或重新组合的空间。

本书从一开始即探讨人类认知的发展，其中特别强调认知发展如何规范与引导人类的知识和学习。过去有些伟大的思想家否认发展会限制教育，他们认为文化可以在一张张的人类白纸上任意挥洒。另外有些早期的思想家则认为知识是与生俱来的，因此，教育主要在于防患未然，以静制动，文化是在试图减轻一些突发的伤害。洛克与卢梭之间的古典争论，即显示了他们对人类本质的看法有极大的冲突。

近年来，其他有关认知发展与教育之间的关系的研究，产生了许多新的观点，其中较引人注目的是以人类学或文化的观点来看心智的架构，并证明了认知发展得益于文化所蕴含的其他知识。维果斯基、布鲁纳和格尔茨等先驱者，使我们对过去的世代如何学习有了崭新的理解。通过内化既有的理解，年青一代有机会与文化产生交流。

最近，科尔堡（Lawrence Kohlberg）进一步阐释了杜威的观点，这个观点找出发展与教育之间的天生和谐。根据这种观点，教育是推动人类发展的一种手段，或者说，发展是教育的目标。如果这里所指的发展还包括对物质、社会与道德世界更深入的理解，我个人会大力支持这种见解。

除了这些既有的传统观点之外，我建议为人类发展的科学增添新的一页。我们远比上一代的人更深入了解到，认知遗传和机构的运作是如何微妙地规范着我们的成长。然而，了解有哪些规范并不代表绝望，而是要让这种对人类本质的理解，成为设计与实现通过教育产生更有效的社会的一个可靠指南。我们的规范不仅造就了我们最初的重要学习，也让个人、团体与文化发生创造性的突破，并让我们有能力理解这些突破。我们甚至可以说：对人类心智规范的精确描述，正提供了我们对付或者化解学科本身或学科之间的规范的办法。20世纪伟大的作曲家斯特拉文斯基（Igor Stravinsky）曾说："加诸我们身上的规范越多，我们越能挣脱精神上的桎梏。"或许现在正是使用这一原则，来努力教育人类心智的时候了。

尾注

NOTES

Chapter 1. Introduction: The Central Puzzles of Learning

1 The coin-tossing study is described in J. Clement, "Students' Preconceptions in Introductory Mechanics," *American Journal of Physics* 50 (1 [1982]): 66–71; J. Clement, "A Conceptual Model Discussed by Galileo and Used Intuitively by Physics Students," in D. Gentner and A. Stevens, eds., *Mental Models* (Hillsdale, N.J.: Erlbaum, 1983). See other physics references cited in chap. 8, p. 152–59. Examples from other domains are found in chaps. 8 and 9.

2 The occurrence of these misconceptions internationally has been confirmed by my colleagues Lauren Resnick (for Europe) and Giyoo Hatano (for Japan).

3 Different kinds of minds are discussed more fully in H. Gardner, *Frames of Mind* (New York: Basic Books, 1983).

Chapter 2. Conceptualizing the Development of the Mind

4   C. Darwin, "A Biographical Sketch of an Infant," *Mind* 2 (1877): 286–94.
5   B. Spock, *Baby and Child Care* (New York: Pocket Books, 1968).
6   A. Gesell, *The First Five Years of Life*, 9th ed. (New York: Harper and Row, 1940).
7   On behaviorism, see J. B. Watson, *Psychology from the Standpoint of a Behaviorist* (Philadelphia: Lippincott, 1919); B. F. Skinner, *The Behavior of Organisms: An Experimental Analysis* (New York: Appleton-Century-Crofts, 1938).
8   T. Kuhn, *The Structure of Scientific Revolutions*, 2d ed. (Chicago: University of Chicago Press, 1970).
9   For overviews of Piaget, see J. Piaget, "Piaget's Theory," in P. Mussen, ed., *Manual of Child Psychology*, vol. 1 (New York: Wiley, 1970); J. Piaget and B. Inhelder, *The Psychology of the Child* (New York: Basic Books, 1968); and the selected writings in H. Gruber and J. Voneche, eds., *The Essential Piaget* (New York: Basic Books, 1977). For secondary accounts, see J. Flavell, *The Developmental Psychology of Jean Piaget* (Princeton: Van Nostrand, 1973); H. Furth, *Piaget and Knowledge*, 2d ed. (Chicago: University of Chicago Press, 1981); H. Gardner, *The Quest for Mind: Piaget, Levi-Strauss, and the Structuralist Movement*, 2d ed. (Chicago: University of Chicago Press, 1981).
10 For critiques of Piaget, see C. Brainerd, "The Stage Question in Cognitive-Developmental Theory," *The Behavioral and Brain Sciences* 2 (1978): 173–213; P. Bryant, *Perception and Understanding in Young Children* (New York: Basic Books, 1974); H. Gardner, *Frames of Mind* (New York: Basic Books, 1983); R. Gelman, "Cognitive Development," *Annual Review of Psychology* 28 (1978): 297–332.
11 On the neo-Piagetians, see R. Case, *Intellectual Development: Birth to Adulthood* (New York: Academic Press, 1985); K. Fischer, "A Theory of Cognitive Development: The Control and Construction of Hierarchies of Skills," *Psychological Review* 97 (1980): 477–531.
12 On information-processing researchers, see D. Klahr and J. G. Wallace, *Cognitive Development: An Information-Processing View* (Hillsdale, N.J.: Erlbaum, 1976); R. Siegler, "Information-Processing Approaches to Development," in P. Mussen, ed., *Handbook of Child Psychology*, vol. 1 (New York: Wiley, 1983); R. Sternberg, ed., *Mechanisms of Cognitive Development* (New York: Freeman, 1984).
13 For Chomsky's views, see N. Chomsky, *Rules and Representation* (New York: Columbia University Press, 1980); M. Piattelli-Palmarini, ed., *Language and Learning: The Debate between Jean Piaget and Noam*

Chomsky (Cambridge: Harvard University Press, 1980); N. Chomsky, "A Review of B. F. Skinner's *Verbal Behavior*," *Language* 35 (1959): 26–58.

14 For Peirce's views, see C. Hookway, *Peirce* (London: Routledge and Kegan Paul, 1985).

15 N. Chomsky, "A Review" [33].

16 For Goodman's comments on Chomsky, see N. Goodman, "The Emperor's New Ideas," in S. Hook, ed., *Language and Philosophy* (New York: New York University Press, 1969), 138–42.

17 The biological approaches to language are described in J. Fodor, *The Modularity of Mind* (Cambridge: MIT Press, 1983); N. Geschwind, *Selected Papers on Language and the Brain* (Dodrecht-Boston: Reidel, 1974); E. Lenneberg, *Biological Foundations of Language* (New York: Wiley, 1967; A. R. Luria, *The Higher Cortical Functions in Man* (New York: Basic Books, 1966); P. Rozin, "The Evolution of Intelligence and Access to the Cognitive Unconscious," *Progress in Psychobiology and Physiological Psychology* 6 (1976): 245–80. Roman Jakobson's remarks were made in Lennenberg's presence at a lecture at Harvard 1970.

18 C. Geertz, *The Interpretation of Cultures* (New York: Basic Books, 1973). The quotation is from pp. 76, 68.

19 Cultural perspectives are discussed in J. S. Bruner, R. Olver, and P. Greenfield, *Studies in Cognitive Growth* (New York: Wiley, 1966); M. Cole and S. Cole, *The Development of Children* (New York: Freeman, 1989); M. Cole and S. Scribner, *Culture and Thought* (New York: Wiley, 1980); R. Shweder and R. LeVine, eds., *Culture Theory* (New York: Cambridge University Press, 1984); L. S. Vygotksy, *Mind in Society* (Cambridge: Harvard University Press, 1978).

Chapter 3. Initial Learnings: Constraints and Possibilities

20 On the philosophical agenda, see H. Gardner, *The Mind's New Science* (New York: Basic Books, 1985), chaps. 1, 4.

21 W. James, *The Principles of Psychology* (New York: Henry Holt, 1890).

22 On the infant repertoire and infant study, see T. G. R. Bower, *Development in Human Infancy* (New York: Freeman, 1982); W. Kessen, M. Haith, and P. Salapatek, "Infancy," in P. Mussen, ed., *Manual of Child Psychology*, vol. 1 (New York: Wiley, 1970).

23 Infant color vision is discussed in M. Bornstein, "Perceptual Development across the Life Cycle," in M. Bornstein and M. Lamb, eds., *Developmental Psychology: An Advanced Textbook*, 2d ed. (Hillsdale, N.J.: Erlbaum, 1988); M. Bornstein, W. Kessen, and S. Weiskopf,

"Color Vision and Hue Categorization in Young Human Infants," *Journal of Experimental Psychology: Human Perception and Performance* 2 (1976): 115–29.

24 On infant linguistic discriminations, see P. Eimas et al., "Speech Perception in Infants," *Science* 171 (1971): 303–6; see also M. Bornstein, "Perceptual Development" [45].

25 Aspects of early musical discrimination are discussed in M. W. Chang and S. Trehub, "Auditory Processing of Relational Information by Young Infants," *Journal of Experimental Child Psychology* 24 (1977): 324–31; L. Demany, B. McKenzie, and E. Vurpillot, "Rhythm Perception in Early Infancy," *Nature* 266 (1977): 718–19; W. Kessen, J. Levine, and K. A. Wendrich, "The Imitation of Pitch in Infants," *Infant Behavior and Development* 2 (1978): 93–99; S. E. Trehub, D. Bull, and B. Schneider, "Infant Speech and Nonspeech Perception: A Review and Reevaluation" (Unpublished paper, Centre for Research in Human Development, Erindale College, University of Toronto, 1979).

26 Intermodal associations in infancy are described in T. Bower, *A Primer of Infant Development* (San Francisco: Freeman, 1977); E. Spelke, "The Development of Intermodal Perception," in L. B. Cohen and P. Salapatek, eds., *Handbook of Infant Perception* (New York: Academic Press, 1984).

27 Piaget's view of infancy is described in his *The Construction of Reality in the Child* (New York: Basic Books, 1954).

28 Revisions of the Piagetian view of infancy are found in T. Bower, *Development in Human Infancy* (New York: Freeman, 1982); C. Raymond, "Pioneering Research Challenges Accepted Notions Concerning the Cognitive Abilities of Infants," *The Chronicle of Higher Education* (January 23, 1991), A5–7; R. Baillargeon, E. Spelke, and S. Wasserman, "Object Permanence in Five-Month-Old Infants," *Cognition* 20 (1985):191–208; R. Gelman and A. Brown, "Changing Views of Cognitive Competence in the Young," in N. J. Smelser and D. R. Gerstein, eds., *Behavioral and Social Science: Fifty Years of Discovery* (Washington, D.C.: National Academy Press, 1986), 175–207; A. Leslie and S. Keeble, "Do Six-Month-Old Infants Perceive Causality?" *Cognition* 25 (1987): 265–88; A. Michotte, G. Thines, and G. Crabbe, *Les compléments amodaux des structures perceptives* (Louvain, Belgium: Publications U. Louvain, 1964); E. Spelke, "Perceptual Knowledge of Objects in Infancy," in J. Mehler, E. Walker, and M. Garrett, eds., *Perspectives on Mental Representation* (Hillsdale, N.J.: Erlbaum, 1982), 409–30; P. Starkey, E. S. Spelke, and R. Gelman, "Numerical Abstraction by Human Infants," *Cognition* 36 (1990): 97–127.

29 Early social communication of the infant is discussed in B. Rogoff, *Apprenticeship in Thinking* (New York: Oxford University Press, 1990); D. Stern, *The Interpersonal World of the Infant: A View from Psychoanalysis and Developmental Psychology* (New York: Basic Books, 1985); C. Trevarthen, "Descriptive Analyses of Infant Communicative Behavior," in H. R. Schaffer, ed., *Studies in Mother-Infant Interaction* (New York: Academic Press, 1977); C. Trevarthen, "Communication and Cooperation in Early Infancy: A Description of Primary Intersubjectivity," in M. Bullowa, ed., *Before Speech: The Beginning of Interpersonal Communication* (New York: Cambridge University Press, 1979).

30 On language development in blind children, see B. Landau and L. Gleitman, *Language and Experience: Evidence from the Young Child* (Cambridge: Harvard University Press, 1985).

31 On cognitive development in thalidomide babies, see T. Gouin Décarie, "A Study of the Mental and Emotional Development of the Thalidomide Child," in B. Foss, ed., *Determinants of Infant Behavior* (London: Tavistock Clinic, 1969): 167–87.

32 Individual differences among infants are discussed in S. K. Escalona, *The Roots of Individuality: Normal Patterns of Development in Infancy* (Chicago: Aldine, 1968); J. Kagan, *The Nature of the Child* (New York: Basic Books, 1984).

33 Kaluli child-rearing is described in E. Ochs and B. Schieffelin, "Language Acquisition and Socialization: Three Developmental Stories and Their Implications," in R. Shweder and R. LeVine, eds., *Culture Theory* (New York: Cambridge University Press, 1984).

34 Gusii parental behaviors are described in R. LeVine, "Infant Environments in Psychoanalysis: A Cross-Cultural View," in J. W. Stigler, R. A. Shweder, and G. Herdt, eds., *Cultural Psychology: Essays on Comparative Human Development* (New York: Cambridge University Press, 1990).

35 On environments that "depend" and "expect," see W. T. Greenough, J. T. Black, and C. S. Wallace, "Experience and Brain Development," *Child Development* 58 (1987): 555–67.

36 On infantile amnesia, see E. Schachtel, *Metamorphosis* (New York: Basic Books, 1959).

Chapter 4. Knowing The World Through Symbols

37 Major works by scholars of semiotics include E. Cassirer, *The Philosophy of Symbolic Forms* (New Haven: Yale University Press, 1953–59); N. Goodman, *Languages of Art* (Indianapolis:

Hackett, 1976); S. Langer, *Philosophy in a New Key* (Cambridge: Harvard University Press, 1942); C. S. Peirce, *Philosophical Writings*, ed. J. Buchler (London: Routledge and Kegan Paul, 1940). See also H. Gardner, *Art, Mind, and Brain* (New York: Basic Books, 1982).

38   The period of symbolic mastery is described in J. S. Bruner, R. Olver, and P. Greenfield, eds., *Studies in Cognitive Growth* (New York: Wiley, 1966); A. R. Luria, *The Making of Mind* (Cambridge: Harvard University Press, 1979); J. Piaget, *Play, Dreams, and Imitation* (New York: Norton, 1962); H. Werner and B. Kaplan, *Symbol Formation* (New York: Wiley, 1963).

39   For a discussion of language in terms of phonology, syntax, and semantics, see H. Clark and E. Clark, *Psychology and Language* (New York: Harcourt Brace Jovanovich, 1977); R. Jakobson, *Essais de linguistique generale* (Paris: Editions de minuit, 1963).

40   S. Pinker discusses language learnability in *Language Learnability and Language Development* (Cambridge: Harvard University Press, 1984); *Learnability and Cognition* (Cambridge: MIT Press, 1989); and "Language Acquisition," in M. Posner, ed., *Fundamentals of Cognitive Science* (Cambridge: MIT Press, 1989).

41   Basic proofs of learnability are discussed in E. Gold, "Language Identification in the Limit," *Information and Control* 10 (1967): 447–74; K. Wexler and P. Culicover, *Formal Principles of Language Acquisition* (Cambridge: MIT Press, 1980).

42   Gordon's study is described in P. Gordon, "Level Ordering in Lexical Development," *Cognition* 21 (1985): 73–93.

43   Doubts about learnability are expressed in J. N. Bohannon, B. MacWhinney, and C. Snow, "No Negative Evidence Revisited: Beyond Learnability, or Who Has to Prove What to Whom?" *Developmental Psychology* 26 (1990): 221–26.

44   Ellen Markman describes mutual exclusivity in "How Children Constrain the Possible Meanings of Words," in U. Neisser, ed., *Concepts and Conceptual Development* (Cambridge: Cambridge University Press, 1987), 255–87; in "Two Different Principles of Conceptual Organization," in M. E. Lamb and A. L. Brown, eds., *Advances in Developmental Psychology*, vol. 1 (Hillsdale, N.J.: Erlbaum, 1981); and in *Categories and Naming in Childhood* (Cambridge: MIT Press, 1989).

45   Critiques of mutual exclusivity are found in W. E. Merriman and L. L. Bowman, "The Mutual Exclusivity Bias in Children's Word Learning," *Monographs of the Society for Research in Child Development* 54 (1989, 3–4 Whole).

46   J. S. Bruner describes the language acquisition support system in *Child's Talk* (New York: Norton, 1983).

47   For the two sides of the controversy over "motherese," see C. E. Snow, "Mothers' Speech Research: From Input to Interaction," in C. E. Snow and C. A. Ferguson, eds., *Talking to Children: Language Input and Acquisition* (New York: Cambridge University Press, 1979); and E. Wanner and L. R. Gleitman, eds., *Language Acquisition: State of the Art* (Cambridge: Cambridge University Press, 1982).

48   W. V. O. Quine's discussion of the word *gavagai* is in his *Word and Object* (Cambridge: MIT Press, 1960). The quotation is from p. 52.

49   On prototypes, see E. Rosch et al., "Basic Objects in Natural Categories," *Cognitive Psychology* 8 (1976): 382–439.

50   The onset of naming is discussed by W. Stern in *The Psychology of Early Childhood up to the Sixth Year of Age* (New York: Henry Holt, 1926); Helen Keller's description of her own experience is in *The Story of My Life* (New York: Doubleday, 1903).

51   Features that are noted and exploited are discussed in S. A. Gelman and J. D. Coley, "The Importance of Knowing a Dodo Is a Bird: Categories and Inferences in Two-Year-Old Children," *Developmental Psychology* 26 (1990): 796–804; D. Gentner and M. R. Ratterman, "Language and the Career of Similarity," in S. A. Gelman and J. P. Byrnes, eds., *Perspectives on Thought and Language: Interrelations in Development* (London: Cambridge University Press, in press); F. Keil, *Concepts, Kinds, and Cognitive Development* (Cambridge: MIT Press, 1989); L. Smith and D. Heise, "Perceptual Similarity and Conceptual Similarity" (*Indiana Cognitive Science Report*, Indiana University, 1990).

52   On scripts, see R. Fivush, "Scripts and Categories: Interrelationships in Development," in U. Neisser, ed., *Concepts and Conceptual Development* (New York: Cambridge University Press, 1987); K. Nelson, *Event Knowledge: Structure and Function in Development* (Hillsdale, N.J.: Erlbaum, 1986).

53   Language use in different communities is described by S. B. Heath in *Ways with Words: Language, Life, and Work in Communities and Classrooms* (New York: Cambridge University Press, 1983). See also E. Ochs, "Indexicality and Socialization," in J. A. Stigler, R. A. Shweder, and G. Herdt, eds., *Cultural Psychology: Essays on Comparative Human Development* (New York: Cambridge University Press, 1990); K. Watson-Gegeo and D. Gegeo, "Calling Out and Repeating Routines in Ka ara'ae Children's Language Socialization," in B. Schieffelin and E. Ochs, eds., *Language Socialization across Cultures* (New York: Cambridge University Press, 1986).

54 Use of scripts after damage to the brain is discussed in S. Weylman, H. Brownell, and H. Gardner, " 'It's What You Mean, Not What You Say': Pragmatic Language Use in Brain-Damaged Patients," in F. Plum, ed., *Language, Communication, and the Brain* (New York: Raven Press, 1988).

55 On the birth of play, see G. Bateson, "A Theory of Play and Fantasy," *Psychiatric Research Reports* 2 (1955): 39–51.

56 A. Leslie, "Pretense and Representation: The Origins of 'Theory of Mind,'" *Psychological Review* 94 (1987): 412–26; J. A. Fodor, *The Language of Thought* (New York: Crowell, 1975).

57 The study of early symbolization is described in H. Gardner and D. Wolf, "Waves and Streams of Symbolization," in D. R. Rogers and J. A. Sloboda, eds., *The Acquisition of Symbolic Skills* (London: Plenum Press, 1983) and in H. Gardner, "The Development of Symbolic Literacy," in M. Wrolstad and D. Fisher, eds., *Toward a Greater Understanding of Literacy* (New York: Praeger, 1986). Major colleagues on this study include Lyle Davidson, Martha Davis, George Forman, Patricia McKernon, Eric Phelps, Shelley Rubin, George Scarlett, Jennifer Shotwell, and Joseph Walters.

58 The correspondence of waves of symbolization with other schemes of cognitive development can be seen in J. S. Bruner, R. R. Olver, and P. M. Greenfield, eds., *Studies in Cognitive Growth* (New York: Wiley, 1966). It was also mentioned by R. Case in a personal communication, November 1990. For correspondence of specific crests, see E. Bates, *Emergence of Symbols: Cognition and Communication in Infancy* (New York: Academic Press, 1979); M. W. Watson and K. W. Fischer, "Development of Social Roles in Elicited and Spontaneous Behavior during the Preschool Years," *Developmental Psychology* 16 (1980): 483–94; J. DeLoache, "Rapid Change in the Symbolic Functioning of Very Young Children," *Science* 238 (1987): 1556–57.

59 For recent studies of simple counting procedures, see R. Case, *Intellectual Development: Birth to Adulthood* (New York: Academic Press, 1985); K. Fuson, *Children's Counting and Concepts of Number* (New York: Springer-Verlag, 1988).

60 Incipient sensitivity to genre is discussed in D. Wolf et al., "Beyond A, B, and C: A Broader and Deeper View of Literacy," in A. Pelligrini, ed., *Psychological Bases of Early Education* (Chichester, England: Wiley, 1988), 123–52.

61 On the theory of multiple intelligences, see H. Gardner, *Frames of Mind* (New York: Basic Books, 1983). For work building on the theory of multiple intelligences, see H. Gardner, "Intelligence in Seven Phases," *Proceedings of the Symposium in Honor of 100 Years*

of Education at Harvard University (in press); H. Gardner, "Balancing Specialized and Comprehensive Knowledge: The Growing Educational Challenge," in T. Sergiovanni, ed., *Schooling for Tomorrow: Directing Reforms to Issues That Count* (Boston: Allyn and Bacon, 1989); H. Gardner, "The School of the Future," *The Reality Club* 3 (1991): 199–218; H. Gardner and T. Hatch, "Multiple Intelligences Go to School," *Educational Researcher* 18 (1989): 4–10; J. Walters and H. Gardner, "The Development and Education of Multiple Intelligences," in F. Link, ed., *Essays on the Intellect* (Washington, D.C.: Curriculum Development Associates, 1985).

62 The period from age two to age seven is discussed in H. Gardner, *The Arts and Human Development* (New York: Wiley, 1983).

Chapter 5. The Worlds of the Preschooler: The Emergence of Intuitive Understandings

63 Instruction in China is described in H. Gardner, *To Open Minds: Chinese Clues to the Dilemma of Contemporary Education* (New York: Basic Books, 1989).

64 Frank Keil discusses children's ontology in *Semantic and Conceptual Development* (Cambridge: Harvard University Press, 1979); in "Constraints on Knowledge and Cognitive Development," *Psychological Review* 88 (1981): 197–227; and in "Mechanisms in Cognitive Development and the Structure of Knowledge," in R. J. Sternberg, ed., *Mechanisms of Cognitive Development* (New York: Freeman, 1984).

65 On the child's sense of number, see R. Case and S. Griffin, "Child Cognitive Development: The Role of Central Conceptual Structures in the Development of Scientific and Social Thought," in C. A. Hauert, ed., *Advances in Psychology* (Amsterdam: North Holland Press, 1990); R. Gelman and E. Meck, "Early Principles Aid Early But Not Later Conceptions of Number," in J. Bideaud and C. Meljac, eds., *Les Chemins du Nombre* (in press); R. Gelman and C. R. Gallistel, *The Child's Understanding of Number* (Cambridge: Harvard University Press, 1979); R. Gelman, "First Principles Organize Attention to and Learning About Relevant Data: Number and the Animate-Inanimate Distinction as Examples" (Unpublished paper, University of Pennsylvania, 1989); R. Gelman and A. Brown, "Changing Views of Cognitive Competence in the Young," in N. J. Smelser and D. R. Gerstein, eds., *Behavioral and Social Science: Fifty Years of Discovery* (Washington, D.C.: National Academy Press, 1986); R. Gelman and J. Greeno, "On the Nature of Competence:

Principles for Understanding in a Domain," in L. B. Resnick, ed., *Knowing, Learning, and Instruction: Essays in Honor of Robert Glaser* (Hillsdale, N.J.: Erlbaum, 1989); J. Greeno, "Some Conjectures About Number Sense" (Unpublished paper, Institute for Research in Learning, Palo Alto, Calif., 1989).

66 Problems in mastering number lines were discussed by R. Siegler and R. Case in a presentation of their research on number lines in disadvantaged populations (McDonnell Foundation Workshop on Cognitive Studies in Education, Pittsburgh, December 1990).

67 The child's theories about mechanics are discussed in A. DiSessa, "Unlearning Aristotelian Physics: A Study of Knowledge-Based Learning," *Cognitive Science* 6 (1 [1982]): 37–76; A. DiSessa, "Phenomenology and the Evolution of Intuition," in D. Gentner and A. Stevens, eds., *Mental Models* (Hillsdale, N.J.: Erlbaum, 1983), 15–34; C. Massey and R. Gelman, "Preschoolers Decide Whether Pictured Unfamiliar Objects Can Move Themselves," *Developmental Psychology* 24 (1988): 307–17.

68 A. Brown, "Domain-Specific Principles Affect Learning and Transfer in Children," *Cognitive Science* 14 (1990): 107–33.

69 S. Carey, *Conceptual Change in Childhood* (Cambridge: MIT Press, 1985).

70 On the child's theories of matter and theories of life, see R. Gelman and A. Brown, "Changing Views" [88]; S. A. Gelman and J. D. Coley, "Language and Categorization: The Acquisition of Natural Kind Terms," in S. A. Gelman and J. P. Byrnes, eds., *Perspectives on Language and Thought: Interrelations in Development* (New York: Cambridge University Press, in press).

71 Bertrand Russell's remark is quoted in R. Clark, *Einstein: The Life and Times* (New York: Avon, 1972), 124.

72 On theory of mind, see J. Astington, P. Harris, and D. Olson, eds., *Developing Theories of Mind* (New York: Cambridge University Press, 1988), especially J. Perner, "Developing Semantics for Theories of Mind" (pp. 141–72), and H. Wimmer, J. Hofgrete, and B. Sodian, "A Second Stage in Children's Conception of Mental Life: Understanding Informational Accesses as Origins of Knowledge and Belief" (pp. 173–92). See also Flavell et al., "Young Children's Understanding of Fact Beliefs versus Value Beliefs," *Child Development* 61 (1990): 915–28; C. Pratt and P. Bryant, "Young Children Understand That Looking Leads to Knowing (So Long as They Are Looking into a Single Barrel)," *Child Development* 61 (1990): 973–82; H. Wellman, *The Child's Theory of Mind* (Cambridge: MIT/Bradford Press, 1990); H. Wimmer and J. Perner, "Beliefs About Beliefs: Representation and Constraining Function of Wrong Beliefs in

Young Children's Understanding of Deception," *Cognition* 13 (1983): 103–28.

73 Queen Elizabeth's comment is quoted in S. Wells, ed., *The New Penguin Shakespeare: Richard II* (London: Penguin, 1969), 13.

74 On views of self, see C. Dweck and E. Elliot, "Achievement Motivation," in P. Mussen, ed., *Handbook of Child Psychology*, vol. 4 (New York: Wiley, 1983); J. Ogbu, *Minority Education and Caste: The American System in Cross-Cultural Perspective* (New York: Academic Press, 1978).

75 On the stages of development of a theory of mind, see D. Olson, "Making Up Your Mind," *Canadian Psychology* 30 (1989): 617–27; D. R. Olson, "Representation and Misrepresentation: On the Beginnings of Symbolization in Young Children," in D. Tirosh, ed., *Implicit and Explicit Knowledge: An Educational Approach* (Norwood, N.J.: Ablex, in press).

76 On the child's understanding of irony, see E. Winner, *The Point of Words* (Cambridge: Harvard University Press, 1988); E. Winner and S. Leekam, "Distinguishing Irony from Deception: Understanding the Speaker's Second-Order Intention," *British Journal of Developmental Psychology*, Special Issue on Theory of Mind (in press).

77 On script knowledge, see K. Nelson, *Event Knowledge: Structure and Function in Development* (Hillsdale, N.J.: Erlbaum, 1986).

78 Stereotypes are discussed by E. Maccoby in "Children Are Ruthless Stereotypers" (Address to the American Psychological Society, reported in *The American Psychological Society Observer*, July 1990, 5–7).

79 On performances of understanding in young children, see R. Coles, *The Spiritual Life of Children* (Boston: Little, Brown, 1990).

80 On esthetic standards, see H. Gardner, *Artful Scribbles* (New York: Basic Books, 1980); M. Parsons, *How We Understand Art* (New York: Cambridge University Press, 1987).

81 Esthetic conceptions are discussed in H. Gardner, E. Winner, and M. Kircher, "Children's Conceptions of the Arts," *Journal of Aesthetic Education* 9 (1975): 60–77; A. K. Rosenstiel, et al., "Critical Judgment: A Developmental Study," *Journal of Aesthetic Education* 12 (1978): 95–107.

82 On early moral values, see R. A. Shweder, M. Mahaptara, and J. G. Miller, "Culture and Moral Development," in J. W. Stigler et al., eds., *Cultural Psychology: Essays on Comparative Human Development* (New York: Cambridge University Press, 1990).

83 On taste, see P. Bourdieu, *In Other Words: Essays Toward a Reflective Sociology*, trans. Matthew Adamson (Stanford: Stanford University Press, 1990).

84 Temperament and personality are discussed in W. Damon, *Social and Personality Development: Infancy Through Adolescence* (New York: Norton, 1983); S. Escalona, *The Roots of Individuality* (Chicago: Aldine, 1969); J. Kagan, *The Nature of the Child* (New York: Basic Books, 1984).

85 On constraints, see S. Carey and R. Gelman, eds., *Structural Constraints in Cognitive Development* (Hillsdale, N.J.: Erlbaum, in press).

86 Basic cognitive capacities are discussed in J. Kagan and R. Klein, "Cross-Cultural Perspectives on Early Development," *American Psychologist* 28 (1973): 947–61.

87 On schooled and unschooled children, see P. R. Dasen, *Piagetian Psychology: Cross-Cultural Contributions* (New York: Gardner, 1977); A. R. Luria, *Cognitive Development* (Cambridge: Harvard University Press, 1976); S. Scribner and M. Cole, "Cognitive Consequences of Formal and Informal Education," *Science* 182 (1973): 553–59; S. Scribner and M. Cole, *The Psychology of Literacy* (Cambridge: Harvard University Press, 1981).

88 Metamemory and metacognition are discussed in A. L. Brown, "Knowing When, Where, and How to Remember: A Problem of Metacognition," in R. Glaser, ed., *Advances in Instructional Psychology*, vol. 1 (Hillsdale, N.J.: Erlbaum, 1978); J. H. Flavell, "Metacognition and Cognitive Monitoring: A New Area of Cognitive-Developmental Inquiry," *American Psychologist* 34 (1979): 906–11; D. Kuhn, ed., *Developmental Perspectives on Teaching and Learning Thinking Skills* (Basel: Karger, 1990).

89 For discussions of U-shaped curves, see S. Strauss, ed., *U-Shaped Behavioral Growth* (New York: Academic Press, 1982); see especially H. Gardner and E. Winner, "First Intimations of Artistry," in the Strauss volume just cited; and A. Karmiloff-Smith, "From Meta-Processes to Conscious Access: Evidence from Children's Metalinguistic and Repair Data," *Cognition* 23 (1986): 95–147.

90 On the strengths and weaknesses of the five-year-old's mind, see M. Chi and R. D. Koeske, "Network Representation of a Child's Dinosaur Knowledge," *Developmental Psychology* 19 (1983): 29–39; D. Feldman, *Nature's Gambit* (New York: Basic Books, 1986); H. Gardner, *The Arts and Human Development* (New York: Wiley, 1973). For a general discussion, see S. J. Gould, *Ontogeny and Phylogeny* (Cambridge: Harvard University Press, 1977). The quotation from Nietzsche is courtesy of Rudolf Arnheim in a personal communication, November 1990. The Freud quotation is from his *Moses and Monotheism* (New York: Random House, 1939), 161.

91 The lines by Lepicié are quoted on the label for the painting at the National Gallery in London.

Chapter 6. The Values and Traditions of Education

92 On mimetic and transformative approaches to teaching, see P. Jackson, *The Practice of Teaching* (New York: Teachers College Press, 1986).

93 On creativity versus basic skills, see H. Gardner, *To Open Minds: Chinese Clues to the Dilemma of Contemporary Education* (New York: Basic Books, 1989).

94 Apprenticeships, in the past and the present, are discussed in J. Bowen, *A History of Western Education*, vol. I (London: Methuen, 1982); A. Collins, J. S. Brown, and S. E. Newman, "Cognitive Apprenticeship: Teaching the Crafts of Reading, Writing, and Mathematics," in L. Resnick, ed., *Knowing, Learning and Instruction* (Hillsdale, N.J.: Erlbaum, 1989); S. Hamilton, *Apprenticeship for Adulthood: Preparing Youth for the Future* (New York: Free Press, 1990); D. Hawkins, *The Informed Vision* (New York: Agathon Press, 1974); J. Lave, *Cognition in Practice: Mind, Mathematics, and Culture in Everyday Life* (New York: Cambridge University Press, 1989); L. Resnick, "Learning in School and Out," *Educational Researcher* 16 (9 [1987]): 13–20; B. Rogoff, *Apprenticeship in Thinking* (New York: Oxford University Press, 1990).

95 M. Polanyi, *Personal Knowledge* (Chicago: University of Chicago Press, 1958), 53.

96 On training in weaving, see C. P. Childs and P. M. Greenfield, "Informal Modes of Learning and Teaching: The Case of Zinacanteco Learning," in N. Warren, ed., *Studies in Cross-Cultural Psychology*, vol. 2 (New York: Academic Press, 1980); P. M. Greenfield and J. Lave, "Cognitive Aspects of Informal Education," in D. A. Wagner and H. E. Stevenson, eds., *Cultural Perspectives on Child Development* (New York: Freeman, 1982); B. Rogoff and J. Lave, eds., *Everyday Cognition* (Cambridge: Harvard University Press, 1984).

Chapter 7. The Institution Called School

97 On paleolithic notations, see A. Marshack, "Hierarchical Evolution of the Human Capacity: The Paleolithic Evidence" (Fifty-fourth James Arthur lecture on the evolution of the human brain, American Museum of National History, New York, 1985); A. Marshack, "Some Implications of the Paleolithic Symbolic Evidence for the Origin of Language," *Current Anthropology* 17 (2 [1976]): 274–82.

98 The invention of notations is discussed in A. Aveni, "Non-Western Notational Frameworks and the Role of Anthropology in Our Understanding of Literacy," in M. E. Wrolstad and D. F. Fisher, eds.,

Toward a New Understanding of Literacy (New York: Praeger, 1986); I. Gelb, *A Study of Writing* (Chicago: University of Chicago Press, 1963).

99 On the history of schools in different cultures, see M. J. Fischer, *Iran: From Religious Dispute to Revolution* (Cambridge: Harvard University Press, 1980); J. Henry, "A Cross-Cultural Outline of Education," *Current Anthropology* 1 (4 [1960]): 267–305.

100 Bush schools are described in M. H. Watkins, "The West African 'Bush' School," *American Journal of Sociology* 48 (1943): 666–77.

101 On South Seas navigation, see T. Gladwin, *East Is a Big Bird: Navigation and Logic on Puluwat Atoll* (Cambridge: Harvard University Press, 1970).

102 On schooling in Sweden, see H. Graff, "Whither the History of Literacy: The Future of the Past," *Communication* 11 (1988): 5–22.

103 The material on modern secular schools is largely drawn from H. Gardner, *Frames of Mind* (New York: Basic Books, 1983) and the references cited in that book.

104 Epistemic forms were discussed by D. Perkins and A. Collins in a workshop sponsored by The MacArthur Foundation, Harvard University, January 1990.

105 On the history of testing, see D. P. Resnick and L. B. Resnick, "Standards, Curriculum, and Performance: A Historical and Comparative Perspective," *Educational Researcher* 14 (April 1985): 5–20 and the references cited there.

106 On the arbitrariness of knowledge measured on standardized tests, see U. Neisser, *Cognition and Reality* (San Francisco: Freeman, 1976).

107 On school as a context in itself, see M. Solomon, "Decontextualization: Does It Really Explain the Cognitive Effects of Schooling?" (Unpublished paper, Harvard Graduate School of Education, 1990); C. Strauss, "Beyond 'Formal' versus 'Informal Education': Use of Psychological Theory in Anthropological Research," *Ethos* 12 (3 [1984]): 195–222.

108 On talk in school, see H. Mehan, *Learning Lessons: Social Organization in the Classroom* (Cambridge: Harvard University Press, 1979); D. Olson, "From Utterance to Text: The Bias of Language in Speech and Writing," *Harvard Educational Review* 47 (1977): 257–82; D. Olson and J. W. Astington, "Talking about Text: How Literacy Contributes to Thought," *Journal of Pragmatics* (in press).

109 L. Vygotsky, *Thought and Language* (Cambridge: MIT Press, 1981).

110 Distributed knowledge is discussed in R. Pea, "Distributed Intelligence and Education," in D. N. Perkins et al., eds., *Teaching for Understanding in the Age of Technology* (in press); D. Perkins, "Person Plus: A Distributed View of Thinking and Learning" (Paper

presented at the American Educational Research Association meetings, Boston, April 1990).

111 On the general effects of school, see M. Cole and S. Scribner, *Culture and Thought* (New York: Wiley, 1974); B. Rogoff, *Apprenticeships in Thinking* (New York: Oxford University Press, 1990).

112 On the effects of literacy per se, see D. Olson, "Literacy Is Metalinguistic Activity," in D. R. Olson and N. Torrance, eds., *Literacy and Orality* (New York: Cambridge University Press, in press); S. Scribner and M. Cole, *The Psychology of Literacy* (Cambridge: Harvard University Press, 1981).

113 Constraints within scholastic institutions are discussed in R. Callahan, *Education and the Cult of Efficiency* (Chicago: University of Chicago Press, 1962); C. Handy and R. Aitken, *Understanding Schools as Organizations* (Harmondsworth, Middlesex, England: Penguin, 1986); L. McNeil, *The Contradictions of Control: School Structure and School Nature* (New York: Methuen, 1986); S. Sarason, *The Culture of the School and the Problem of Change* (Boston: Allyn and Bacon, 1971); T. B. Timar and D. L. Kirp, *Managing Educational Excellence* (New York: Falmer Press, 1988); A. T. Wise, *Legislated Learning: The Bureaucratization of the American Classroom* (Los Angeles: University of California Press, 1978). I am grateful to Mindy Kornhaber for bringing several of these references to my attention.

114 T. Kidder, *Among Schoolchildren* (New York: Avon Books, 1989). The quotation is from p. 115.

115 On the protective devices of school, see D. Cohen, "Educational Technology and Social Organization," in R. Nickerson and P. Zodhiates, *Technology in Education: Looking Toward 2020* (Hillsdale, N.J.: Erlbaum, 1988), 231–64; L. Cuban, "Restructuring Again, Again, and Again," *Educational Researcher* 19 (1 [1990]): 3–13; S. M. Johnson, *Teacher at Work* (New York: Basic Books, 1990); S. Sarason, *Schooling in America: Scapegoat and Salvation* (New York: Free Press, 1983).

116 L. McNeil, *Contradictions* [137]. The quotation is from p. xviii.

Chapter 8. The Difficulties Posed by School: Misconceptions in the Sciences

117 The advent of universal schooling is discussed in L. Cremin, *American Education: The Metropolitan Experience* (New York: Harper and Row, 1988); D. Tyack, *The One Best System* (Cambridge: Harvard University Press, 1974).

118 On the Committee of Ten, see E. Boyer, *High School* (New York: Harper and Row, 1983); D. Ravitch, *The Schools We Deserve* (New

York: Basic Books, 1985). The Committee's pronouncement is quoted in the Ravitch book, p. 138.
119   Conservation studies and conflict are discussed in J. S. Bruner, R. Olver, and P. M. Greenfield, *Studies in Cognitive Growth* (New York: Wiley, 1966).
120   Literacy in colonial America is discussed in B. Bailyn, *Education in the Forming of American Society* (Chapel Hill, N.C.: University of North Carolina Press, 1960); R. Butts and L. Cremin, *A History of Education in American Culture* (New York: Holt, 1953); D. Tyack, *One Best System* [144].
121   P. Freire, *Pedagogy of the Oppressed* (New York: Seabury Press, 1971).
122   A. DiSessa, "Unlearning Aristotelian Physics: A Study of Knowledge-Based Learning," *Cognitive Science* 6 (1 [1982]): 37–75. The quotation is from pp. 58–59.
123   Misconceptions in physics are discussed in A. Arons, "Toward Wider Public Understanding of Science," *American Journal of Physics* 41 (1973): 769–76; B. Bruce, J. Gee, and J. Whitla, "Report of the Literacies Institute" (Educational Development Center, Newton, Mass., 1989); A. Caramazza, M. McCloskey, and B. Green, "Naive Beliefs in 'Sophisticated' Subjects: Misconceptions about Trajectories of Objects," *Cognition* 9 (2 [1981]): 117–23; J. Clement, "Student Preconceptions of Introductory Mechanics," *American Journal of Physics* 50 (1982): 66–71; A. DiSessa, "Phenomonology and the Evolution of Intuition," in D. Gentner and A. Stevens, eds., *Mental Models* (Hillsdale, N.J.: Erlbaum, 1983); J. Larkin, "The Role of Problem Representation in Physics," in D. Gentner and A. L. Stevens, eds., *Mental Models* (Hillsdale, N.J.: Erlbaum, 1983); M. McCloskey, A. Caramazza, and B. Green, "Curvilinear Motion in the Absence of External Forces: Naive Beliefs about the Motion of Objects," *Science* 210 (1980): 1139–41; R. Osborne, "Children's Dynamics," *The Physics Teacher* (November 1984), 504–8; G. Posner et al., "Accommodation of a Scientific Conception: Toward a Theory of Conceptual Change," *Science Education* 66 (2 [1982]): 211–27; E. Smith and R. Tyler, *Appraising and Recording Student Progress* (New York: Harper, 1942).
124   The commitment to a Newtonian view is described in G. Posner et al., "Accommodation" [154]; the quotation is from p. 219.
125   On biological misconceptions, see B. Bishop and C. Anderson, "Student Conceptions of Natural Selection and Its Role in Evolution," *Journal of Research in Science Teaching* 27 (1990): 415–27; S. Carey, *Conceptual Change in Childhood* (Cambridge: MIT Press, 1985); E. Gellert, "Children's Conceptions of the Content and Function of the Human Body," *Genetic Psychology Monographs* 65 (1962): 291–411; G. Hatano and K. Inagaki, "Everyday Biology and School Biology:

How Do They Interact?" *Quarterly Newsletter of the Laboratory of Comparative Human Cognition* 9 (October 1987): 120–28; A. C. Hildebrand, "Confusing Chromosome Number and Structure: A Common Student Error" (Unpublished paper, University of California at Berkeley, 1990); J. Kinnear, "Identification of Misconceptions in Genetics and the Use of Computer Simulation in Their Correction," in H. Helm and J. Novak, eds., *Proceedings of the International Seminar on Misconceptions in Science and Mathematics* (Ithaca: Cornell University, Department of Education, 1983), 84–92; D. Perkins et al., "Inside Understanding," in D. Perkins et al., eds., *Teaching for Understanding in the Age of Technology* (in press); J. Stewart, "Student Problem Solving in High School Genetics," *Science Education* 67 (1983): 523–40; J. H. Wandersee, "Students' Misconceptions about Photosynthesis: A Cross-Age Study," in Helm and Novak, just cited, 441–65; J. P. Mestre and J. Lochhead, *Academic Preparation in Science*, 2d ed. (New York: The College Board, 1990).

126 Problems in algebra are discussed in J. Lochhead and J. Mestre, "From Words to Algebra: Mending Misconceptions," in A. Coxford and A. Schulte, eds., *The Ideas of Algebra K–12* (Reston, Va.: National Council of Teachers of Mathematics, 1988), 127–35; P. Rosnick, "Some Misconceptions Concerning the Concept of Variable," *Mathematics Teacher* 74 (1981): 418–20.

127 Problems in the decimal system are discussed in J. Hiebert, "Mathematical, Cognitive, and Instructional Analyses of Decimal Fractions," in G. Leinhardt and R. T. Putnam, *Cognitive Research: Mathematics Learning and Instruction* (in press); T. Kieren, "Rational and Fractional Numbers as Mathematical and Personal Knowledge: Implications for Curriculum and Instruction," also in Leinhardt and Putnam, *Cognitive Research*, just cited.

128 On the word *is*, see P. Nesher, "Microworlds in Mathematical Education: A Pedagogical Realism," in L. Resnick, ed., *Knowing, Learning, and Instruction* (Hillsdale, N.J.: Erlbaum, 1989), 197–216. See also P. Rosnick, "Some Misconceptions Concerning the Concept of Variable," *The Mathematics Teacher* 74 (September 1981): 418–520; P. Rosnick, "The Uses of Letters in Precalculus Algebra" (Unpublished doctoral dissertation, University of Massachusetts, 1982).

129 E. W. Orr, *Twice as Less* (New York: Norton, 1987).

130 On programming problems, see D. Perkins et al., "Conditions of Learning in Novice Programmers," *Journal of Educational Computing Research* 2 (1 [1986]): 37–56; D. Perkins and R. Simmons, "Patterns of Misunderstanding: An Integrative Model for Science, Math, and Programming," *Review of Educational Research* 58 (1988): 303–26.

131 P. Cobb, "The Tension between Theories of Learning and Instruction in Mathematics Education," *Educational Psychologist* 23 (1988): 87–103; the quotation is from p. 98. See also L. Resnick and S. F. Omanson, "Learning to Understand Arithmetic," in R. Glaser, ed., *Advances in Instructional Psychology* (Hillsdale, N.J.: Erlbaum, 1987), 41–95; J. T. Sowder, "Making Sense of Numbers in School Mathematics," in G. Leinhardt and R. P. Putnam, *Cognitive Research: Mathematics Learning and Instruction* (in press).

132 R. Lawler, "The Progressive Construction of Mind," *Cognitive Science* 5 (1981): 1–39.

133 Problems in solving arithmetical problems are discussed in G. Hatano and K. Inagaki, "Sharing Cognition through Collective Comprehension Activity," in L. Resnick and J. Levine, eds., *Socially Shared Cognition* (Washington, D.C.: American Psychological Association, in press); M. Lampert, "Teaching Mathematics," *Journal of Mathematical Behavior* 5 (1986): 241–80; M. Lampert, "Knowing, Doing, and Teaching Multiplication," *Cognition and Instruction* 3 (1986): 305–42; N. Minick, "Comments on the Problematic Relationship between Task/Goal and Cognitive Technologies in Classroom Discourse and Practice" (Paper presented at the American Educational Research Association, Boston, April 1990).

134 On the divergence of school math and "real" math, see A. Schonfield, "When Good Teaching Leads to Bad Results: The Disasters of 'Well-Taught' Mathematics Courses," *Educational Psychologist* 23 (2 [1988]): 145–66.

Chapter 9. More Difficulties Posed by School: Stereotypes in the Social Sciences and the Humanities

135 J. Voss et al., "Informal Reasoning and Subject Matter Knowledge in the Solving of Economics Problems by Naive and Novice Individuals," in L. Resnick, ed., *Knowing, Learning, and Instruction* (Hillsdale, N.J.: Erlbaum, 1989), 217–50; J. Voss et al., "Problem Solving Skill in the Social Sciences," in G. H. Bower, *The Psychology of Learning and Motivation: Advances in Research Theory*, vol. 17 (New York: Academic Press, 1983), 165–213.

136 D. Perkins, *Knowledge as Design* (Hillsdale, N.J.: Erlbaum, 1986); D. Perkins, "Postprimary Education Has Little Impact on Informal Reasoning," *Journal of Educational Psychology* 77 (1985): 562–71.

137 On statistical misjudgments, see D. Kahneman, P. Slovic, and A. Tversky, eds., *Judgment and Uncertainty: Heuristics and Biases* (New York: Cambridge University Press, 1972); A. Tversky and D. Kahneman, "Extentional vs. Intuitive Reasoning: The Conjunc-

tion Fallacy in Probability Judgment," *Psychological Review* 90 (1983): 237–304; A. Tversky and D. Kahneman, "The Framing of Decisions and the Psychology of Choice," *Science* 211 (1981): 453–58.

138 On the fundamental attribution error, see L. Ross, "The Intuitive Psychologist and His Shortcomings: Distortions in the Attribution Process," in L. Berkowitz, ed., *Advances in Experimental Social Psychology*, vol. 10 (New York: Academic Press, 1977), 173–220.

139 J. Baron, "Harmful Heuristics and the Improvement of Thinking," in D. Kuhn, ed., *Developmental Perspectives on Teaching and Learning Thinking Skills* (Basel: Karger, 1990).

140 Problems in reading expository writing are discussed in I. Beck and M. G. McKeown, "Expository Text for Young Readers: The Issue of Coherence," in L. Resnick, ed., *Knowing, Learning, and Instruction* (Hillsdale, N.J.: Erlbaum, 1989), 47–66.

141 Stereotypes in the humanities and social sciences are discussed in R. Anderson, "The Notion of Schemata and the Educational Enterprise," in R. C. Anderson, R. S. Spiro, and W. E. Montagu, eds., *Schooling and the Acquisition of Knowledge* (Hillsdale, N.J.: Erlbaum, 1979), 415–31; I. Beck, M. McKeown, and E. Gromoll, "Learning from Social Studies Texts," *Cognition and Instruction* 6 (2 [1989]): 99–158; W. Kintsch, "Learning from Text," in L. Resnick, ed., *Knowing, Learning, and Instruction* (Hillsdale, N.J.: Erlbaum, 1989), 1–24; B. Tuchman, S. M. Wilson, and S. S. Wineburg, "Peering at History Through Different Lenses: The Role of Disciplinary Perspectives in Teaching History," *Teachers College Record* 89 (1988): 525–39.

142 T. Holt, *Thinking Historically* (New York: The College Entrance Examination Board [D. P. Wolf, Coordinating Editor], 1990); on student involvement in the use of historical sources, see also P. Boyer and S. Nissenbaum, *Salem Possessed: The Social Origins of Witchcraft* (Cambridge: Harvard University Press, 1974).

143 On conversational postulates, see H. P. Grice, "Logic and Conversation," in P. Cole and J. L. Morgan, eds., *Syntax and Semantics*, vol. 3, *Speech Acts* (New York: Seminar Press, 1975), 41–58.

144 G. Leinhardt, "Weaving Instructional Explanations in History" (*Learning Research and Development Center Technical Report*, Pittsburgh, August 1990).

145 J. Bamberger, "Intuitive and Formal Musical Knowledge," in S. Madeja, ed., *The Arts, Cognition, and Basic Skills* (St. Louis: CEMREL, 1982); "Revisiting Children's Descriptions of Simple Rhythms," in S. Strauss, ed., *U-Shaped Behavioral Growth* (New York: Academic Press, 1982).

146   I. A. Richards, *Practical Criticism* (New York: Harcourt Brace, 1929); the quotation is from p. 12. See also J. A. Zaharias, "Literature Anthologies in the United States: Impediments to Good Teaching Practice," *English Journal* (October 1989): 22–27.
      On good argumentation, see A. Lesgold, "Facilitating dialectical interaction in school subject matters" (Presentation to the McDonnell Foundation Workshop on Cognitive Studies and Education, University of Pittsburgh, December 1990).

147   Conceptions about art are discussed in H. Gardner, *Art Education and Human Development* (Los Angeles: Getty Center for Education in the Arts, 1990); M. Parsons, *How We Understand Art* (New York: Cambridge University Press, 1987). For conceptions in other art forms, see H. Gardner, *The Arts and Human Development* (New York: Wiley, 1973), chap. 5.

Chapter 10. The Search for Solutions: Dead Ends and Promising Means

148   D. Perkins et al., "Inside Understanding," in D. Perkins et al., *Teaching for Understanding in the Age of Technology* (in press).

149   The most widely cited call for basic skills is *A Nation at Risk: The Imperative for Educational Reform* (Washington, D.C.: National Commission on Excellence in Education, 1983).

150   Saving students time was discussed in J. Rush, "Conceptual Consistency and Problem Solving: Tools to Evaluate Learning in Studio Art" (Paper presented at the Workshop on Evaluation in Art Education, Boosenhooft, The Netherlands, December 1990); the quotation is from p. 18.

151   Changes in school population and practices are discussed in A. Powell, E. Ferrar, and D. Cohen, *The Shopping Mall High School: Winners and Losers in the Educational Marketplace* (Boston: Houghton Mifflin, 1985).

152   On teachers' reading habits, see C. E. Feistritzer, *Profiles of Teachers in the United States* (Washington, D.C.: National Center for Education Information, 1986), 61.

153   E. D. Hirsch, *Cultural Literacy* (Boston: Houghton Mifflin, 1987).

154   A. Bloom, *The Closing of the American Mind* (New York: Simon and Schuster, 1987).

155   The contrasting pulls on education are discussed in O. Handlin, *The Uprooted* (Boston: Little, Brown, 1952).

156   On the common schools, see R. Butts and L. Cremin, *A History of Education in American Culture* (New York: Holt, 1953); L. Cremin, *The American Common School* (New York: Teachers College Press,

1951); L. Cremin, *American Education: The National Experience 1783–1876* (New York: Harper and Row, 1982); D. Tyack, *The One Best System* (Cambridge: Harvard University Press, 1974). Horace Mann's comment is quoted in L. Cremin, *American Education: The Metropolitan Experience 1876–1980* (New York: Harper and Row, 1988), 137.

157 Progressive education is discussed in L. Cremin, *The Transformation of the School* (New York: Knopf, 1961); L. Cremin, *Traditions of American Education* (New York: Basic Books, 1977); N. Wilson, "Remembering a Progressive Education," *Pathways* 6 (2 [1990]): 10–13.

158 On progressive education, see L. Cremin, *Transformation*, just cited; J. Dewey, *The School and Society* (Chicago: University of Chicago Press, 1967 [original publication 1899]); *Democracy and Education* (New York: Macmillan, 1916); F. Parker, *Notes on Teaching* (New York: E. L. Kellogg, 1883).

159 On the Eight-Year Study, see W. Aiken, *The Story of the Eight-Year Study* (New York: Harper, 1942); P. Minuchin, *The Psychological Impact of School Experience: A Comparison Study of Nine-Year-Old Children in Contrasting Schools* (New York: Basic Books, 1969).

160 L. Cremin, *Transformation* [193].

161 On the limits of progressive education, see P. Graham, *Progressive Education from Arcady to Academe* (New York: Teachers College Press, 1967).

162 E. C. Lagemann, "The Plural Worlds of Educational Research," *History of Education Quarterly* 29 (1989): 185–213; the quotation is from p. 185.

Chapter 11. Education for Understanding During the Early Years

163 Children's museums are discussed in F. Oppenheimer, "Everyone Is You . . . or Me," *Technology Review* 78 (7 [1976]); R. Gelman, "Constructivism and Supporting Environments," in D. Tirosh, ed., *Implicit and Explicit Knowledge: An Educational Approach* (New York: Ablex, in press).

164 On Project Spectrum, see U. Malkus, D. H. Feldman, and H. Gardner, "Dimensions of Mind in Early Childhood," in A. Pellegrini, ed., *The Psychological Bases of Early Childhood* (Chichester, England: Wiley, 1988), 25–38; M. Krechevsky and H. Gardner, "The Emergence and Nurturance of Multiple Intelligences," in M. Howe, ed., *Encouraging the Development of Exceptional Abilities and Talents* (in press).

165 Exemplary preschool education programs are described in J. Bauch, ed., *Early Childhood Education in the Schools* (Washington, D.C.: National Education Association, 1988).

166 On the whole-language approach, see N. Atwell, *In the Middle* (Portsmouth, N.H.: Heinemann, 1987); G. Bissex, *GNYS AT WRK: A Child Learns to Write and Read* (Cambridge: Harvard University Press, 1980); L. M. Calkins, *Living between the Lines* (Portsmouth, N.H.: Heinemann, 1990); D. Graves, *Balance the Basics: Let Them Write* (New York: Ford Foundation, 1978); J. Harste, V. Woodward, and C. Burke, *Language Stories and Literary Lessons* (Portsmouth, N.H.: Heinemann, 1984); D. Taylor, ed., Special Issue on Assessment in Whole Language Teaching, *English Education* 22 (1 [February 1990]).

167 On incorporating mathematics in the atmosphere of the primary school, see O. de la Rocha, "Problems of Sense and Problems of Scale: An Ethnographic Study of Arithmetic in Everyday Life" (Unpublished doctoral dissertation, University of California at Irvine, 1986); J. Easley and E. Easley, *Math Can Be Natural: Kitameno Priorities Introduced to American Teachers* (Urbana, Ill.: Committee on Culture and Cognition, University of Illinois, 1982, publication #23); M. Lampert, "When the Problem Is Not the Question and the Solution Is Not the Answer: Mathematical Knowing and Teaching," *American Educational Research Journal* 27 (1990): 29–64; R. Lawler, "The Progressive Construction of Mind," *Cognitive Science* 5 (1981): 1039; D. Newman, M. Cole, and P. Griffin, *In the Construction Zone* (New York: Cambridge University Press, 1989); R. Pea and J. Greeno, Presentation at the American Educational Research Association, Boston, 1990; A. Schoenfeld, "Learning to Think Mathematically: Problem-Solving, Metacognition, and Sense-Making in Mathematics," in D. Gouws, ed., *Handbook for Research on Mathematics Teaching and Learning* (New York: Macmillan, 1990); J. A. Turner, "From Gerolamo Cardano to the Fighting Bernoulli Brothers, a Math Professor Brings the Great Mathematicians to Life," *Chronicle of Higher Education* (July 18, 1990), A13.

168 Early science education is discussed in E. Duckworth, *The Having of Wonderful Ideas and Other Essays* (New York: Teachers College Press, 1987); G. Forman and M. Kaden, "Research on Science Education for Young Children," in C. Seefelt, ed., *The Early Childhood Curriculum: A Review of Current Research* (New York: Teachers College Press, 1987), 141–42; B. Watson and R. Konicek, "Teaching for Conceptual Change: Confronting Children's Experience," *Phi Delta Kappan* (May 1990): 680–85.

169 On the Key School, see L. Olson, "Children Flourish Here: Eight Teachers and a Theory Changed a School," *Education Week* 7 (1 [1988]): 18–19; M. Winn, "New Views of Human Intelligence," *New York Times Magazine, Part 2: The Good Health Magazine* (April 29, 1990): 16–17, 28–29.

170   Assessment of projects is discussed in H. Gardner, "Assessment in Context: The Alternative to Standardized Testing," in B. Gifford and M. Connor, eds., *Future Assessment: Changing Views of Aptitude, Achievement, and Instruction* (Boston: Kluwer Press, in press).

171   The role of cooperation in learning is discussed in B. Rogoff, *Apprenticeship in Thinking* (New York: Oxford University Press, 1990); R. Slavin, *Cooperative Learning* (New York: Longman, 1983).

172   Other experimental programs are described in W. S. Hopfenberg et al., "Toward Accelerated Middle Schools" (Report submitted to the Edna McConnell Clark Foundation, New York City, August 1990); S. Pogrow, "Teaching Thinking to At-Risk Elementary Students," *Educational Leadership* 46 (April 1988): 79–85.

173   The after-school program in San Diego is described in D. Newman, M. Cole, and P. Griffin, *The Construction Zone* (New York: Cambridge University Press, 1989); see also C. Bereiter and M. Scardamalia, "Intentional Learning as a Goal of Instruction," in L. Resnick, ed., *Knowing, Learning, and Instruction* (Hillsdale, N.J.: Erlbaum, 1989).

174   On reciprocal teaching, see A. L. Brown and A. S. Palincsar, "Guided, Cooperative Learning and Individual Knowledge Acquisition," in L. Resnick, ed., *Knowing, Learning, and Instruction* (Hillsdale, N.J.: Erlbaum, 1989), 393–452; A. Palincsar and A. L. Brown, "Reciprocal Teaching of Comprehension-Fostering and Comprehension-Monitoring Activities," *Cognition and Instruction* 1 (1984): 117–76.

175   Japanese classroom procedures are described in V. L. Hamilton et. al., "Japanese and American Children's Reasons for the Things They Do in School," *American Educational Research Journal* 26 (4 [1989]): 545–71; G. Hatano, "Learning to Add and Subtract: A Japanese Perspective," in T. P. Carpenter, J. M. Moser, and T. A. Romberg, eds., *Addition and Subtraction: A Cognitive Perspective* (Hillsdale, N.J.: Erlbaum, 1982), 211–23; J. Stigler and M. Perry, "Mathematics Learning in Japanese, Chinese, and American Classrooms," in G. Saxe and M. Gearhart, eds., *Children's Mathematics: New Directions for Child Development* (San Francisco: Jossey Bass, 1988), 27–54; M. White, *The Japanese Educational Challenge: A Commitment to Children* (New York: Free Press, 1987).

176   M. Lampert, "When the Problem Is Not the Question and the Solution Is Not the Answer: Mathematical Knowing and Teaching," *American Educational Research Journal* 27 (1 [Spring 1990]): 29–63.

177   *Jasper* is described in J. D. Bransford et al., "New Approaches to Instruction: Because Wisdom Can't Be Told" (Paper presented at the Conference on Similarity and Analogy, University of Illinois, June 1986). Immigrant materials are available from Harvard Project Zero, Cambridge, Mass.

Chapter 12. Education for Understanding During the Adolescent Years

178   R. Osborne, "Children's Dynamics," *The Physics Teacher* (November 1984): 504–608.

179   Roschelle's Envisioning Machine is described in J. Greeno, "Situations, Mental Models, and Generative Knowledge" (Institute for Research in Learning, Technical Report No. 5, Palo Alto, Calif., 1988); J. Roschelle, "Designing for Conversations" (Paper presented at the AAAI Symposium on Knowledge-Based Environments for Learning and Teaching, Stanford University, March 1990).

180   ThinkerTools are described in B. White and P. Horwitz, "ThinkerTools: Enabling Children to Understand Physical Laws" (Technical Report #6470, Bolt, Beranek, and Newman, Cambridge, Mass., 1987); B. White, "Sources of Difficulty in Understanding Newtonian Dynamics," *Cognitive Science* 7 (1 [1983]): 41–65.

181   The *Visual Almanac* has been demonstrated at several conferences and is on display at the Computer Museum in Boston.

182   The Geometric Supposer is described in J. Schwartz and M. Yerushalmy, "The Geometric Supposer: Using Microcomputers to Restore Invention to the Learning of Mathematics," in D. N. Perkins, J. Lochhead, and J. Bishop, eds., *Thinking: Proceedings of the Second International Conference* (Hillsdale, N.J.: Erlbaum, 1987), 525–36; J. Schwartz, "The Power and the Peril of the Particular: Thoughts on a Role for Microcomputers in Science and Mathematics Education," in V. A. Howard, ed., *Varieties of Thinking* (New York: Routledge, 1990), 76–83; see also C. M. Krohn, "'There's a Mirror': Learners, Representations, and Comparing Decimals" (Unpublished paper, Stanford University School of Education, 1990).

183   Projects of the Technology Education Research Centers are described in "Microcomputers in Education—Innovations and Issues: Hands On" (Technical Education Research Centers, Cambridge, Mass., 1990); "Measuring and Modeling Projects" (First Year Annual Report, Technical Education Resources Center, Cambridge, Mass., July 1990).

184   On overcoming misconceptions in physics, see J. Clement, "Overcoming Students' Misconceptions in Physics: The Role of Anchoring Intuitions and Analogical Validity," in J. D. Novak, ed., *Proceedings of the Second International Seminar on Misconceptions and Educational Strategies in Science and Mathematics*, vol. 3 (Ithaca, N.Y.: Cornell University Department of Education, 1987), 84–97; J. Minstrell and E. Hunt, "Diagnoser: A Computer Program That Assists Students in Thinking about Their Own Thinking" (Presentation at the McDonnell Workshop on Cognitive Studies in Education, Pittsburgh, December 1990).

185 Overcoming misconceptions in algebra is discussed in E. Solloway, J. Lochhead, and J. Clement, "Does Computer Programming Enhance Problem-Solving Ability? Some Positive Evidence on Algebra Word Problems," in R. J. Seidel, R. Anderson, and B. Hunter, eds., *Computer Literacy: Issues and Directions for 1985* (New York: Academic Press, 1982); J. Lochhead, "Some Ways in Which Computer Technology May Be Used to Improve the Reasoning Capabilities of Students" (Unpublished paper, University of Massachusetts at Amherst, 1985).

186 Overcoming misconceptions in biology is discussed in S. Carey, *Conceptual Change in Childhood* (Cambridge: MIT Press, 1985); D. Perkins et al., "Inside Understanding," in D. Perkins et al., *Teaching for Understanding in the Age of Technology* (in press).

187 Long-time exposure to works of art has been studied by J. Pazienza, in unpublished research, Pennsylvania State University, 1988.

188 Dealing with stereotypes in arts and humanities was discussed by B. Bailyn in a seminar presented to the Spencer Workshop on Understanding (May 8, 1990); see also T. Holt, *Thinking Historically* (New York: College Board, 1990).

189 On Arts PROPEL, see H. Gardner, "Zero-Based Arts Education: An Introduction to Arts PROPEL," *Studies in Art Education* 30 (2 [1989]): 71–83; *Portfolio*, Issues 1–5 (Publication of Harvard Project Zero and Educational Testing Services, 1988–91); D. Wolf, "Portfolio Assessment: Sampling Student Work," *Educational Leadership* 46 (7 [1989]): 35–39.

190 On creating a culture with high standards, see R. Berger, "Building a School Culture Where Quality Is 'Cool,' " *Harvard Education Letter* (in press).

191 On foundational thinking, see M. Lipman, A. M. Sharp, and F. Oscanyan, *Philosophy in the Classroom* (Philadelphia: Temple University Press, 1980); G. Mathews, *Philosophy and the Young Child* (Cambridge: Harvard University Press, 1980).

192 On the esthetic stand, see M. Parson, *How We Understand Art* (New York: Cambridge University Press, 1987).

193 P. Frank, *Einstein: His Life and Times* (New York: Knopf, 1953), 9.

194 On the prospects for overcoming misconceptions, see R. Case, "Gearing the Demands of Instruction to the Developmental Capacities of the Learner, *Review of Educational Research* 45 (1 [1975]): 59–87.

Chapter 13. Toward National and Global Understandings

195 On restructuring the schools, see A. Shanker, "Restructuring Our Schools," *Peabody Journal of Education* 65 (3 [Spring 1988]): 88–100.

196 Pressures against changing schools are discussed in J. Cannell, *Nationally Normed Elementary Achievement Teaching in America's Public Schools: How All Fifty States Are Above the National Average* (Daniels, W.V.: Friends in Education, 1987); D. Cohen and P. Peterson, *Report on California Mathematics Curriculum* (Center for Research on Teaching, Michigan State University, 1990).

197 Explanations of students' poor performances are discussed in C. Dweck and J. Bempechat, "Children's Theories of Intelligence: Consequences for Learning," in S. G. Paris, G. M. Olson, and H. W. Stevenson, eds., *Learning and Motivation in the Classroom* (Hillsdale, N.J.: Erlbaum, 1983).

198 On national understandings, see H. Gardner, "The Academic Community Must Not Shun the Debate on How to Set National Educational Goals," *The Chronicle of Higher Education* (November 8, 1989), A52.

199 Performance-based assessments are described in *Assessment at Alverno*, 2d. (Milwaukee: Alverno College, 1985); J. B. Baron et al., "Toward a New Generation of Student Outcome Measures: Connecticut's Common Core of Learning Assessment" (Paper presented at the American Education Research Association, San Francisco, March 1989); J. R. Frederiksen and A. Collins, "A Systems Approach to Educational Testing," *Educational Researcher* (December 1989): 27–32; G. Wiggins, "A True Test: Toward More Authentic and Equitable Assessment," *Phi Delta Kappan* (May 1989): 703–13.

200 On national curriculum standards, see Project 2061, *Science for All Americans* (Washington, D.C.: American Association for the Advancement of Science, 1989); National Research Council, *Everybody Counts: A Report to the Nation on the Future of Mathematics Education* (Washington, D.C.: National Academy Press, 1989). See also E. Culotta, "Can Science Education Be Saved?" *Science* 250 (December 1990): 1327–30; M. Barinaga, "Bottom-Up Revolution in Science Teaching," *Science*, 249 (August 1990): 977–79; L. B. Resnick and L. E. Klopfer, eds., *Toward the Thinking Curriculum: Current Cognitive Research* (Washington, D.C.: Association for Supervision and Curriculum Development, 1989).

201 National Board of Professional Teaching Standards, *A Nation Prepared: The Report of the Task Force on Teaching as a Profession* (Washington, D.C.: Carnegie Forum on Education and the Econ-

omy, May 1986). See also G. Maeroff, *The Empowerment of Teachers* (New York: Teachers College Press, 1988).

202 On various promising experiments, see J. Comer, "Educating Poor Minority Students," *Scientific American* 259 (5 [1988]): 42–48; T. Sizer, *Horace's Compromise* (Boston: Houghton Mifflin, 1984); see also the regular publication *Horace*, issued by the Brown University–based Coalition of Essential Schools.

203 For references to the work of Levin and Pogrow, see note to page 219.

204 For other instances, see D. S. Ogle, W. T. Pink, and B. F. Jones, eds., *Restructuring to Promote Learning in America's Schools* (Elmhurst, Ill.: North Central Regional Educational Laboratory, 1990).

205 On going through the motions of reform, see D. Cohen and P. Peterson, *Report on California Mathematical Curriculum* (Unpublished report, Michigan State University, East Lansing, Mich., 1990).

206 L. Kohlberg and R. Mayer, "Development as the Aim of Education," *Harvard Educational Review* 42 (4 [1972]): 449–96; for an elaboration of my views, see H. Gardner, "The Tension between Education and Development" (The Lawrence Kohlberg Memorial Lecture, delivered at Notre Dame University, November 1990); see also D. Hawkins, *The Informed Vision: Essays on Learning and Human Nature* (New York: Agathon Press, 1974).

207 On the effects of culture on learning, see J. S. Bruner, *Acts of Meaning* (Cambridge: Harvard University Press, 1990); C. Geertz, *The Interpretation of Culture* (New York: Basic Books, 1973); L. Vygotsky, *Mind in Society* (Cambridge: Harvard University Press, 1978).

208 I. Stravinsky, *The Poetics of Music* (Cambridge: Harvard University Press, 1970 [originally published 1942]), 42.

名字索引

NAME INDEX

阿诺德·格塞尔（Arnold Gesell）038

艾略特（T. S. Eliot）020

爱因斯坦（Albert Einstein）111，161，244

安妮·布朗（Ann Brown）099

珀金斯（David Perkins）168

班伯格（Jeanne Bamberger）181

保罗·罗津（Paul Rozin）049

贝茨（Elizabeth Bates）087

贝林（Bernard Bailyn）236

贝荣（Jonathan Baron）177

本杰明·史波克（Benjamin Spock）038

波兰尼（Michael Polanyi）130

布兰斯福（John Bransford）222

布鲁姆（Allan Bloom）192，193-195，201

布鲁纳（Jerome Bruner）051

达尔文（Charles Darwin）038，040，052，053，058

大卫·欧森（David Olson）105

德里达（Jacques Derrida）184

保罗·德曼（Paul De Man）184

狄更斯（Charles Dickens）248

狄洛奇（Judy De Loache）087

笛卡儿（René Descartes）056

迪塞沙（Andrea DiSessa）098，099

杜威（John Dewey）196

弗兰克（Philipp Frank）244

费尔德曼（David Feldman）208

福多尔（Jerry Fodor）080，081

费莱雷（Paolo Freire）156

弗洛伊德（Sigmund Freud）021，042，117—119，194

福禄贝尔（Friedrich Froebel）212

高登（Peter Gordon）071，072

格尔曼（Rochel Gelman）097，099

格林诺（James Greeno）222

哈里斯（Willian T.Harris）199

海德格尔（Martin Heidegger）184

海伦·凯勒（Helen Keller）078

霍尔特（Tom Holt）179

赫希（E.D.Hirsch）192

华特斯（Joseph Walters）223

霍瑞斯·曼（Horace Mann）196

霍普金斯（Gerard Manley Hopkins）183

格尔茨（Clifford Geertz）050

卡米罗夫·史密斯（Annette Karmiloft-Smith）116

卡内曼（Daniel Kahneman）175-177

卡西尔（Ernst Cassirer）068

卡扎菲（Muammar al-Qaddafi）181

凯德（Tracy Kidder）146

凯尔（Frank Keil）096

凯瑟琳·尼尔森（Katherine Nelson）078

康德（Immanuel Kant）056，062，111

柯布（Paul Cobb）169

柯尔堡（Lawrence Kohlberg）259

柯尔斯（Robert Coles）108

柯默（James Comer）257

科尔（Michael Cole）051

科特·费希尔（Kurt Fischer）044

克莱门特（John Clement）161

克莱契夫斯基（Mara Krechevsky）210

克雷明（Lawrence Cremin）198

克里斯托弗·哥伦布（Christopher Columbus）229，232

奎因（Willard Van Orman Quine）076

拉格曼（Ellen Lagemann）199

莱布尼兹（Gottfried Wilhelm Von Leibniz）062

莱因哈特（Gaea Leinhardt）180

兰伯特（Magdalene Lampert）222

朗格（Susanne Langer）068

劳勒（Robert Lawler）169

雷夫（Jean Lave）157

伦奈伯格（Eric Lenneberg）047，048，050

雷皮西亚（Lepicié）119

雷斯利（Allan Leslie）080，081

李文（Henry Levin）257

理查兹（I.A. Richards）182

列奥·施特劳斯（Leo Strauss）194

列宁（V. I. Lenin）109

卢梭（Jean-Jacques Rousseau）040，117，194

罗比·凯斯（Robbie Case）041，042，098

罗斯（Eleanor Rosch）077

罗斯契尔（Jeremy Roschelle）229

罗素（Bertrand Russell）101

洛克（John Locke）047，056，194

洛克希德（Jack Lockheed）166，234

马丁·路德·金（Martin Luther Jr. King）181

马克曼（Ellen Markman）074

梅达沃（Peter Medawar）053

麦克尼尔（Linda McNeil）148

弥尔顿（John Milton）194

敏斯特尔（James Minstrell）231

莫里哀（Jean-Baptiste Molière）068

奈瑟（Ulric Neisser）142

尼采（Friedrich Nietzsche）119

尼尔森·古德曼（Nelson Goodman）047，68

尼雪儿（Pearla Nesher）167

诺曼·格斯温德（Norman Geschwind）048

诺瑞加（Manuel Noriega）183

欧本海默（Frank Oppenheimer）205

欧尔（Eleanor Wilson Orr）170

欧斯本（Roger Osborne）227

帕克（Francis Parker）196

庞德（Ezra Pound）020

培洛（J.C.Pellow）185

裴斯泰洛齐（Johann Pestalozzi）212

皮尔斯（Charles Sanders Peirce）046

皮亚杰（Jean Piaget）040

普格洛（Stanley Pogrow）220

普纳（Josef Perner）104

乔姆斯基（Woam Chomsky）045–052

瑞斯尼克（Lauren Resnick）158

萨达姆·侯赛因（Saddam Hussein）181

桑代克（Edward L. Thorndike）199

莎士比亚（William Shakespeare）196

史克里伯纳（Sylvia Scribner）144，158

史特拉文斯基（Igor Stravinsky）264

斯金纳（B. F. Skinner）039

苏格拉底（Socrates）056

苏珊·凯瑞（Susan Carey）100

唐恩（John Donne）185

特维斯基（Amos Tversky）177–179

托尔斯泰（Lev Nikotayevich Tolstoy）194

托马斯·库恩（Thomas Kuhn）040

威默尔（Heinz Wimmer）104

韦伯（Max Weber）194

列夫·维果斯基（Lev Vygotsky）018，051，143，144，259

沃纳（Heinz Werner）070

沃森（Malcolm Watson）087

沃斯（James Voss）174

伍尔夫（Dennie Wolf）083

西姆森（Rebecca Simmons）168

赛瑟（Theodore Sizer）257

夏尔丹（Chardin）119

休谟（David Hume）047，056

谢丽·希思（Shirley Brice Heath）079

雅克布森（Roman Jakobson）048

亚里士多德（Aristotle）194

亚历山大·鲁里亚（Alexander Luria）048

约翰·华生（John B. Watson）039

詹姆斯（William James）057，058